Frauke Gerstenberg
Wie organisiert sich die frühpädagogische Organisation?

Kindheitspädagogische Beiträge

Herausgegeben von
Tanja Betz | Peter Cloos

Die Handlungsfelder der Bildung, Betreuung und Erziehung von Kindern bis zehn Jahren haben sich in den letzten Jahren nachhaltig verändert. Sie stehen zunehmend im Fokus politischer Aufmerksamkeit und sind Gegenstand von Reformbemühungen. Kindheitspädagogische Forschung reagiert hierauf, indem sie den Blick nicht mehr allein auf das Kernarbeitsfeld des Kindergartens richtet, sondern den gesamten Bildungs- und Betreuungsmix kindheitspädagogischer Dienstleistungen fokussiert und dabei die Schnittstellen von öffentlicher und privater Bildung, Betreuung und Erziehung, von informellen, formalen und non-formalen Bildungs- und Betreuungssettings sowie neue Formen der Zusammenarbeit berücksichtigt. Die Reihe *„Kindheitspädagogische Beiträge“* trägt den skizzierten Veränderungen Rechnung, indem sie einen erweiterten, forschenden Blick auf die Bildung, Betreuung und Erziehung von Kindern entwickelt und einen Ort für theoretisch fundierte und empirisch elaborierte Diskussionen bietet.

Frauke Gerstenberg

Wie organisiert sich die frühpädagogische Organisation?

Methodendidaktische Collagen zu Gesprächs- und Interaktionsanalysen organisational gerahmter Praktiken in frühpädagogischen Settings

BELTZ JUVENTA

Die Autorin

Frauke Gerstenberg, Dr. phil., ist wissenschaftliche Mitarbeiterin im Bereich Ästhetische und Kulturelle Bildung, Fachbereich Soziale Arbeit und Gesundheit der Hochschule Emden/Leer. Ihre Arbeitsschwerpunkte sind Kommunikation und Interaktion in Arbeitsfeldern der Pädagogik der frühen Kindheit, qualitative Forschungsmethoden und Methodendidaktik, Collage als künstlerische und epistemische Praxis, Interdisziplinarität und Wissenschaftskommunikation.

Die vorliegende Arbeit wurde 2021 in einer Langfassung an der Universität Hildesheim als publikationsbasierte Dissertation angenommen. In der Langfassung waren die bereits veröffentlichten Einzelbeiträge enthalten, die dieser Arbeit als Fundament zugrunde liegen.

Dieses Buch ist erhältlich als:
ISBN 978-3-7799-7527-4 Print
ISBN 978-3-7799-7528-1 E-Book (PDF)

1. Auflage 2023

Herstellung: Myriam Frericks
Satz: Helmut Rohde, Euskirchen
Druck und Bindung: Beltz Grafische Betriebe, Bad Langensalza
Beltz Grafische Betriebe ist ein klimaneutrales Unternehmen (ID 15985-2104-100)
Printed in Germany

Weitere Informationen zu unseren Autor_innen und Titeln finden Sie unter: www.beltz.de

Inhalt

Abbildungsverzeichnis

Abstract (dt.):

Die Arbeit gibt Einblick in methodendidaktische Collagen zu Gesprächs- und Interaktionsanalysen organisational gerahmter Praktiken in frühpädagogischen Settings. Zunächst wird in ein methodisches Vorgehen der Dokumentarischen Methode eingeführt, indem die Autorin ihre bereits publizierten Beiträge für Lesende re-analysiert. Dieser Zugang soll vorerst ermöglichen, die Komplexität organisationaler Prozesse verstehend nachzuvollziehen, ohne Bewertungen anzulegen. Über die gewählte Collageform der Studie wird zudem ein Angebot gemacht, wie die entwickelte Methodenheuristik über Kreativitätstechniken erweitert und für eine Kontingenzperspektive sensibilisiert werden kann. Dies bedeutet, dass mit der forschenden Beobachtungspraxis in dieser Arbeit auf die Selektivität der generierten empirischen Ergebnisse aufmerksam gemacht wird. Über diese Perspektivierung wird ein epistemisches Normativitätsverständnis diskutierbar, das sowohl für die Produktion erziehungswissenschaftlichen Wissens als auch für Organisationsentwicklung interessant sein könnte. In ihrem Duktus macht die Arbeit eine narrative Stimme stark, um hierüber Formen der reflexiven Selbstthematisierung im Kontext von Forschung zu kennzeichnen. Zu diesem Zweck initiiert die Studie eine Blickverschiebung auf epistemische Verfahren des ‚doing science' und zeigt, dass eine methodisch kontrollierte Haltung in der qualitativen Forschung bspw. nicht automatisch ethische Orientierungen in Abrede stellt. Die Arbeit, angelegt in Form einer Text-Bild-Assemblage, trifft auf diesem Wege Kunst, um ebenso danach zu fragen, inwiefern die Auseinandersetzung mit wissenschaftlichen Gedanken und Deutungen eine Offenheit lehren kann, die eingeübte Dualisierungen des Denkens hinter sich lässt. Diese Offenheit lädt folglich nicht dazu ein, Wissenschaft nach privaten Interessen zu organisieren. Vielmehr geht es darum, das Übertreten von Grenzen des Logischen hin zum ästhetisch Wahrnehmbaren zu teilen und zu vermitteln, dass diese Überschreitungserfahrung mithin auch unbezeichnet bleiben darf. Jene Absetzbewegung regt im besten Fall zu lebhaftem Denken oder Empfinden an und ist so als Distanzierungsgewinn zu verstehen.

Schlagworte: Methodendidaktik, Collage- und Kreativitätstechniken, Gesprächs- und Interaktionsanalyse, Dokumentarische Methode, Organisation, Kontingenz, epistemische Normativität, Storytelling in der Wissenschaftskommunikation, Forschung trifft Kunst, Text-Bild-Assemblage

Abstract (engl.):

The work provides insight into methodological didactic collages on conversation and interaction analyzes of organizationally framed practices in early childhood settings. First, a methodical approach to the documentary method is introduced by the author re-analyzing her previously published contributions for readers. For the time being, this access should make it possible to understand the complexity of organizational processes without creating evaluations. The selected collage form of the study will also be used to expand the method heuristic developed using creativity techniques and to raise awareness of a contingency perspective. This means that the investigative observational practice in this work draws attention to the selectivity of the empirical results generated. With this perspective, an epistemic understanding of normativity can be discussed, which could be interesting for the production of educational knowledge as well as for organizational development. In its style, the work empowers a narrative voice in order to characterize forms of reflective self-thematization in the context of research. For this purpose, the study initiates a shift in focus to epistemic processes of "doing science" and shows that a methodically controlled approach in qualitative research does not automatically deny ethical orientations, for example. The work, laid out in the form of a text-picture assemblage, meets art in this way in order to also ask to what extent the examination of scientific thoughts and interpretations can teach an openness that leaves practiced dualizations of thought behind. Consequently, this openness does not invite the organization of science according to private interests. Rather, it is about crossing the boundaries of the logical towards the aesthetically perceptible and conveying that this experience of transgression may therefore also remain undesignated. In the best case, this withdrawal movement stimulates lively thinking or feeling and is thus to be understood as a gain in distance.

Keywords: Methodological didactics, collage and creativity techniques, conversation and interaction analysis, documentary method, organization, contingency, epistemic understanding, storytelling in science communication, science meets art, text-picture assemblage

Abbildung 1: Mixed Art: Collage Ryba erstellt in Eigenregie

1 Einleitung

„Entscheidend an der Wahrheit der Kunst sei dabei, dass sie ein ‚Offenhalten des Namens' bedeutet, dass sie ‚das Ereignis vor seiner Benennung' entfaltet. Sie ‚stellt den Ort als nackt aus' und lässt das erwartete Ereignis auch in einer Unbestimmtheit verharren. Deswegen hält die Kunst immer auch die Schwebe, die vor dem Bekenntnis verbleibt." (Hartle 2004, o. S.)

1.1 Prolog: Weshalb ich der Immanenz den Schlaf entreißen möchte

Ich erinnere mich, als ich Ausschnitte meiner publikationsbasierten Dissertation in der Sitzung einer Forschungswerkstatt zur Dokumentarischen Methode vorstellte, dass eine Teilnehmerin ganz offen in unserer Interpretationsrunde zu meinem Material sagte: „Am Anfang habe ich noch bei Wikipedia gegoogelt, was das Eine oder das Andere bedeutet. Ich habe nicht viele Erklärungen gefunden und dann habe ich mich dazu entschieden, lieber Wäsche aufzuhängen." Was mich zunächst in Erstaunen und wenig später in Entrüstung versetzt hat, da mich mit der Arbeit inneres Feuer und Schweiß verbindet, zeigte mir anschließend zweierlei: Ich kann nicht so tun, als würde der Gegenstand der Methodenentwicklung, der das Fundament meiner Studie bildet, einem Standard-Skript folgen, deren Standards jedermann kennt und die ich bereits voraussetzen kann.

Das heißt der Charakter meiner sich auf Methodenentwicklung konzentrierenden Arbeit ergab sich ja auch gerade daraus, so wurde mir bewusst, dass diese methodischen Standards von mir selbst in mehrjähriger praktischer Arbeitserfahrung mit der Dokumentarischen Methode erst in verschiedenen Forschungsprojekten[1] erworben wurden und ich dann Raum und Zeit in unterschiedlichen Pro-

1 Das erste Projekt „Naturwissenschaftliches Lernen im Kontext von Lernwerkstattarbeit – physikalische Experimente in Schule, Kita und Freizeitbereich für den Berliner Kiez" wurde von Prof. Dr. Iris Nentwig-Gesemann und Prof. Dr. Hartmut Wedekind geleitet und untersuchte Interaktionsprozesse von Kindern und Pädagog_innen eines außerschulischen Bildungsangebots (zu den Projektergebnissen vgl. Nentwig-Gesemann et al. 2012; Nentwig-Gesemann/Gerstenberg 2014; Gerstenberg 2014; Nentwig-Gesemann/Gerstenberg 2018). Das zweite Forschungsprojekt „NaWiLT – Naturwissenschaftliches Lernen im Kinderforscherzentrum HELLEUM – Transferwirkung in die Region" war als fortführende Studie des ersten Projektes angelegt (vgl. Richter et al. 2015; Gerstenberg 2015a). Im von Prof. Dr. Peter Cloos geführten

jektteams hatte, diese auf den Kopf zu stellen, zu irritieren, kritisch anzufragen, anders zu erproben und darüber zu differenzieren.[2] Methodenentwicklung lebt folglich nicht von der Reproduktion dieser methodischen Standards, so verstand ich über den Ausspruch der Forschungswerkstattteilnehmerin, sondern vom Eigensinn, der nicht immer einfach und direkt zugänglich ist. Mai-Anh Boger hätte vielleicht an dieser Stelle noch hinzugefügt: „um mit Regeln zu brechen, muss man sie kennen und beherrschen“ (Boger 2019, S. IV), andernfalls geht man lieber Wäsche aufhängen, da man hier die Kniffe kennt und weiß, womit man sie am Ende trocken kriegt.[3]

Am deutlichsten hing ich bei der Fertigstellung meiner Promotion an der Übersetzung dieser Standards in eine nachvollziehbare Illustration meines methodischen Spiels mit diesen Werkzeugen. Während Ralf Bohnsack als ‚Urvater‘ der Dokumentarischen Methode und mein methodologischer Anker in diesem Prozess stets dabei half, Gedanken zu systematisieren und mir riet, geistigen Überschuss ‚herunter zu brechen‘, begleitete mich Iris Nentwig-Gesemann in epistemologischer Hinsicht auf meinem konkreten Erkenntnisweg[4] durch eine gemeinsam geteilte Leidenschaft: der (Weiter-)Arbeit an diesen konkreten Standards, den Modi der Diskursorganisation im Kontext der dokumentarischen

---

Projekt „Fallarbeit und Fallperspektiven. Eine komparative Analyse von Gemeinsamkeiten und Unterschieden kindheitspädagogischer Handlungsfelder“ beschäftigte sich das Forschungsteam mit der Rekonstruktion von Teamgesprächen (pädagogischer) Fachkräfte (vgl. zu den Ergebnissen Gerstenberg 2015b; Gerstenberg 2017; Cloos/Gerstenberg/Krähnert 2018; Gerstenberg/Krähnert/Cloos 2019; Cloos/Gerstenberg/Krähnert 2019).

2 Ich möchte an dieser Stelle meinen Kolleg_innen aus den verschiedenen Projektteams danken, da sie mich in meiner wissenschaftlichen Arbeit inhaltlich angeregt, unterstützt und begleitet haben; insbesondere denke ich an Isabell Krähnert, Anika Göbel und Sabine G. Richter. Tobias Gottschalk danke ich sehr für den ersten Leseeindruck meiner gesamten Arbeit und seine aufrichtige Rückmeldung. Aber auch Jan Ferreira geht mir als studentischer Mitarbeiter des ersten Projektes nicht aus dem Kopf, da er zu einer Teamsitzung in der Zauberhaften Physik einmal durch das Fenster gestiegen ist und die Idee hatte, Transkripte farbig zu gestalten, um Sprecher_innenwechsel eingängiger zu markieren. Well, stay brainly fresh!

3 Hierbei geht es mir nicht darum, diese durchaus lebenspraktisch sinnvolle Handlung des Wäscheaufhängens der Teilnehmerin für meine Zwecke einzusetzen, sondern darum, auf das zentrale Anliegen meiner Arbeit vorzubereiten: Es geht mir um die Übersetzung von abstrakter Forschung in sinnstiftende Erfahrungen, die ich den Lesenden bereiten will. Auch möchte ich deutlich machen, dass es grundsätzlich immer einiger Übersetzungsanstrengung bedarf, wollte man eine Brücke zwischen wissenschaftlich-akademischen Begriffen und einer Praxis schlagen. Dies ist nun mein Versuch, diese Herausforderung mittels narrativer Selbstthematisierung mit den Lesenden zu teilen.

4 Wenn ich als die zwei Zugangsformen der Epistemologie erstens den „Rationalismus“ verstehe, „der besagt, dass Menschen Wissen durch logisches Denken erlangen“ und zweitens den „Empirismus“ fasse, „der besagt, dass Menschen ihr Wissen durch sensorische Erfahrung erlangen“, dann ist in Bezug auf meine wissenschaftliche Arbeit für mich zentral von epistemologischem Interesse, wie über die Verwebung dieser beiden Dimensionen „welche [zwangsläufigen; F. G.] Arten von Zweifeln an welcher Art von Wissen grundsätzlich bestehen können“ (Stangl 2020, o. S.).

Gesprächs- und Interaktionsanalyse.[5] Mir persönlich ging es dabei in meiner Dissertation immer darum, die Kategorien der Diskursorganisation für organisationale Praxen als Analysekategorien auszudifferenzieren und dabei *die frühpädagogische Organisation als Sinngebilde – über die Eigenlogik des Sprechens und Interagierens von Akteur_innen in frühpädagogischen Settings* – näher zu erfassen. Auf diesen Punkt komme ich später noch zurück, wenn ich das Forschungsprogramm meiner Studie eingehender vorstelle.

Peter Cloos wiederum machte stets deutlich, dass seine ‚hauseigene' Erkenntnisposition als Ethnograf ihm die Freiheit gibt, weder methodenstringent noch methodenopportunistisch zu sein. Damit meinte er in meinen Augen nicht, dass er gar auf jedwede Methodisierung von Datenmaterial verzichten könne, sondern eine Methodenreflexivität begrüßt, die zugunsten des kreativen Ausdrucks auch bewusst das Risiko eines potentiellen Eklektizismus auf sich nimmt und dabei offen dafür ist, die Methodik dem Untersuchungsgegenstand anzupassen. Häufig betonte er, was mich bei Kopfknoten durchaus entlastete, dass er als Ethnograf ein Spieler sei, für den Emotionen im Erkenntnisprozess nicht hinderlich wären, sondern auf das eigentlich Aufregende am Untersuchungsgegenstand verweisen würden. Dieser Aufregung könne ich anstelle der methodischen Kontrolle oder konstruktivistischen Bescheidenheit auch mit Widerstand, Poesie und Irrwegen begegnen. In der Weise habe ich seine Einladung an mich jedenfalls über die Jahre der gemeinsamen Projektarbeit immer verstanden. Zeitgleich haben unsere kritischen Diskussionen und gemeinsamen in situ Interpretationen von Datenmaterial mir eindrucksvoll beigebracht, dass sich sehr wohl implizite Heuristiken[6] gemeinsam habitualisieren lassen, die zu anspruchsvollen Ergebnissen führen.

So habe ich beschlossen, meiner Methodenarbeit ihre Würde zurückzugeben, indem ich sie vor diesem skizzierten Hintergrund nicht zu einem „leeren Un-

---

5 Im aktuellen Fachdiskurs der Praxeologischen Wissenssoziologie hat sich mittlerweile die Bezeichnung der Modi der Interaktionsorganisation durchgesetzt (vgl. Nentwig-Gesemann/Gerstenberg 2018). Diese begriffliche Erweiterung wurde eingeführt, um die Modi der Diskursorganisation von der Organisation korporierter Praktiken zu unterscheiden (vgl. Nentwig-Gesemann/Nicolai 2014; 2017). Da meine Einzelbeiträge, die ich in dieser publikationsbasierten Dissertation diskutieren werde, parallel dazu entstanden sind, beziehe ich mich auf die in diesen Beiträgen verwendeten Begriffe der Kategorien der Diskursorganisation bzw. Diskursbewegung sowie Gesprächs- und Interaktionsanalyse, um die begriffsgeschichtliche Konsistenz zwischen Beitragskorpus (Kap. 3.5) und Rahmentext meiner Arbeit zu gewährleisten. Zudem zeige ich damit, dass ich mich in allen gewählten exemplarischen Fällen vor allem auf die sprachliche Ebene der Gesprächs- und Interaktionsdiskurse konzentriert habe (Kap. 4.2).

6 Mit impliziter Heuristik meine ich, dass jemand seine Sache, über die er redet, nachdenkt oder schreibt so beherrscht, dass er zugleich locker genug sein kann, um sein präzises Spiel auch in einer gewissen Ungeniertheit und Ungezwungenheit mit anderen zu teilen (vgl. Fuchs 2004, S. 14). Das liegt dann wieder sehr nah am künstlerischen Ausdruck, wobei damit nicht gemeint ist, forschungsmethodischen Prinzipien vollkommen den Rücken zu kehren. Sie bilden sozusagen die lebensnotwendige Achse dieses Spiels, an dem es seine „Funktionsprobe" (ebd., S. 12) machen darf.

terwerfungsritual“ (Boger 2019, S. VI) machen möchte, bei dem ich als Wissenschaftlerin lediglich zeige, dass ich zu einer „sachlich richtigen und pointierten Reproduktion von in Handbüchern hübsch zusammengestellten Verfahrenstechniken“ (ebd.) im Rahmen der Dokumentarischen Methode in der Lage bin. Vielmehr verfolge ich mit meiner Studie das Ziel:

1.) Mich in meinen eigenen (Denk-)Stil einzuschreiben, mich darin – für mich und gerichtet an andere – zu zeigen,
2.) Erfahrungen der Intergenerationalität zu teilen, oder wie es Mai-Anh Boger beschreibt: „des Erbens im empathischen Sinne – nicht steril und technisiert, sondern wahrlich in einer liebevollen Adoption, in jenem befreiten Glück der respektlos-hochachtungsvollen Auseinandersetzung“ (ebd., S. X) mit den eigens Erwählten, die mich Wissenschaft gelehrt haben und die ich daher tradieren[7] möchte. „Allein diese Wahl ist eine Respektsgeste“ (ebd.).
3.) Auch will ich in dieser Arbeit eine leidenschaftlich motivierte, wissenschaftliche Fingerfertigkeit ausleben, zum Zweck, eine Prüfungsleistung zu erbringen.

Die oben beschriebenen Werkstatt-Erfahrungen haben mich darüber hinaus dazu gebracht, diese Arbeit für diejenigen zu schreiben, die beim Lesen von Methodenteilen berechtigterweise ermatten. Sie will ich durch Herausforderung wieder anregen, sich nicht fragen zu müssen, wie man es möglichst methodisch richtig(er) machen kann. Auch wünsche ich mir, dass das Studieren meiner Arbeit besonders Leser_innen Lust macht bzw. für diejenigen Bedeutung hat, die bereits darin geübt sind, herkömmliche Methodendarstellungen geschickt oder gar mit einer leichten Ermüdung, die aus diesem Geschick resultiert, zu lesen (vgl. ebd., S. VI).

---

7 Boger betont, dass dies „kein Ausdruck von Ohnmacht“ sei, „sondern [es; F. G.] im Gegenteil“ darum gehen sollte, „die Respektsgesten als Ausdruck des Verantwortungsbewusstseins zu verstehen, das jenen jungen Menschen [wie mir; F. G.] zuteil wird, […] [wenn sie; F. G.] das Privileg genießen“ (Boger 2019, S. IX) dürfen, ihre tradierungswürdigen Altmeister zu wählen. Boger drückt diese Wahl gar als Freiheit aus, wenn man „um die ganze Welt“ zieht, „um bei einer bestimmten Großmeisterin [oder einem Großmeister; F. G.] zu lernen“ (ebd.). Dies zeige die „intergenerationale Kehre: Sie ist der historische Grund dafür, dass wir auch im Wissenschaftsbetrieb pendeln – manchmal metaphorisch, manchmal ganz konkret“ (ebd.). In diesem Sinne fühle ich mich als Autorin nicht nur durch die Schulenbildung in Forschungswerkstätten von Ralf Bohnsack und Iris Nentwig-Gesemann der Dokumentarischen Methode und ihrer Debattierkultur nahe, sondern auch Peter Cloos und seiner transmissiven Praxis des wissenschaftlichen Dialogs. Virtuell angerufen fühle ich mich als wissenschaftliches Subjekt positioniert zu sprechen, wenn Mai-Anh Boger auf Wegepfaden von Alain Badiou wandelt und dort ihre Denkspuren für mich hinterlegt. Hierüber meine ich nun bspw. zu fühlen, wann eine Situation mir als Situation und wann als Ereignis begegnet bzw. dass Zeit diese Bewertung auch wieder verändert (vgl. u. a. Badiou 2016).

Die vorliegende Arbeit lässt sich in zwei Hauptschwerpunktteile untergliedern. Der erste Teil umfasst die Idee des Rahmentextes dieser Arbeit, der auf die Veranschaulichung einer von mir ausgearbeiteten Heuristik für eine Rahmenanalyse in dokumentarischer Perspektive zuläuft (Kap. 4.1). Mit diesem Analysegerüst unterbreite ich für Lesende einen Vorschlag, wie ich das in den verschiedenen Forschungsprojekten erhobene Datenmaterial – Teamgespräche und pädagogische Interaktionen – als *organisationsgebundene* Diskurse interpretieren würde und lade anschließend dazu ein, dieses Methodengeländer für das eigene Interpretationsspiel oder auch Gedankenexperiment weiter einzusetzen (Kap. 4.3). Dieser Teil der Arbeit (betrifft Dissertationsziel 1–2) ist der, für den ich persönlich brenne. Es ist das Herzstück, in das sowohl meine mehrjährige praktische Arbeitserfahrung mit der Dokumentarischen Methode, als auch mein daraus hervorgehender eigenlogischer Erkenntnisgang resultiert. Es ist der Teil, der für mich selbst epistemologisch am aufregendsten zu lesen ist, da ich mich hier dafür entschieden habe, mich ganz der Erkenntnissache und ihrer Formgebung zu verschreiben. In diesem Teil der Dissertation habe ich mich also gerade nicht dafür entschieden, dem nachzugeben, was im Sinne der Konvention vom Untersuchungsgegenstand erwartet wird, sondern abzubilden, was dabei vor allem der Erkenntnissache zu eigen ist. Der Teil der Arbeit steht für mich als Autorin mit einer methodischen ‚Fügung' und auch für mein Anliegen, diese Bestimmung mit Anderen im empathischen Sinne teilen zu wollen.

Der zweite Teil dieser Studie umfasst vor allem das dritte Ziel, meinen Erbringungswunsch einer Prüfungsleistung. Dieser Teil umfasst die Zusammenschau meiner bereits publizierten Einzelbeiträge zur Dokumentarischen Methode, die ich im Laufe meiner wissenschaftlichen Mitarbeiterinnentätigkeit in den verschiedenen Forschungsprojekten, in Allein- und/oder Ko-Autor_innenschaft erstellt habe. Die Artikel sollen in ihrer Einheit von Inhalt und Form sowohl den Nachweis meiner verschiedenen Fähigkeiten in der forschungspraktischen Anwendung der Dokumentarischen Methode als auch im Schreiben und Veröffentlichen verschiedener Formate von wissenschaftlichen Texten in einer eher konventionellen Gestalt abbilden.

Beide Teile der Arbeit können zusammen oder auch unabhängig voneinander gelesen werden. Wer sich methodisch eher ausprobieren, seine eigene Form einmal verlassen und/oder auch erst finden möchte und undogmatisch in die Möglichkeitsräume abtauchen will, welche die Dokumentarische Methode für die Analyse von qualitativem Datenmaterial bereitstellt, ist herzlich willkommen, meinem skizzierten Herzstück zu folgen. Wer lieber auf direktem Weg zu empirischen Ergebnissen gelangen möchte, kann sich auch ausschließlich Teil zwei der Studie widmen und sich einen Überblick über die Einzelbeiträge verschaffen (Kap. 3.5). Bevor Sie nun in die Lektüre meiner Studie einsteigen, möchte ich noch einmal ein Zitat von Mai-Anh Boger mit auf den Weg geben, das mich zentral dazu ermutigt hat, diese Dissertation letztlich frei von der Leber weg zu schreiben:

„Niemand hat etwas davon, etwas gewagtere wissenschaftliche Experimente zu verhindern. Konventionalismus ist das Ende des wissenschaftlichen Denkens, nicht seine Möglichkeitsbedingung“ (Boger 2019, S. XI).

In diesem Sinne verzeihen Sie mir die manchmal flapsigen Tonausbrüche. Das Flapsige ist das Poppige an meiner Arbeit. Mir ist es so wichtig, da ich darüber in meiner dezidierten Verbindung zum Realen gelesen werden kann und auch davon ausgehe, dass ich so in meiner ethisch-verbindlichen Geste als Autorin konsumierbar bin (Kap. 3.1). In ihrem Duktus ist sich die Arbeit also eindeutig der Flüchtigkeit des Poppigen bewusst, während sie dabei nicht weniger dem kodifizierten Wort ihre zähe Treue halten will. Die ‚Vernähung‘ des Poppigen mit dem, was Wissenschaft so ernsthaft-bemüht allein am Begriff festmacht, entspricht letztlich meiner Art des positionierten Sprechens als Sozialwissenschaftlerin, mit dem ich auch zur Formatierung der Wissenschaftskommunikation beitragen möchte. Nun denn: Der Immanenz den Schlaf entreißen![8] Viel Freude im Freispielen der Gedanken beim Lesen wünsche ich.

8 Peter Fuchs hat einmal darauf hingewiesen, dass Luhmann sich vorstellen könne, Theorie wäre in ihrer Abschlussform ein Lehrgedicht (vgl. Fuchs 2004, S. 8). Dieser Gedanke hat Peter Fuchs fasziniert, weil er für klassische Wissenschaftler_innen in gewisser Weise unordentlich ist. Dabei meint er unordentlich nicht abwertend, sondern eher, dass bspw. Formen wie Kunst und Wissenschaft, die sich auf den ersten Blick ausschließen, miteinander vermischt werden dürfen (vgl. ebd.). Luhmann „kalkuliert nicht-argumentative, ästhetische Strategien für Textgestaltung ein, die wissenschaftlich nicht so geschätzt werden“ (Fuchs 2004, S. 8). Dieser Zugang hat Peter Fuchs gefallen, weil Luhmann darüber aufzeigt, dass Theorien nicht nur die Forderung nach eleganter Stringenz bearbeiten sollten und können, sondern auch etwas nicht Mess- oder Unvergleichbares an sich haben, dem ebenso – ich nenne es ein bestimmtes Formbewusstsein für Immanenz – Rechnung getragen werden müsse. Dies gilt meiner Ansicht nach auch für den Umstand, wollte man sich mit Hochabstraktionen, wie denjenigen einer Methode, auseinandersetzen. Meine Popstimme liefert hierfür *ein mögliches* Selbstanwendungsargument bei der Erörterungsarbeit dieser Studie. Es geht mir darum, mit dem Pop einen Ton anzuschlagen, der das Menschliche am wissenschaftlichen Gedanken mit aufrichtet und eine entroutinisierte Selbstbefragung erlaubt: Welches Handeln kann und will ich aus welcher Perspektive vertreten? In welche Kontexte bin ich habituell verwickelt? An welchen Punkten zeige ich mich bockig, von Wissen abgedichtet und wenig verschmelzungsbereit? Welche Anregungen erlauben mir Irritationen, Experiment und kognitive Abstimmungsfreude? Zugleich hoffe ich, dass Pop als narrative Bewegung den Lesenden Sinneserfahrungen ermöglicht: Die Erfahrung, dass „starke Abstraktionsleistungen“ einer Methode z. B. immer auch „diese Notwendigkeit des Konkretheitsabzuges mit sich führen, die laufende Bereitschaft zur Negation des sinnlich scheinbar Evidenten“ (ebd., S. 14) und ungesättigte Reflexionsschlaufen bergen, die eine mitunter ulkig-anrührende, nichtsprachliche Ästhetik freilegen können.

Abbildung 2: All about selection: Henry Miller to choose?[9]

1.2 Aufbau der Arbeit

Meine Arbeit gliedert sich in fünf Kapitel. Da meiner Studie zentral Teamgespräche und pädagogische Interaktionen als qualitative Daten zugrunde liegen und sie einen methodischen Schwerpunkt verfolgt, suche ich zunächst Anknüpfungspunkte an den Forschungsstand zur Gesprächs- und Interaktionsforschung (Kap. 2) und thematisiere, wie in den illustrierten Studien die jeweilige Methodik gewichtet wird (Kap. 2.1).

Aufgrund dessen, dass ich diese Gesprächs- und Interaktionsdaten nicht reaktiv, das heißt nicht methodisch initiiert, sondern als natürliche, aber *institutionell gebundene Daten* generiert habe, ordne ich die Arbeit darauffolgend auch in mögliche Begründungszusammenhänge bestehender Organisationsforschung ein (Kap. 2.2). Zudem geht es mir in meiner Arbeit vornehmlich darum, eine Didaktik zu illustrieren, welche auf eine qualitative Forschungsmethodik fokussiert

9 Es scheint bei aller Selektivität der Perspektiven in keiner Weise *egal* zu sein, was wer um sich hat oder wählt, weder würden das wohl Bourdieu noch Harring meinen. Der Eine spricht dann vielleicht von kulturellem Kapital (vgl. Bourdieu 2012), der Andere vom Potential der Freizeit (vgl. Harring 2011). Ich zum Beispiel schreibe auch für Alexander. Es ist sein wunderbar anregendes Bücherregal, ohne das ich diese Arbeit wohl kaum in der Weise zu Ende gebracht hätte. Don't try too hard; stay in love with books!

und die Analysepraxis von Forscher_innen mit der Dokumentarischen Methode anregen kann. Daher stelle ich in diesem Kapitel allererst grobe Überlegungen an, wie der Gegenstand einer Organisationsforschung im Vergleich von quantitativen *und* qualitativen Forschungsmethoden zu konstituieren wäre (Kap. 2.2.1). Die in der Arbeit analysierten Gesprächs- und Interaktionssituationen entstammen darüber hinaus frühpädagogischen Settings: einer außerschulischen Lernwerkstatt und einer Kindertageseinrichtung. Demzufolge ordne ich die Arbeit auch noch einmal knapp in eine genuin *frühpädagogische* Organisationsforschung ein (Kap. 2.2.2). Mit einer Zusammenfassung dieser Überlegungen, die meinen Zugang im Rahmen einer *qualitativ-rekonstruktiven Organisationsforschung* und das gewählte *publikationsbasierte Design der Studie* begründen, runde ich das *Kapitel 2 Forschungsstand* ab.

Das *Forschungsprogramm* der Arbeit lege ich in *Kapitel 3* dar. In Kap. 3.1 bis Kap. 3.4 umreiße ich zunächst die methodologischen Kerngedanken, die die Analyseperspektive meiner Studie begründen. Sie sind sowohl der dokumentarischen Organisations-, Gesprächs- und Interaktionsforschung als auch der Rahmenanalyse entlehnt. Das Kapitel 3 schließe ich sodann mit einer überblickhaften Darstellung des Beitragskorpus (Kap. 3.5), auf den ich im anschließenden Analyse-Teil meiner Arbeit rekurriere. Während das Kap. 3.5.1 meine Publikationen zu Interaktionsanalysen zusammenfasst, bildet Kap. 3.5.2 die Einzelveröffentlichungen zu Teamgesprächen und Dokumentarischer Methode ab.

Inhaltliches Kernziel meiner Arbeit ist die *Heuristik* in *Kapitel 4*, welche ich aus den in Kap. 3 aufgeschichteten methodologischen Überlegungen entwickle und die der Analyse von empirischen Fällen dienen soll. An exemplarischen Fallanalysen, die dem Beitragskorpus (Kap. 3.5) dieser publikationsbasierten Dissertation entnommen sind, zeige ich in Kapitel 4, wie mit dieser Art methodologischer Voreinstellung folgende Fragen bearbeitbar werden: Wie stellen die Akteur_innen das ‚Gebilde Interaktion und Teamgespräch' her? Wie gewinnen das jeweilige Teamgespräch/die jeweilige Interaktion seine bzw. ihre diskursive Kontur über Rahmenmodulationen? Das heißt welche organisationalen Rahmungsprozesse lassen sich auf diese Weise rekonstruieren? (Kap. 4.1). Die von mir in Kap. 4.1 explizierte heuristische Folie lege ich in der Arbeit dann exemplarisch an verschiedene Teamgesprächs- und Interaktionssequenzen aus den publizierten Einzelbeiträgen an. Sie wird an empirischem Material veranschaulicht und kann in ihrem methodischen Einsatz von den Leser_innen konkret nachvollzogen werden (Kap. 4.2). Um die Einsatzmöglichkeiten dieser Heuristik zu verdeutlichen, zeige ich empirische Ausformungen von Rahmenmodulationen, die ich zuvor in Kapitel 3 als Kategorien der Diskursorganisation für organisationsgebundene Gesprächs- und Interaktionsdiskurse und somit auch als methodische Erweiterungen vorgeschlagen habe (Kap. 4.2.1) und verdeutliche Praktiken der Positionierung von Fachkräften und Eltern (Kap. 4.2.4). In Kapitel 4.2 arbeite ich damit nicht zentral empirische Ergebnislinien heraus, sondern es werden die bereits von mir interpretierten Fälle für die Re-Formulierung einer Heuristik eingesetzt, die dann als Analyseinstrument für die forschungspraktische Anwendung weiter genutzt werden kann. Es handelt sich folglich um *eine Art Rekonstruktion meiner eigenen Rekonstruktionspraxis* (Kap. 4.2.1 – 4.2.4). Abschließend reflektiere ich, was mit der in dieser Studie ausgearbeiteten Heuristik in Bezug auf eine organisationale Diskurspraxis möglicherweise deutlicher in den Blick gerät. Auf diese Weise möchte ich herausstellen, welchen Gewinn eine solche Analyseeinstellung für die Entschlüsselung von Teamgesprächen und Interaktionen haben kann, wenn diese als Produkte organisationaler Vollzugsprozesse interpretiert werden und zuvorderst die Beantwortung der Frage interessiert, wie sich die frühpädagogische Organisation selbst organisiert[10] (Kap. 4.3.1 – 4.3.2). Ferner formuliere ich, welche wissenschaftsdidaktischen Kreativitätstechniken sich aus diesen Gedankengängen ergeben können. Zum einen schlage ich vor, die Heuristik mit der Technik des Reframing als Reflexionsinstrument für alternative Semantiken von pädagogischer Organisation einzusetzen (Kap. 4.3.3). Zum anderen mache ich noch einmal explizit die gewählte *publikationsbasierte Form dieser Arbeit als methodendidaktische Collage* zum Thema und stelle hierüber methodologische und didaktische Überlegungen zum Beispielverstehen an (Kap. 4.3.4).

Die Arbeit schließt in *Kapitel 5* mit einem *Fazit* zu *kontingenten Perspektiven* einer frühpädagogischen Organisationsforschung und einer Einladung, die Heuristik unter dieser Perspektivierung – bspw. für eine Praxis von Organisationsentwicklung – weiter zu nutzen. *Kontingenz* meint hier auch, dass diese kumulativ angelegte Arbeit sich in ihrem Duktus durchgehend für die Kombination und Komposition verschiedener Texturen und Bildmaterialien offenhält. Sie wird so als *Text-Bild-Assemblage* verstehbar, die diese Elemente zwar auf *eine lesbare* Oberfläche aufträgt, dabei jedoch weder von den Lesenden verlangt, deren Einzelteile als zwangsläufig miteinander verbunden auszulegen, noch als Kompartmentalisierung aufzugreifen, über welche ihr eigenes Denken dann nur mehr verwalterisch in unterschiedliche Bereiche – von bspw. Kunst und Wissenschaft – ‚aufgetrennt' wird.

---

10 Zur Eingebundenheit der Organisation in gesellschaftliche konjunktive Erfahrungsräume und zur Verschränkung von gesellschaftlichen, organisationalen und interaktionalen konjunktiven Erfahrungsräumen (Kap. 3.2).

2 Einordnung der Studie in den Forschungsstand

2.1 Varianten der Methodengewichtung in Studien der Gesprächs- und Interaktionsforschung

Da meiner Studie Teamgespräche und pädagogische Interaktionen als Untersuchungsgegenstand zugrunde liegen, möchte ich in diesem Kapitel einen knappen Überblick darüber geben, wer dem Diskurs der Gesprächs- und Interaktionsforschung bereits mit großer Ausdauer zugearbeitet hat. Hierbei rekurriere ich auf ‚natürliche', d. h. nicht forschungsinduzierte Daten, die institutionell gebunden sind und in ihrer performativen Gestalt differieren können (z. B. Fallbesprechungen, Teamsitzungen, informellere Tür- und Angelgespräche, Elterngespräche, Fachkraft-Kind-Interaktionen).

Auch ziehe ich Arbeiten aus anderen disziplinären Zusammenhängen heran, die aus meiner Sicht erkenntnistheoretisch erfrischende Perspektiven auf den Gegenstand einspielen und insofern weiter über ihn aufklären können. Statt mit der vorauseilenden Behauptung „Genau dies wurde so noch nie beforscht!" (Strübing et al. 2018, S. 96) der „Besonderung" des eigenen Untersuchungsgegenstandes zuzuarbeiten und ihn darüber als „Unterbrecher wissenschaftlicher Diskurs und Wissensprozesse" (ebd.) erscheinen zu lassen, möchte ich in diesem Kapitel vielmehr darüber Auskunft geben, was zu diesem Gegenstand bereits erforscht wurde und *auf welche Weise* meine eigene Forschung *etwas* zum „Kollektivgut des [diesbezüglichen; F. G.] Forschungsstands" (ebd.) beitragen kann. So gehe ich davon aus, dass erst eine „multiple Kontextualisierung der [von mir; F. G.] aufgebotenen und analysierten Geschehnisse, Aussagen oder Erzählungen" Anschlussfähigkeit für mehrere Forschungsstände und die Möglichkeit produktiver „Wissensakkumulation" (ebd.) bietet. Meinen Untersuchungsgegenstand verorte ich vor diesem Hintergrund zunächst mit der Frage, wie Theorien, Empirie und Methodizität in den im Folgenden aufgeführten Studien in ein Verhältnis gesetzt werden (vgl. Neumann 2015).[11] Es erfolgt ein schlaglichtartiger Aufriss[12] von Studien zu Arbeitsbesprechungen im Allgemeinen, zu Verständigungsprozessen in sozialpädagogischen Team- und Fallbesprechungen, zu verschiedenen Kommunikationsformaten in Schule und Hochschule, zu multiprofessionellen Teamgesprächssettings und zu dezidiert frühpädagogischen Studien, die bereits Vollzugsprozesse in pädagogischen Arbeitsbesprechungen und Interaktionen untersucht haben. Diese Arbeiten werde ich auf folgende drei Varianten der Gewichtung der Methode hin befragen:

1.) Methodizität als Selbstzweck
2.) Methodizität als Rettung des Gegenstandes
3.) Methode als Integral von Theorie und Empirie

Diese drei Formen der Verhältnisbestimmung sollen nicht dazu beitragen, Theorie, Empirie und Methode getrennt voneinander zu denken. Auch möchte ich mit diesem Vorschlag der Ordnung der aufgeführten Studien keiner dichotomen Entgegensetzung oder hierarchisierenden Bewertung von theoretischer, empirischer oder methodologischer Arbeit zuarbeiten. Da ich mit meiner Studie das primäre Anliegen der Methodenentwicklung verfolge und zu diesem Zweck allererst die *Bedeutung der Dokumentarischen Methode als a) qualitativer Methode* und *b) für eine didaktische Methodenvermittlung* begründen möchte, soll diese Ordnung vielmehr dafür empfindsam machen, welche Rolle die Methodik in der jeweils genannten Gesprächs- oder Interaktionsstudie spielen könnte. Übergänge sind

---

11 Den Forschungsstand derart zu ordnen, dazu hat mich Sascha Neumann und sein Vortrag, den er am 26.11.2015 im Methoden-Verein des „ces e.V. – centrum für qualitative evaluations- und sozialforschung", auf einer der dort jährlich stattfindenden Jahrestagungen zur Dokumentarischen Methode hielt, angeregt. In diesem Vortrag sprach er über mögliche Kreuzpunkte und Konvergenzen zwischen Dokumentarischer Methode und Ethnografie. In diesem Zusammenhang führte er, unter Bezugnahme auf Herbert Kalthoff, auch allgemeine Überlegungen zum Verhältnis von Theorie, Empirie und Methodizität an, die sich hier als mögliches Ordnungsschema auf meinen Untersuchungsgegenstand und das Anliegen der Methodenvermittlung übertragen lassen.

12 Dieser Aufriss ist hier nicht als Absage an ggf. nicht erwähnte Arbeiten aus dem themennahen Forscher_innenkreis zu verstehen, sondern spült meine Sehnsucht nach Komplexitätsreduktion frei: Obwohl ich damit dem Selbstimperativ „bleib fokussiert, Frauke!" zuarbeite, kann ich dabei doch den ‚Albert Camus-Mantel' tragen und etwa durch das Megaphon von der Admiralsbrücke in Kreuzberg zu dem von mir imaginierten Diskurs-Kollegium herüber rufen: *Geht nicht vor mir her, vielleicht folge ich euch nicht! Geht nicht hinter mir, vielleicht führe ich euch nicht! Geht einfach neben mir und seid mein Freund.* Auch halte ich es mit meiner wissenschaftlichen Arbeit wie Camus mit seiner Kunst: Für ihn ist sie „kein einsiedlerisches Vergnügen", sondern „ein Mittel, die größtmögliche Zahl von Menschen anzurühren, indem sie ihnen ein beispielhaftes Bild der gemeinsamen Leiden und Freuden vorhält. Sie verlangt also vom Künstler, sich nicht abzukapseln; sie unterwirft ihn der bescheidensten und zugleich umfassendsten Wahrheit" (Camus 1957/1977, S. 225). In meinen Augen ist das für Wissenschaftskommunikation und -praxis *der Wert einer schöpferischen Erkenntnis.*

hier natürlich fließend und mehrere Zuordnungen von Studien denkbar. Mir geht es mit diesem Systematisierungsangebot vielmehr darum, für unterschiedliche Wissenschaftsverständnisse zu sensibilisieren und darauf aufmerksam zu machen, dass daraus auch verschiedene Motivlagen bezüglich der Produktion und Verwendung wissenschaftlichen Wissens resultieren können (vgl. Sauerbrey 2020, S. 65). Die Konturen dieser Zuordnung werde ich bei Gesprächs- und Interaktionsstudien für meine Studie ausführlicher ausloten, die für das Erkenntnisinteresse besonders gewinnbringend sind. Zudem halte ich es mit der Theoriearbeit wie Michel Foucault (1996, S. 24) in seiner Selbstbeschreibung:

> *„Ich bin ein Experimentator und kein Theoretiker. Als Theoretiker bezeichne ich jemanden, der ein allgemeines System errichtet [...] und es in immer gleicher Weise auf unterschiedliche Bereiche anwendet. Das ist nicht mein Fall. Ich bin ein Experimentator in dem Sinne, daß ich schreibe, um mich selbst zu verändern und nicht mehr dasselbe zu denken wie zuvor."*

2.1.1 Methodizität als Selbstzweck

In dieser Dimension führe ich nun Studien der Gesprächs- und Interaktionsforschung auf, die die Methode meiner Ansicht nach vordergründig als Bindeglied zwischen Theorie und Empirie einsetzen. Diesen Arbeiten ist ein positivistisches Methodenverständnis zugrunde gelegt, da sie das zentrale Ziel verfolgen, inhaltliche Ergebnisse in Bezug auf den Untersuchungsgegenstand zu evozieren (vgl. Neumann 2015). Die Methodik hebt über ihr jeweiliges Verfahren vor, was über den Untersuchungsgegenstand bisher unbekannt war und über ihn Wissenswertes erfahren werden kann. Studien fokussieren hierüber auf inhaltlichen Erkenntniszuwachs in Bezug auf den Gegenstand, zentrieren zu diesem Zweck theoretische Vorannahmen oder setzen Theorien als sensibilisierende Konzepte ein, die im Forschungsprozess zirkulieren. Die empirischen Ergebnisse dieser Studien werden in diesen Arbeiten häufig als Grundlage aufgefasst, um theoretisches Wissen über den Untersuchungsgegenstand bereitzustellen, aber auch um theoriefundiert Reflexionen über professionelles Handeln anzuregen oder Angebote für die konkrete Weiterentwicklung und planmäßige Umgestaltung von Praxis machen zu können.

Neben Arbeiten der frühpädagogischen Interaktionsforschung, die sich mit der standardisierten Erfassung von Interaktionsqualität auseinandersetzen (vgl. u.a. Hamre et al. 2013; Kammermeyer/Roux/Stuck 2013; Wildgruber/Wirts/Wertfein 2014; Wertfein/Wirts/Wildgruber 2015; Wirts/Wildgruber/Wertfein 2017), sind unter diesem Aspekt bspw. auch für den frühpädagogischen Diskurs bedeutsame Studien zu verzeichnen, die die entwicklungsförderliche Dimension von Interaktion betonen und im Rahmen von scaffolding (vgl. Wood/Bruner/

Ross 1976), sustained shaired thinking (vgl. Siraj-Blatchford et al. 2002), geteilter Aufmerksamkeit (vgl. Tomasello 2014), oder der sensitiven Responsivität (vgl. Remsperger 2011) auf den Begriff bringen.

Darüber hinaus wird in aktuellen Arbeiten dieser Forschungslinie häufig die Bedeutung der Interaktions- bzw. Beziehungsgestaltung für die kindliche Entwicklung hervorgehoben (vgl. u. a. König 2010; Anders et al. 2012). Thematisiert wird bspw. der positive Zusammenhang von einer hohen Interaktionsqualität zwischen Fachkraft und Kind und sozial-emotionalen, motivationalen, sprachlichen und kognitiven Entwicklungsaspekten bei den Kindern (vgl. Hüther 2004; Ahnert 2006; Thompson 2008). Auch wurden innerhalb dieser Tradition von Interaktionsforschung in den letzten Jahren systematisch-kriterien geleitete Instrumente zur Analyse von Interaktionen entwickelt, die die Methodik zentral für die Abbildung von Ergebnissen auf inhaltlicher Ebene einsetzen und daher nachvollziehbar kaum methodologische Selbstkorrekturfunktionen enthalten (vgl. z. B. König 2006; Kucharz et al. 2014; Weltzien 2014; Wadepohl 2017; Linberg et al. 2019). Ferner werden in Studien, die die Interaktionsanalysen innerhalb dieses Kanons als Theorie-Empirie-Verbindung einsetzen, häufig nach Formen der Interaktionsqualität im Zusammenhang mit pädagogischen Wirkungen gefragt und daran anschließend Professionalisierungsanliegen formuliert (vgl. für einen Überblick Fröhlich-Gildhoff et al. 2013; für die MINT-Bildung z. B. Weltzien et al. 2019).

Studien, die im früh- und sozialpädagogischen Bereich Arbeitsbesprechungen erforschen und sich dabei Forschungstheorien, als eine Variante des Umgangs mit Methodizität, bedienen, stellen sich bspw. der Frage, wie Fallarbeit als Kerngeschäft von Professionen (vgl. Göbel/Cloos 2014) und zentraler Arbeitsauftrag in Teamgesprächen (vgl. Cloos/Göbel/Lemke 2015) oder Kooperationsverhältnisse mit Hilfe professionstheoretischer Reflexionen beschrieben werden können (vgl. Henn 2020). So beobachten Peter Cloos, Anika Göbel und Ilka Lemke (2015) bspw. in ihrer Studie „Frühpädagogische Reflexivität und beruflicher Habitus in multiprofessionellen Teams“, inwiefern sich in der Fallarbeit von Teams, unterschiedliche Ausbildungshintergründe der Fachkräfte ausdrücken. Neben Teamgesprächen führten sie biografisch-narrative Interviews, um die beruflich-habituellen Unterschiede und habituellen Positionen der Fachkräfte in den Teams rekonstruieren zu können. In diesem Zusammenhang haben sie festgestellt, dass die akademisch qualifizierten Kindheitspädagog_innen aufgrund ihrer noch wenig gesicherten habituellen Position in den Teams der Kindertageseinrichtungen eher bescheiden agieren und in den Interviews Unsicherheit darüber äußern, inwiefern ihre akademisch erlangten Kompetenzen praxiskompatibel seien. Die Ergebnisse der Autor_innen heben zudem hervor, dass Fallarbeit die Fachkräfte vor multiple Herausforderungen stellt, die unter anderem darin bestehen, am Ort Teamsitzung Reflexivität zu erhöhen und im Team Übereinstimmung herzustellen (vgl. Cloos/Göbel/Lemke 2015, S. 144 f.).

Sarah Henn (2020) bestimmt in ihrer Studie das Verhältnis von Professionalität und Teamarbeit in der stationären Kinder- und Jugendhilfe, indem sie aufzeigt, welche Relevanz die kollegiale Interaktion für die Reflexion und Bewältigung des pädagogischen Berufsalltags hat. Nachdem sie in ihrer Arbeit in das Konzept Teamarbeit als organisationales Steuerungsinstrument eingeführt und eine Analyse des Strukturortes von Kollegialität in den professionstheoretischen Ansätzen Sozialer Arbeit vorgenommen hat (vgl. Henn 2020, S. 17 ff.), arbeitet sie über Falldarstellungen vier Modi der Kooperation auf verschiedenen Ebenen der Interaktion mit der Dokumentarischen Methode heraus. Diese Modi der Teamarbeit konturiert sie als Anpassung an die Organisation, Sozialisation junger Kolleg_innen, kollegiale Beratung und Reflexion im Modus der Auseinandersetzung (vgl. Henn 2020, S. 126 ff.). Muster der Kooperation und Zuständigkeitsdifferenzierung arbeiten auch Anne Breuer und Sabine Reh in ihren qualitativ-rekonstruktiven Arbeiten anhand von Teamgesprächen an ganztägigen Grundschulen zwischen Lehrer_innen und Erzieher_innen heraus (vgl. Breuer/Reh 2010; Breuer 2015) und vergewissern sich mit ihren empirischen Ergebnissen professionstheoretischer Perspektiven.

Qualitative Gesprächsstudien mit solcherart Theorie-Empirie verknüpfenden Methodeneinsätzen nehmen ebenfalls in den Blick, wie in Teamgesprächen Beobachtungsverfahren, die in der Frühpädagogik in den letzten zehn Jahren im Zuge der Umsetzung der Bildungspläne zur Beobachtung und Testung von Kindern in der Praxis implementiert wurden, zur Anwendung kommen (vgl. Cloos 2011; Schulz/Cloos 2015; Urban et al. 2015). Diese Arbeiten zielen folglich, über ihre Form der angewendeten Methodik, zentral darauf ab, Aussagen über die Bedeutung von Beobachtungsverfahren zu treffen, wenn diese in verschiedenen institutionell verankerten Gesprächsformaten Thema sind. Cloos (2011), Schulz/Cloos (2015) und Urban et al. (2015) haben im Rahmen der Implementierung dieser Beobachtungsverfahren bspw. nicht nur Teamgespräche, sondern auch andere Settings, wie Beobachtungsarrangements und Elterngespräche, untersucht, die mit diesen Verfahren in Verbindung stehen. Während Cloos (2011) in seiner Studie verdeutlicht, dass die Fachkräfte die dem Beobachtungsverfahren zugrunde gelegte Verfahrenslogik zeitgleich erfüllen und unterwandern, indem sie einerseits die Kategorien des Beobachtungsbogens befüllen oder erproben, andererseits aber nicht dazu nutzen, um daraus für ihr eigenes Handeln Konsequenzen zu ziehen (vgl. Cloos 2011, S. 184), so konstatieren Schulz und Cloos (2015), dass die durch Beobachtungsinstrumente geführte Beobachtung in Kindertageseinrichtungen weniger einem vertiefenden Fallverstehen, noch einer reflexiven Selbstbefragung dienen, sondern „Ordnung“ (Schulz/Cloos 2015, S. 203) schaffen. Ordnung meint hier, dass diese Beobachtungsverfahren die institutionellen Abläufe und das pädagogische Alltagsgeschehen in der Kindertageseinrichtung entsprechend eines professionellen Auftrages spezifisch wahrnehmen, modifizieren und dokumentieren lassen; d.h. diesen in gewisser Weise also auch ‚eng führen' (vgl. ebd.).

2.1.2 Methodizität als Rettung des Gegenstandes

Unter dieser Referenz werde ich Arbeiten verzeichnen, in denen Methoden als gegenstandsangepasste Vermittler fungieren. Das Gütekriterium der Forschung (vgl. Steinke 1999) beruht hier vor allem auf der Plausibilisierung des Mediums der Objekterschließung. Methoden übernehmen in diesen Arbeiten folglich vordergründig die Funktion, sich an den Gegenstand anzupassen. Theorien sind in diesen Arbeiten bestenfalls nicht Ausgangspunkt, sondern Ergebnis empirischer Analyse. Dem Primat der Gegenstandsangemessenheit werden Methoden demgegenüber als nahezu ‚gegenstandsfrei' erklärt. Studien in dieser Tradition bilden auch Prozesse ab, in denen die Methode, so Sascha Neumann (2015, o.S.), wie „von sich selbst gelernt hat." Herbert Kalthoff (2008, S. 17f.) nähert sich einem solchen Methodenverständnis, welches die Beschaffenheit der Forschungsgegenstände akzentuiert und sich damit eher von „kodifizierten und kanonisierten Methoden" distanziert, indem er indirekt für eine „sensible Methodologie" im Sinne von Herbert Blumer (1954) plädiert. Diese methodologische Blickrichtung sei nach Kalthoff (2008, S. 18) nicht zentral durch die Anwendung der Methode, sondern durch ihren Untersuchungsgegenstand definiert und räume den untersuchten „Individuen, Gruppen oder Dingen ein Mitsprache und auch Entscheidungsrecht" ein. Er ergänzt diese Perspektive um die Auffassung von Stefan Hirschauer (2001), wonach die Autorschaft des_r Forschenden bei Studien, die solcherart Methodenverständnis einschlagen, nicht in den Hintergrund tritt. Im Anschluss an Herbert Kalthoff würde ich gar davon sprechen, dass diese Richtung in Forschungsarbeiten durch „die Verknüpfung [von; F.G.] methodischer Dezentrierung und starker Autorschaft" (ebd., S. 18) gekennzeichnet ist.

Vor allem Studien, die im Kontext der Konversations- und Gesprächsanalyse sowie der Linguistik angesiedelt sind, können in diesem Zusammenhang erwähnt werden. Sie fassen Arbeitsbesprechungen bereits als eigenständigen wissenschaftlichen Untersuchungsgegenstand mit der Frage, was diesen überhaupt zur ‚Besprechung' macht bzw. als elementare soziale Form von anderen Interaktionsformen abhebt. Sie skizzieren über ihre methodische Verfahrensweise Gesprächsverläufe, zeigen auf, wie diese ersichtlich macht, dass das Format ‚Besprechung' in der Zusammenkunft der Beteiligten Wirklichkeit wird und legen über ihre Analysetechnik Augenmerk auf die Typisierung von Arbeitsbesprechungen als Interaktionsform (vgl. u.a. Linde 1991; Boden 1994; Schwandt 1994; Bargiela-Chiappini/Harris 1995; Müller 1997; Meier 2002).

Darüber hinaus sind hier ethnografische Studien hervorzuheben, die die Methode zur Akzentuierung des Untersuchungsgegenstandes einsetzen und dabei zugleich dem Impuls vereinheitlichender Methodik nicht nachgeben. So passt Melanie Kubandt aktuell bspw. den Gegenstand ‚Geschlecht' für ihre Arbeiten in ethnografischer Perspektive ein, sodass sie diesen für einen Beitrag zur geschlechterreflektierenden Professionalisierungsdebatte im Elementarbereich, fernab spezifischer Wirksamkeitsanforderungen an professionelles Handeln, argumentieren kann (vgl. Kubandt 2019, S. 122). Am Beispiel des Anspruchs einer Realisierung von Geschlechtergerechtigkeit in Kindertageseinrichtungen stellt die Autorin hierbei zur Diskussion, inwieweit eine ethnografische Beobachtungseinstellung auf Prozesse des doing gender sowohl zu empirischen, pädagogischen als auch theoretischen Aufschlüssen anzuregen vermag (vgl. ebd.). Die in dieser Studie gewonnenen empirischen Erkenntnisse aus einem ethnografischen Projekt zu doing gender in der Kindertageseinrichtung übernehmen hier folglich nicht nur die methodische Funktion, Potentiale einer ethnografischen Perspektivierung herauszustellen, sondern über sie auch, „die Grenzen, blinden Flecke und Paradoxien der Ansprüche an eine geschlechterreflektierende professionelle Praxis" (ebd.) erörtern zu können.

Demgegenüber hat Peter Cloos in seinen Studien herausgearbeitet, wie sich Wissen und Erfahrung in Teamgesprächen im pädagogischen Alltag organisiert (vgl. Cloos 2009) und was für die Art und Weise des Vollzugs des Verfahrens von Teamgesprächen konstitutiv ist (vgl. Cloos 2008). Er konstatiert (ebd. 2008, S. 312) in Anlehnung an Granosik (2000), dass in den Teamgesprächen „pragmatische Filter" an den Fall und das Fallwissen angelegt würden. Diese Filter ergäben sich „aus dem jeweiligen Arbeitsbogen der Fallbearbeitung", über die dann entsprechende „Informationen" (ebd.) gesiebt würden. Auch führt er in diesem Zusammenhang das „vom jeweiligen Arbeitsbogen abhängige Zeitproblem" (ebd.) an, das zur Kondensierung und Selektion unnützer Informationen in den Teamgesprächen beitragen würde (vgl. ebd.). Zudem fragt er in seiner ethnografischen Studie (vgl. Cloos 2009, S. 182) danach, wie und durch welche Praktiken in Teamgesprächen Erfahrungen gesammelt, gefiltert oder ausgeschlossen werden und wie diese in Wissen überführt werden. Dieser Frage begegnet er anhand seiner empirischen Befundlage mit Professionstypen, die sich zwischen lebensweltlicher Erfahrungsbasierung und wissenschaftlicher Fundierung verdichten und erhebt vor diesem Hintergrund den Anspruch, diese Polarisation zugunsten eines Modells von reflexiver Professionalität aufzulösen.

Ethnografische Forschung zu Teamarbeit wie die Studie von Barbara Lochner (2017), die hierbei zugleich gesprächsanalytisch fundiert ist, befasst sich zusätzlich zu Teamgesprächen auch mit der Untersuchung von informellen Mitarbeiter_innengesprächen und diesbezüglich eingehender mit der Frage, „wie Teamarbeit in professionellen pädagogischen Handlungsfeldern hergestellt und die Beziehungen der Mitarbeiter_innen zueinander strukturiert werden" (Lochner 2017, S. 30). Studien, die sich bei dieser Form des Methodeneinsatzes ethnografischer Forschungsstrategien bedienen, rücken zudem über die Auseinandersetzung mit

Beobachtungsprotokollen (vgl. Bollig/Schulz 2012) oder Elterngesprächen (vgl. Kesselhut 2015) vermehrt die Komplexität professioneller Kernaktivitäten und die Logik der Praxis, in der sie jeweils situiert sind, in den Fokus der Betrachtung. Sie orientieren sich empirisch an der Beschreibung von Handlungsvollzügen und fragen danach, wie die Beteiligten des Feldes „ins Handeln kommen" (Schulz 2014, S. 271).

Da Arbeiten in dieser Tradition häufig auch der Methodizität des Feldes folgen und die ethnografische Methode darüber in gewisser Weise als sozialer Könner fungiert (vgl. Neumann 2015), über den Gewohnheiten des Feldes erschlossen und nachvollzogen werden (sollen), so wird die Relevanz und Anforderung, die Teamarbeit im pädagogischen Alltag dabei an die Fachkräfte stellt, ebenfalls in ethnografischen Arbeiten prominent, die ihr Augenmerk zunächst nicht primär auf Teamarbeit gerichtet hatten. In der Studie von Melanie Kuhn (2013) zur praktischen Alltagsinszenierung von Professionalität, wird über die ethnografisch begründete Gegenstandsensibilität bspw. auch herausgefunden, dass Teamzusammenarbeit Dilemmata auslösen können, wenn die Fachkräfte zu entscheiden haben, ob sie sich eher mit den Kindern oder den Kolleg_innen verbünden (vgl. Kuhn 2013, S. 292). Petra Jung hat in ihrer ethnografischen Studie zur pädagogischen Reorganisation von Kindheit (vgl. Jung 2009) wiederum zunächst danach gefragt, welche Ordnungen die Akteur_innen von Kindertageseinrichtungen in der Strukturierung ihrer Begegnungen hervorbringen und in welchem Verhältnis die pädagogische Ordnung des Kindergartens zu den Ordnungen der Kinder stehen. In ihren Ergebnissen hat sie unter anderem Teamentscheidungen thematisiert und herausgestellt, dass diese einer Praxisnormierung zuarbeiten, über die mögliche ‚Regulationsmanöver' der Kinder, die gegen einen Fachkräftezusammenhalt zielen, abgewendet werden (vgl. ebd., S. 73 ff.).

Die Rekonstruktion von Fallkonstitution und Zuständigkeitsklärung in multiprofessionellen Teamgesprächssettings untersuchen anhand von Teamgesprächen zwischen Professionellen der Sozialen Arbeit und Lehrer_innen im Ganztag Nina Thieme (vgl. Thieme 2019) und für die Palliativversorgung Falko Müller (vgl. Müller 2019). Nina Thieme veranschaulicht anhand einer Klassenteamsitzung an einem Ganztagsgymnasium, wie dort drei Lehrer und eine Sozialpädagogin einen Fall aufschlüsseln, der hierbei als ein nicht weiter zu verfolgender, sondern „Konfusions-Fall" (Thieme 2019, S. 256) konstruiert wird. Das heißt es wird über dieses Gespräch empirisch gezeigt, wie ein Prozess der Fallkonstituierung im Kontext der multiprofessionellen Teamsitzung zwar am Fall „Anne" initiiert wird, dieser Prozess jedoch in der Sitzung selbst in einer „(Nicht-)Konstituierung" (ebd.) dieses Falls endet. Falko Müller kommt mit dem Ansatz der Institutional Ethnography über die Analyse zweier Ausschnitte aus Fallbesprechungen und Textdokumenten für kollegiale Besprechungen multiprofessionell zusammengesetzter Palliativteams im Handlungsfeld der aufsuchenden Palliativversorgung zu dem Schluss, dass sich deren Professionalität im

„Dazwischen“ (Müller 2019, S. 221) von Zuständigkeitsansprüchen, Erfahrungen und Rahmenbedingungen realisiert. Im Anschluss an Smith (2005) erklärt er Grenzbearbeitung hierbei zur Konstitutionsbedingung von Professionalität in „ruling relations“ (Müller 2019, S. 222).

Ethnografische Arbeiten, wie die von Gerald Blaschke (2012), die performativitätstheoretische Zugänge im Rahmen der Dokumentarischen Methode wiederum für den Kontext Schule anhand von Videoanalysen legen, fassen ihr methodisches Vorgehen als „dokumentarisch fokussierende Ethnographie“ (Blaschke 2012, S. 59), um hierbei im Anschluss an Knoblauchs Konzept (2001, S. 136) einer „fokussierten Ethnographie“ (Blaschke 2012, S. 55) deutlich zu machen, dass hierüber eine methodische Herangehensweise beschrieben ist, bei der die Logik dem Gegenstand und nicht der Methodik folgt und sich innerhalb des Forschungsvorgehens thematische Fokussierungen und kürzere Feldaufenthalte anbieten.

2.1.3 Methode als Integral von Theorie und Empirie

In dieser Dimension ordne ich Studien, in denen Methoden nicht nur derart Einsatz finden, dass sie den Gegenstand Gespräch oder Interaktion beobachtbar machen, sondern auch beanspruchen, ihn in ihrer beobachtbaren Form hervorzubringen. In diesen Arbeiten werden z. B. auch die Konstruktionsleistungen der Gegenstandskonstitution selbst zum Thema gemacht (vgl. Neumann 2015). Studien, die diese Art des Methodeneinsatzes fokussieren, nehmen somit auch „den Umstand in den Blick, daß die qualitativen Forschungsmethoden mit ihren Produkten nicht Realität darstellen, sondern einen spezifischen Blick auf sie und auf sich selbst erzeugen“ (Kalthoff 2008, S. 18). Diese Denkströmung konfrontiert den/die Forscher_in folglich auch „mit der Frage nach dem Verhältnis von durch Forschungsmethoden erzeugter Empirie und sozialer Realität“ (ebd.). In diesen Arbeiten wird damit vorausgesetzt, dass „Methoden Realitäten nicht in realistischer Weise sichtbar“ machen, „sondern zeigen, wie sie – im Lichte der verwendeten Methoden – vorgestellt werden können“ (ebd.). Ziel dieser Art Vorgehen ist es unter anderem auch, die Reflexion und Irritation von Theorien durch empirische Daten anzuregen. Ebenso wird in Studien dieser Forschungstradition ein kritisch systematisches Verfahren der Theorieentwicklung angestrebt. Es geht in diesen Arbeiten sowohl um Methodenentwicklung als auch um reflexive Empirie, die Fragen der Beobachtungseinstellung auf empirische Daten in Kontingenz einbindet. Das heißt, es wird bei der Analyse der Empirie auch die Frage ihrer Beobachtung in die Möglichkeiten ihrer tatsächlichen Beobachtbarkeit miteingebunden (vgl. Neumann 2015).

Verständigungsprozesse und Interaktionsdynamiken in sozialpädagogischen Team- und Fallbesprechungen untersuchen aktuell Sarah Henn (vgl. Henn 2019) und Petra Bauer (vgl. Bauer 2019). Sarah Henn veranschaulicht in ihrem Aufsatz, wie sie am Material von sieben Teamgesprächen sozialpädagogisch betreuter Jugendwohngruppen die Diskursorganisation der Dokumentarischen Methode als Analyseinstrument sozialer Verhältnisse im Team einsetzt (vgl. Henn 2019, S. 80). Sie spricht sich darüber hinaus in methodologischer Perspektive, ebenso wie ich, für die Untersuchung organisational strukturierter Teamkontexte aus, wenn man pädagogisches Tun mit qualitativen Methoden sozialtheoretisch begründen und reflektieren wolle. Da qualitative Methoden, so die Autorin, sich in ihren Prämissen zumeist auf habitualisierte Routinen beschränken würden, wären Teamgespräche – gewissermaßen in einer Komplementärbewegung – auch dazu geeignet, „die distanzierte Bearbeitung von Deutungsproblemen als situative Professionalisierung“ (ebd., S. 88) in den Blick zu nehmen. Der Untersuchungsgegenstand Teamgespräch würde, so argumentiert Henn – was ich als Auffassung teile und in Kap. 3.3 daher methodisch eingehender über die von mir gewählte Analyseeinstellung auf Rahmenmodulationen erörtere –, damit a priori dazu einladen, sich innerhalb der Orientierung an einer sozialwissenschaftlichen Methode und bei der eigenen Gegenstandskonzeption nicht allzu engführen zu lassen bzw. sich den sozialtheoretischen Prämissen einer Methode nicht von vornherein unterordnen zu müssen (vgl. ebd.).

Petra Bauer verortet Teamarbeit in professionellen Handlungskontexten der Sozialen Arbeit wiederum vor dem Hintergrund von arbeits-, organisationspsychologischen und professionstheoretischen Überlegungen in einem strukturellen Spannungsfeld und leistet hiermit einen Beitrag zur Theorieentwicklung, indem sie zur Irritation von Theorie durch die Diskussion von empirischen Studien anregt. Das besagte Spannungsfeld sei – der Autorin nach – „durch die Polarisierungen von Differenz und Integration einerseits, von Autonomie und Abhängigkeit andererseits charakterisiert“ (Bauer 2019, S. 18). An beispielhaften empirischen Befunden arbeitet sie dann die Bedeutung dieser Heuristik für fallbezogene Teambesprechungen heraus (vgl. ebd., S. 29). Die Autorin zieht im Rahmen dieser Beobachtungseinstellung das Resümee, dass Teamarbeit gut daran getan wäre, wenn Teams ihre Reflexion vermehrt auf das eigene Prozessieren dieser integrierenden und differenzierenden Bewegungen und ihre Muster der Fallwahrnehmung richten würden, damit prozessadäquate Balancierungsleistungen innerhalb der von ihr skizzierten Pole erbracht werden können (vgl. ebd., S. 31). Vor dem Hintergrund, der von ihr reflektierten Studien, kommt sie zu dem Fazit, dass dann bemerkt würde, dass die in den Teamgesprächen auftretenden Widersprüche in der Regel „ausgeklammert, negiert oder repariert werden, um als Team in der Lage zu sein, überhaupt eine konsensuelle Sicht auf Fälle zu entwickeln und aufrechtzuerhalten“ (ebd.). Sie weist mit ihren Überlegungen damit auch auf die zentralen Anforderungen von Teamarbeit im Kontext der Sozialen Arbeit hin, die zentral darin bestünden, komplexe Dualismen im Hinblick auf die jeweiligen professionellen Herausforderungen auszutarieren, um Arbeitsfähigkeit zu erhalten (vgl. ebd., S. 31). Sie stellt damit theoretische Entsprechungen dieses Handlungsfeldes zu den von Peter Cloos, meiner Kollegin Isabell Krähnert und mir gemachten empirischen Beobachtungen von Teamarbeit im kindheitspädagogischen Handlungsfeld her (vgl. Cloos/Gerstenberg/Krähnert 2019). Hier haben wir rekonstruieren können, dass die Teams im Sinne ihres Sicherungsbestrebens, von dem auch Petra Bauer spricht, der Stabilisierung von Arbeitsprozessen so zuarbeiten, dass „der Fall" dabei diskursiv „auf die idealtypische Konstruktion eines sicheren Falles"[13] (ebd., S. 279) zuläuft.

Eine methodisch-theoretische Bestimmung von Klassenkonferenzen nimmt gegenwärtig Maja S. Maier vor (vgl. Maier 2019). Die Befunde ihrer Studie sind für meine Arbeit eine Bereicherung, da sie ebenso verschiedene qualitative Daten mit der Gesprächsanalyse der Dokumentarischen Methode zueinander ins Verhältnis setzt, die sich dabei aber von den Datensorten, die ich untersucht habe, unterscheiden. Sie vergleicht Klassenkonferenzen mit Gruppendiskussionen, Arbeitsbesprechungen und Beratungsgesprächen und setzt sich in einer von ihr selbst entwickelten gegenstandsangemessenen[14] Methodik im Kontext der Gesprächsanalyse der Dokumentarischen Methode mit drei Ebenen der Interaktion von Klassenkonferenzen auseinander (vgl. ebd., S. 120). Im Anschluss an Niklas Luhmann (2014, S. 142 ff.) entfaltet sie aus systemtheoretischer Perspektive und im Hinblick auf Konferenzgespräche die wechselseitige Verwiesenheit von Organisations-, Professions- und Interaktionsebene (vgl. ebd., S. 126 f.).

Wie Hochschulkonferenzen als *pädagogische* Teamgespräche und zugleich in ihrer Kommunikation als machtstrukturiert zu beschreiben wären, machen wir, d.h. meine Kollegen Benjamin Klages, Gerald Blaschke-Nacak und ich, uns im Rahmen unserer methodologischen, und die sich an unsere Empirie anschließenden gegenstandstheoretischen Reflexionen, zur Aufgabe (vgl. Klages/Gerstenberg/Blaschke-Nacak 2019). In diesem Aufsatz fassen wir die Praxis von hochschulischen Teamgesprächen als eine spezifische Form von Lehr- und Gestaltungstätigkeit und nehmen aus Perspektive einer dokumentarischen Organisationsforschung in den Blick, wie die Bedeutung des organisationalen Rahmens Hochschule im Vollzug von Teamgesprächen konturiert wird (vgl. ebd., S. 266). Die diskursiven Ausprägungen der Bezugnahme *auf* und Abarbeitung

13 Was hier jeweils als der Fall gilt, ist je nach Team bzw. Teamgespräch unterschiedlich zu deuten: Beim Team des Kinder- und Jugendtreffs Appelbox handelt es sich bspw. um Unterhaltungsangebote wie das „Blasrohrschießen" (Cloos/Gerstenberg/Krähnert 2019, S. 179) oder den „Brennepeter" (ebd., S. 185), welche die Kinder als Nutzer_innenkollektiv ‚ganz sicher' zum Mitmachen animieren sollen (vgl. ebd., S. 179), beim Team Kindertagesstätte Landhaus geht es um ein Kind, das von den Teammitgliedern über einen Beobachtungsbogen als Kompromisskind zwischen Norm und Defizit im Sprechen erzeugt wird (vgl. ebd., S. 145) und worüber wiederum ihr ‚(ent-)pädagogisierter Blick' auf Kinder voreinander als ‚kollektiv gesicherter Blick' im Team erscheint (vgl. ebd., S. 150).

14 Zur „Gegenstandsangemessenheit der Methoden" als Kennzeichen von qualitativer Forschung genauer (Steinke 1999, S. 38) und in dieser Arbeit das Kap. 2.2.1.

an der Organisation haben wir dann an zwei empirischen Fällen – als Formen der Fremdrahmung (vgl. ebd., S. 268 ff.) – herausgearbeitet. Fremdrahmung betrachten wir hierbei im Anschluss an Bohnsack (2017a) und Gerstenberg (2014) als konstitutiv für das Miteinander in Organisationen (vgl. Klages/Gerstenberg/Blaschke-Nacak 2019, S. 267).

Die Argumentation dieserart Studien lautet, dass die Forschungsmethoden den empirischen Gegenstand (mit-)konstituieren, mit dem die jeweilige Forschung befasst ist. So machen diese Arbeiten auch die Darstellbarkeit methodischer Heuristiken selbst prominent, indem sie thematisieren, *was* eigentlich *wie* im Vollzug von z. B. Teamgesprächen und in Abhängigkeit vom forschungsmethodischen Zugang und den daraus hervorgehenden Operationalisierungen empirisch beobachtbar ist und zeitgleich für die Ausdifferenzierung der sozialwissenschaftlichen Methode als methodologisches Argument stark gemacht werden kann (vgl. für kindheitspädagogische Teamgespräche im Handlungsfeldvergleich Gerstenberg/Krähnert/Cloos 2019; Cloos/Gerstenberg/Krähnert 2019; für kindheitspädagogische Teamgespräche von dezidiert multiprofessionellen Teams vgl. Cloos/Gerstenberg 2020; Gerstenberg/Cloos 2021; Gerstenberg/Cloos 2022b). Frühpädagogische Forschungsgruppen, die mit qualitativ-rekonstruktiven Verfahren arbeiten, widmen sich im Kontext von Interaktionsanalysen dieser Vorgehensweise, indem sie bspw. nach Facetten der Interaktionsgestaltung im Vollzug fragen (vgl. Nentwig-Gesemann et al. 2012) und zeitgleich untersuchen, wie diese als Modi Operandi typisiert und dargestellt werden können (vgl. Gerstenberg 2014; Nentwig-Gesemann/Gerstenberg 2018). Autor_innen wie Arnd-Michael Nohl (2020) diskutieren hierbei unter welchen *theoretischen Vorzeichen*[15] bspw. *erzieherische* Interaktionen mit der Dokumentarischen Methode zu interpretieren wären. Er plädiert dabei dafür, auch die pädagogischen Konsequenzen, die aus den rekonstruierten Interaktionsvollzügen resultieren, in die Analyse einzubeziehen und re-analysiert zu diesem Zweck bereits interpretierte Forschungsbeispiele von Kolleg_innen (vgl. ebd.).

Auch leisten rekonstruktive frühpädagogische Studien sowie Arbeiten in der Schulforschung solcherart Beiträge zur Methodik und Methodologie visueller Sozialforschung, indem sie in ihren Ausarbeitungen die sichtbaren Elemente, wie Gesten, Mimik und den Umgang mit Dingen in den Blick nehmen und darüber das Verfahren der mehrdimensionalen dokumentarischen Videoanalyse weiterentwickeln (vgl. Nentwig-Gesemann/Nicolai 2014; Martens/Petersen/Asbrand 2014; Nentwig-Gesemann/Nicolai 2017; Martens/Asbrand 2017; für Peer-In-

15 Ebenso könnten zu dieser Forschungsdimension frühpädagogische Arbeiten gezählt werden, welche – wie die Studie von Isabell Krähnert – die *Relationierung verschiedener Forschungsansätze* verfolgen. Sie hat in ihrem forschungsmethodischen Vorgehen subjektivierungsanalytische und gesprächsanalytisch-rekonstruktive Perspektiven kombiniert und fragt im Rahmen ihrer empirischen Analysen von Elterngesprächen die Kontur inklusionstheoretischer Einlassungen kritisch-reflexiv an (vgl. Krähnert 2020).

teraktionen vgl. z. B. Wagner-Willi 2004; Hackbarth 2019). Iris Nentwig-Gesemann und Katharina Nicolai haben in diesem Zusammenhang die Kategorien der Interaktionsorganisation im Rahmen der videobasierten dokumentarischen Interaktionsanalyse um z. B. *korporierte* Propositionen, Elaborationen und Konklusionen entscheidend erweitert und darauf aufmerksam gemacht, dass bei der dokumentarischen Analyse von Interaktionsmodi in frühpädagogischen Settings die körperliche Ebene einbezogen werden sollte (vgl. Nentwig-Gesemann/Nicolai 2014; Nentwig-Gesemann/Nicolai 2017). Gerade weil es in der Krippe auch um Interaktionen zwischen pädagogischen Fachkräften und sehr jungen Kindern geht, die sich noch vorrangig anderer, als sprachlicher Ausdrucksformen bedienen, können diese somit stärker in den Blick von Forschung geraten. Iris Nentwig-Gesemann und ich (vgl. Nentwig-Gesemann/Gerstenberg 2018, S. 136) verweisen demzufolge u. a. auf Fremdrahmung als basistypisches, konstitutives und prä-formierendes Muster, das sowohl die Beziehung zwischen Erwachsenen und Kindern im Allgemeinen als auch die Beziehung zwischen Pädagog_innen und zu Erziehenden in organisationalen Kontexten im Speziellen über „Rahmungshoheit" (Bohnsack 2017b, S. 136; Gerstenberg 2014, S. 299) strukturiert.[16]

Im Anschluss hieran schlagen Autor_innen wie Barbara Asbrand und Matthias Martens (2018) erweiterte Begriffsfassungen zur formalen Strukturierung der Interaktionsorganisation des Unterrichts vor, die im Datenmaterial bspw. komplementäre Propositionen, Elaborationen und sogenannte „kommunikative Konklusionen" (Asbrand/Martens 2018, S. 338) identifizieren lassen. Neuere dokumentarische Interaktionsstudien nehmen diesen Ansatz bereits auf und erweitern ihn unter Rückgriff auf konversationsanalytische Perspektiven (vgl. Asbrand/Martens/Nohl 2020), um den Modus Operandi der Interaktionen mittels initiierender, konditionell und retrograd relevanzierender, selbst- und fremdinitiierter sowie validierender Turns zu rekonstruieren und übersetzen diese Bezeichnungen interaktiver Bezugnahmen auf den Interaktionskontext von Kindertageseinrichtungen (vgl. Nohl/Dehnavi/Amling 2020).

Untersuchungen, die wie die vorliegende Arbeit zudem Videodaten ausgewertet und sowohl soziale Praktiken von Kindern, als auch Modi professionellen Handelns von Fachkräften in den Blick genommen haben, sind bereits Setting spezifisch methodentriangulierend vorgegangen (mit teilnehmender Beobachtung, Videografie, Expert_inneninterviews und fokussierten Interviews für den Krippenbereich vgl. Jooß-Weinbach 2012; mit Gruppendiskussionen und

16 Vgl. Nentwig-Gesemann/Gerstenberg (2018, S. 132 ff.) zur genaueren Betrachtung von Rahmungshoheit als interaktives Steuerungsmoment, welches dazu führt, dass sich auf der Ebene der performativen Performanz Interaktionsmodi entfalten. Diese können nicht nur auf der Ebene von (Orientierungs-)Rahmen beruhen, sondern auch auf einer funktionalen, von Regeln und Normen gesteuerten Reziprozität von Akten und Perspektiven (vgl. ebd., S. 137 f.). Letzteres Prinzip der Beziehungsgestaltung fußt auf Vertrauen in das Interaktionssystem, respektive auf Systemvertrauen (hierzu auch Kap. 4.3.2).

responsiven Feedbackgesprächen für den Bereich Kindertageseinrichtung vgl. Nicolai 2020; mit informellen und teilnarrativen Leitfadeninterviews im Setting Lernwerkstatt vgl. Kekeritz 2019a).

Studien, die sich einem übergreifenden Vergleich von pädagogischen Settings widmen, sind bislang noch selten. So hat sich Sabrina Göbel (2018) bspw. in ihrer videoethnografischen Studie mit der Herstellung, Gestaltung und Modulation von alltäglichen Interaktionssituationen zwischen pädagogischen Mitarbeiter_innen und Kindern in der Kindertageseinrichtung auseinandergesetzt. Dabei hat sie über eine Reflexion von Theorie-Praxis-Verhältnissen deutlich gemacht, was für sie Praxis ist (vgl. ebd., S. 9 ff.) und diese Perspektive auf den pädagogischen Alltag in Kindertageseinrichtungen eingespielt. In ihrer Arbeit macht die Autorin darauf aufmerksam, dass der Vergleich der von ihr rekonstruierten Praktiken mit anderen Situationen und den sie konstituierenden Praktiken hierbei nach wie vor interessant wäre (vgl. ebd., S. 253). In dem Zusammenhang verweist sie auf ein konkretes Desiderat, das von der weiterführenden Forschung bearbeitet werden könnte: Lohnenswert wäre es, die alltäglichen, einrichtungsbezogenen, interaktiven „Praktiken mit Praktiken der Teamarbeit zu kontrastieren und die zu identifizierenden Vollzugslogiken weiter auszudifferenzieren" (ebd.).

Im geplanten Forschungsvorhaben wird sich der Bearbeitung dieser Empfehlung auf der Ebene theoretisierender Empirie[17] angenommen. Erstens, indem die Studie bei der Deskription der zu untersuchenden Gesprächs- und Interaktionsprozesse an den gewählten Detaillierungsgrad der zuletzt genannten Arbeiten anschließt, diese mikroanalytischen Prozesse dabei aber methodologisch als organisationsgebundene Diskurse ausbuchstabiert. Zweitens wird die Studie den Versuch eines datendifferierenden Vergleichs unternehmen, indem sie Sequenzen aus Teamgesprächen und pädagogischen Interaktionen zwischen Fachkräften und Kindern einer Kindertageseinrichtung und einer außerschulischen Lernwerkstatt empirisch zueinander ins Verhältnis setzt. Darüber hinaus wird in meiner Dissertation auch die Tradition der in diesem Kapitel vorgestellten Forschungsdimension weitergeführt, indem ich nicht nur zeige, wie der Gegenstand ‚Gespräch und Interaktion' als organisationsgebundener Diskurs aus Perspektive der Dokumentarischen Methode komponiert wird. Verdeutlichen möchte ich ebenso, dass die publikationsbasierte Ergebnisanlage meiner Arbeit sich dafür anbietet, die Dokumentarische Methode über didaktische Prinzipien als sozialwissenschaftliche Methode zu vermitteln (Kap. 4).

17 Damit meine ich, dass man eine Forschungslücke bearbeitet, indem etwa methodische Aspekte oder theoretische Fragestellungen empirisch genauer unter die Lupe genommen werden, denen der eigenen Ansicht nach bisher zu wenig Aufmerksamkeit geschenkt wurde. Alternativ könnte man aber auch mit einer neuen bzw. alternativen Entwicklungsidee für eine Forschungsmethode aufwarten, die ein bekanntes Problem von einer bisher unbekannten Seite mit Hilfe der Empirie eingehender beleuchtet bzw. in Bezug auf den Erkenntnisausgang offen problematisiert.

Zudem will ich einen Vorschlag unterbreiten, wie sich über diese Form der Methodenvermittlung Kreativitätstechniken wie das Reframing (Kap. 4.3.3) und Beispielverstehen (Kap. 4.3.4), als eine Praxis des Forschenden Lernens, angeeignet werden könnten. Während ich mit Reframing ein mögliches Verfahren der Umdeutung meiner empirischen Materialbeispiele und Ergebnisse bezeichne, meine ich mit Beispielverstehen für meine Studie, dass ich anhand von Re-Analysen empirischer Auszüge meiner Beiträge (Kap. 4.2) illustrieren kann, wie Gesprächs- und Interaktionssituationen aus ihrer Subsumptionslogik des Falles herausgelöst werden können (Kap. 4.3.4). In diesem Zusammenhang frage ich nicht zentral danach, welches empirische Wissen meine gewählten Analysebeispiele transportieren, sondern interessiere mich für ihre bildende Funktion und dafür, welche Anregungspotentiale sie den Lesenden dieser Arbeit, im Sinne pluraler Sinnerfahrung und Sinndeutung, bieten können. Auch geht es mir in dieser Art Methodeneinsatz darum zu signalisieren, dass empirische Beispiele „nicht nur eine Sache" zeigen, sondern wie Malte Brinkmann es mit Bezug auf Günther Buck (1989, S. 137) formuliert, „auch einen [methodischen; F. G.] Weg" (Brinkmann 2018, S. 2).

2.2 Begründungszusammenhänge von Organisation

Mit der Feststellung, Organisation als diskursives Gebilde grundlegender erfassen zu wollen, ging auch mein Anliegen einher, „an dem jeweiligen Gegenstand pädagogischer Organisationsforschung [...] klären [zu wollen; F. G.], wie der Gegenstandsbereich [methodologisch; F. G.] geordnet bzw. [methodisch; F. G.] strukturiert ist" (Schäffter/Schicke 2012, S. 9). Denn es kann festgehalten werden, dass die Organisationsforschung über keine allgemeingültige Organisationstheorie oder einheitliche methodische Verfahrensweise verfügt. Ihr Gegenstand wird maßgeblich über die Konturierung in der jeweils angelegten Theorie und der zur Anwendung kommenden Methode bestimmt (vgl. Kühl/Strodtholz/Taffertshofer 2009, S. 13). Mit dem Kapitel 2.2.1 widme ich mich der Einordnung meiner Arbeit, in dem ich zunächst unterschiedliche methodologische Begründungszusammenhänge und Methoden zur Erforschung von Organisation aufführe und bilanziere, inwiefern dabei welches Organisationskonzept bzw. welche jeweiligen organisationalen Aspekte adressiert werden könnten. Mein eingangs beschriebenes Erkenntnisinteresse der Methodenentwicklung in Bezug auf organisationsgebundene Gesprächs- und Interaktionsdiskurse, die *in frühpädagogischen Settings* erhoben wurden, legt meiner Ansicht nach auch eine knappe Einordnung meiner Studie in den Kontext einer frühpädagogischen Organisationsforschung nahe. Diese Einordnung erfolgt im darauffolgenden Kapitel 2.2.2 insbesondere unter Bezugnahme auf Peter Cloos (2016a) und seine Reflexion der damit in Zusammenhang stehenden Forschungsbewegungen im frühpädagogischen Feld.

In diesem Kapitel lege ich dar, weshalb ich diese Engführung für meine Arbeit aus persönlichen Gründen als angemessen betrachte. Inhaltlich begründe ich in diesem Kapitel, weshalb ich es für relevant halte, Organisation nicht nur unter dem Aspekt von Rahmenbedingungen anzusehen und formuliere ein Plädoyer, inwiefern es gewinnbringend ist, ebenso die Herstellung der Organisation im Vollzug und die eigenlogische Sinnaufschichtung von organisationalen Praxen zu betrachten. Die exemplarische Aufschlüsselung beider Kapitel soll dazu beitragen, den qualitativ-rekonstruktiven Forschungsansatz und das publikationsbasierte Design meiner Studie zu bewerben, sowie ihre Situierung innerhalb der frühpädagogischen Organisationsforschung zu verdeutlichen.

2.2.1 Quantitative und qualitative Methoden im Feld der Organisationsforschung

Hinsichtlich der Organisationsforschung als Forschungsfeld kann konstatiert werden, dass in diesem die Theorieentwicklung mittlerweile nicht nur weit vorangeschritten, sondern auch ausdifferenziert ist (vgl. zu Schlüsselwerken der Organisationsforschung Kühl 2015). In diesem Kapitel möchte ich die Unterscheidung methodologischer Begründungszusammenhänge nach dem Differenzschema quantitative versus qualitative Methoden vornehmen, über die der Gegenstand Organisation konturiert werden kann (für Methoden der Organisationsforschung im Allgemeinen und auf internationaler Ebene vgl. Buchanan/Bryman 2009; für den deutschsprachigen Raum vgl. Kühl/Strodtholz/Taffertshofer 2009 und für die spezifische Ausgestaltung sozialwissenschaftlicher Methoden im Kontext organisationspädagogischer Forschung vgl. Göhlich et al. 2016). Dies dient nicht der Festschreibung einer Frontstellung zwischen quantitativen und qualitativen Methoden (vgl. Kühl/Strodtholz/Taffertshofer 2005, S. 19 ff.), sondern dem übergeordneten Ziel, für die methodendidaktische Ausrichtung dieser Arbeit zu sensibilisieren, in der die Bestimmung von Organisation mit der Dokumentarischen Methode, als qualitativer Methode, vorgenommen wird.

Quantitatives Paradigma und Methoden der Organisationsforschung

Quantitative Organisationsforschung geht häufig hypothesengeleitet vor, beobachtet ihren Gegenstand aus einer vermeintlich externen Forschungsposition und konzeptioniert Organisation mit Hilfe „zweckrationaler Organisationstheorien“ und/oder als „Wirkungsmechanismen der Organisationsgestaltung oder der Steuerung“ (Schäffter/Schicke 2012, S. 9). Dieses Paradigma orientiert sich dabei „am naturwissenschaftlichen Ideal der exakten, empirisch quantitativen Wissenschaft“ und steht für „die zahlenmäßige Erfassung organisationaler Realität“ und „für die Ziele der Generalisierung und der Objektivierung der gewonnenen Erkenntnisse“ (Kühl/Strodtholz/Taffertshofer 2009, S. 15). Bis heute verschreibt sich die quantitative Organisationsforschung hierbei einer objektiv zu erschließenden, sozialen Realität mit generalisierbaren Gesetzmäßigkeiten (vgl. ebd., S. 14). Durch eine systematisch angelegte Untersuchung und mathematische Ausführung von Kausalitätsannahmen wird das Ziel verfolgt, einen kumulativen Wissensbestand zu entwickeln (vgl. ebd.). Mittels standardisierter Instrumente und Forschungsstrategien sollen dabei möglichst wertfreie Erkenntnisse über isolierte organisationale Variablen und ihre Determinanten gewonnen werden (vgl. Johnson/Duberley 2000, S. 8 f.).

Studien, die sich dieser Analyseeinstellung verschreiben, fassen die Semantik von Organisation dabei unter dem Deckmantel „sozio-technisches System“ (Schäffter/Schicke 2012, S. 9), überprüfen die benannten Wirkungszusammenhänge mit Hilfe von repräsentativen Stichproben und haben Prozesse der Optimierung zum Ziel. Zugleich stellen diese untersuchten Ursache-Wirkungs-Zusammenhänge also auch die Basis für eine gezielte Modifikation der Organisation, bspw. einer Weiterbildungseinrichtung, dar (vgl. Kil 2003). Diese Veränderung wird über Formen der Organisationsberatung und -gestaltung angelegt, innerhalb derer sich die Organisation durch u. a. Übertragung und Veränderung von Regeln und Verhaltensrichtlinien entwickeln kann (für einen Überblick vgl. z. B. Lammers 1997). Auch Arbeitsabläufe können darüber justiert werden (vgl. Kühl/Strodtholz/Taffertshofer 2009, S. 14).

Frühe Ansätze der quantitativen Organisationsforschung (vgl. Taylor 1967) fokussierten hierbei überwiegend auf die Untersuchung einzelner Organisationen. Stefan Kühl und Kolleg_innen resümieren, dass dies damit zusammenhängen mag, dass die Entstehung dieser Art Organisationsforschung eng mit der Betriebswirtschaftslehre als positiver Reflexionswissenschaft ihres Gegenstands und dem Anliegen der Praxisanwendung verknüpft war (vgl. Kühl/Strodtholz/Taffertshofer 2005, S. 16). Eine andere Forschungstradition der quantitativen Forschungslinie, die in Verbindung mit der Entstehung der englischsprachigen Managementlehre steht, verfolgte wiederum das Ziel, universelle Organisationsprinzipien herauszuarbeiten. Es wurde jedoch schnell festgestellt, dass dieser eine ‚richtige‘ Weg für das Management von Organisationen nicht bestehen kann, da diese Organisationsprinzipien nicht auf jede Organisation in gleicher Weise übertragbar sind, sondern situationsspezifisch differenziert werden müssen. Das heißt, es wurde realisiert, dass diese Prinzipien auch auf die Situation anzupassen sind, in der sich Organisationen jeweils befinden. Die hieraus resultierende Fokussierung auf den analytischen Vergleich mehrerer Organisationen bedeutete eine Erweiterung der Forschungsperspektiven in der quantitativen Organisationsforschung. Sie nahm damit auch zunehmend Einzug in weitere Wissenschaftsdisziplinen wie die Volkswirtschaftslehre, Politikwissenschaft und bspw. die Psychologie (vgl. ebd., S. 18).

Dieser kurze Durchgang durch die Entwicklung quantitativer Methoden in der Organisationsforschung sollte darauf aufmerksam machen, dass quantitative Methodenwerkzeuge durchaus beide Analyseschemata abdecken: Einerseits gibt es Instrumente, die wie die „Befragung" (u.a. Schumann 1999; Lamnek 2001) einzelne Organisationen in den Blick nehmen und andererseits auch solche, die wie die „Mehrebenenanalyse" (Langer 2004) Merkmale einer ganzen Reihe von Organisationen untersuchen können. Die methodisch-systematische, schriftliche Befragung, wie sie heute bekannt ist und sich seit den 1970er Jahren entwickelt hat (vgl. Scheuch 1999, S. 10) wird bspw. vor allem eingesetzt, wenn die Zielgruppe der zu befragenden Personen nicht zu heterogen ist und wenn die Organisationsmitglieder und ihre Wahrnehmungen, Sichtweisen, Erfahrungen und Verhalten im Zentrum stehen (vgl. Brake 2009, S. 394). Es geht um die Erhebung ihrer Meinungen und Einstellungen zu Führungsverhalten, zur Zusammenarbeit von verschiedenen Organisationsabteilungen sowie um ihre Einschätzung von organisationalen Entwicklungs- bzw. Verbesserungspotentialen (vgl. ebd.). Die schriftliche Befragung kommt zudem in erster Linie dann zum Einsatz, wenn das Ziel in der Quantifizierung solcher Aspekte liegt (vgl. ebd.).

Bei der Mehrebenenanalyse, die verschiedene statistische Verfahren zur Analyse von hierarchischen Daten umfasst, geht es hingegen darum, Aussagen über die jeweils interessierenden Untersuchungseinheiten unter Einbezug *unterschiedlicher Analyseebenen* zu erzielen und darüber ebenenspezifische Einflussgrößen genauer zu ermitteln (vgl. Engel 1998). So geht es bspw. um die Verhältnisbestimmung zwischen Individuen mit unterschiedlichen Merkmalen (etwa Erfahrungen, Herkunft, Geschlecht) und deren Situierung in Arbeitsgruppen (von unterschiedlicher Zusammensetzung, unterschiedlicher Mitarbeiter_innenzahl, mit unterschiedlichem Führungsverhalten und ‚Arbeitsklima'). Darüber hinaus werden deren Zuordnung zu unterschiedlichen Organisationen (von unterschiedlicher Größe, unterschiedlichem gewerkschaftlichen Organisationsgrad), denen diese wiederum angehören und die ihrerseits als verschiedene soziale, administrative oder ökonomische Einheiten höherer Ordnung zu lokalisieren sind (etwa innerhalb von Arbeitsmarktregionen, Landkreisen oder unterschiedlichen Wirtschaftszweigen), betrachtet (vgl. Hinz 2009, S. 649). Über Mehrebenenanalysen sollen somit „theoretische Vorstellungen über die Wirksamkeit sozialer Kontexte adäquaten empirischen Tests zugänglich werden" (ebd.).

Zudem sollte über diese kursorische Darstellung die Breite des heutigen Einsatzbereiches quantitativer Methoden verdeutlicht werden: Zu nennen wären hier weitere methodische Verfahren wie die „Simulation" und „Modellbildung" (u.a. Troitzsch 1990; Bossel 1992; Prietula/Carley/Gasser 1998) oder die „Inhaltsanalyse" (Gunter 2000), die in der quantitativen Organisationsforschung ebenso Anwendung finden. Die quantitativen Ansätze haben sich ebenfalls in der „Netzwerkanalyse" bewährt (Nohria/Eccles 1992; Jansen 2002; Kilduff/Tsai 2003), da sie Netzwerke in ihren umfassenden Strukturen abzubilden vermögen.

Mit der Netzwerkanalyse werden Verbindungen und Interdependenzen zwischen Einheiten (z. B. Personen oder Organisationen) untersucht und so der relationale Charakter von sozialen Phänomenen hervorgehoben (vgl. Holzer 2006). Das heißt, dass sowohl in der Erhebung als auch in der Analyse von Netzwerkdaten Verfahren zum Einsatz kommen, die einen Umgang mit relationalen Daten erlauben und die Beziehungen zwischen Akteur_innen (und nicht deren individuelle Attribute oder Aktivitäten) als relevante Elemente auffassen. Denn das zentrale Konstrukt der Netzwerkanalyse, das Netzwerk, lässt sich allgemein definieren als eine Menge von Akteur_innen und ihren Beziehungen untereinander (vgl. Jansen 2003). Diese Definition kann für die formale Repräsentation graphentheoretisch interpretiert werden, woraufhin ein Netzwerk dann als ein Graph mit einer abgegrenzten Menge von Knoten und den zwischen diesen verlaufenden Kanten abgebildet werden kann und dadurch besonders anschaulich ist (vgl. genauer Scott 1991). Wenn es sich um komplexere Analysen handelt, kann sie mit soziometrischen und algebraischen Verfahren verknüpft werden, die die Manipulation der Daten erleichtern. Die Übersetzung des Netzwerks erfolgt dann in eine Soziomatrix, in der tabellarisch Knoten und ihre Beziehungen erfasst werden (vgl. z. B. Wasserman/Faust 1994). „Eine besondere Stärke der Netzwerkanalyse liegt darin, dass sie auf kleinräumige soziale Phänomene […], ebenso anwendbar ist wie auf große Datenmengen“ (Holzer 2009, S. 690). Sie ist für Forschungsansätze weniger geeignet, die dabei das Anliegen verfolgen, den tieferen Sinn aufeinander verweisender Handlungen zu erschließen, da in der Netzwerkanalyse dazu tendiert wird, die formale Strukturiertheit des Untersuchungsgegenstandes zu fokussieren (vgl. Schäffter/Schicke 2012, S. 9 f.). Die qualitative Forschung kommt in diesem Erkenntniszusammenhang zum Einsatz.

Qualitatives Paradigma und Methoden der Organisationsforschung

Bei aller Unterschiedlichkeit der qualitativen Ansätze und Methodik in der Organisationsforschung kann als gemeinsames Kennzeichen dieses Paradigmas ausgemacht werden, „dass soziale Wirklichkeit nicht unabhängig von Zeit und Raum als objektive Wahrheit“ (Kühl/Strodtholz/Taffertshofer 2009, S. 18) begriffen wird. Vielmehr wird sie als Ergebnis kollektiver[18] oder individueller

18 In Abkehr zweckrationaler Organisationsbeschreibungen haben vor allem Luhmann und Weick ein Organisationsverständnis grundlagentheoretisch begründet, das Organisationen als kollektive Handlungszusammenhänge bzw. selbstreferentielle soziale Systeme definiert, die Sinn- und Bedeutungsstrukturen konstituieren und ihre Operationen anleiten (vgl. Luhmann 1984; Weick 1998). Ihre Rezeption fließt häufig in die Forschungsanlage qualitativer Organisationsstudien ein (vgl. Schäffter/Schicke 2012, S. 10). Pädagogische Organisationsforschung kann darüber hinaus auch an die Diskursforschung angekoppelt sein. Mit dem diskursanalytischen Ansatz wird „die Bedeutung von Organisation“ dann „als gesamtgesellschaftlich institutionalisierte Strukturvorgabe“ (ebd.) lesbar und soll hier, da dieser Ansatz für das Erkenntnisinteresse der Arbeit nicht von tragender Relevanz ist, nur am Rande erwähnt sein.

Wahrnehmung betrachtet und im Rahmen der Relevanzhorizonte der Organisationsakteur_innen interpretiert. Dies bedeutet, dass die Akteur_innen dabei bspw. auch in den Blick genommen werden, wie sie sich selbst als in Kommunikations- oder Handlungsabläufe des alltäglichen organisationalen Geschehens eingebunden verstehen (vgl. ebd.). Es ist also von besonderem Interesse, Daten nicht nur in ihrem „natürlichen Kontext" (Flick/Kadorff/Steinke 2010, S. 23) zu erheben, sondern auch, sich für das Alltagswissen der Untersuchten zu interessieren und hierbei die Unterschiedlichkeit von Perspektiven zu berücksichtigen.

Qualitative Methoden werden in der Organisationsforschung somit häufig eingesetzt, um das, was aus der Perspektive der handelnden Akteur_innen in der Organisation geschieht, zu rekonstruieren. Auch geht es vielfach darum, „unerwartete Phänomene mit möglichst wenigen Vorentscheidungen hinsichtlich Design und Methode einzufangen und auf diese Weise menschliches Verhalten und Handeln einer prozessualen Sicht zugänglich zu machen" (Kühl/Strodtholz/Taffertshofer 2009, S. 18). Hierbei geht es zumeist weniger um einen „breit angelegten Vergleich organisationaler Wirkungsmechanismen als vielmehr [um; F. G.] das Eindringen in die Tiefe des Einzelfalls" (ebd.). Der/die Sozialforscher_in hat bei der Untersuchung von Organisation zudem nicht die Aufgabe, Kausalzusammenhänge zu bestimmen, sondern ihre Sinnstrukturen zu rekonstruieren und darüber auch komplexe Zusammenhänge zu verstehen (vgl. Flick/Kadorff/Steinke 2010, S. 23). Organisation wird von den Interpret_innen mit qualitativen Methoden somit als Prozess der gemeinsamen Herstellung und Zuschreibung sozialer Wirklichkeit rekonstruiert, sowie in ihrem kommunikativen Charakter und über die Konstruktionsweisen von sozialen Akteur_innen interpretiert (vgl. ebd., S. 22). Dabei sind die Wissenschaftler_innen häufig selbst in die Deutungs- und Interaktionsprozesse der Organisation involviert, was kein Problem, sondern eher eine Leistung darstellt, wenn diese Involviertheit einer ertragreichen methodisch-methodologischen Reflexion zugeführt werden kann. Das ist dann der Fall, wenn bspw. die qualitativen Forschungsstrategien es vermögen, der Tiefenstruktur einer Interaktionsdynamik zwischen externen Berater_innen und Betrieben derart nachzuspüren, dass ein ‚going native' der Beratenden aufgezeigt werden kann (vgl. Behnke 2010) oder es nicht nur zum selbstverständlichen Bestandteil bzw. Anspruch im Forschungsprozess gehört, die eigene Standortgebundenheit zu reflektieren, sondern diese auch systematisch offenzulegen (vgl. Bohnsack 2008, S. 173). Bei der responsiven Organisationsforschung fallen qualitative Forschung und Beratung gar derart in eins, dass Konzept- und Methodenentwicklung im dialogischen Vorgehen den Bedürfnissen der betroffenen Mitarbeiter_innen angepasst werden und verschiedene Rückkopplungsschleifen im Forschungsprozess (z. B. in Form von Gruppendiskussionen oder responsiven Feedbackgesprächen) vorgesehen sind, die einen gemeinsamen Lernraum zwischen Forscher_innen und Organisationsmitgliedern eröffnen können (vgl. Althans/Engel 2016).

Kommen wir auf weitere Gemeinsamkeiten verschiedener qualitativer Methoden zu sprechen, so ist das „Prinzip der Offenheit“ (Steinke 1999, S. 35) als prägendes Merkmal hervorzuheben, welches sich in sämtlichen Phasen des Forschungsprozesses bemerkbar macht. Ines Steinke beschreibt das Prinzip der Offenheit in Anlehnung an Christa Hoffmann-Riem (1980, S. 343) als einen Grundsatz, über den die theoretische Strukturierung des Forschungsgegenstandes zurückgestellt wird, bis sich dessen Strukturierung bspw. durch die Forschungssubjekte herausgebildet hat (vgl. Steinke 1999, ebd.). Qualitativ orientierte Organisationsforscher_innen setzen in der Phase der Erhebung daher nicht-standardisierte oder wenig standardisierte Instrumente wie bspw. „Narrative Interviews“ (Riemann 2011), „Problemzentrierte Interviews“ (Witzel 1985), „Experteninterviews“ (Meuser/Nagel 1991; Trinczek 1995), „teilnehmende Beobachtung“ (Vogd 2005a), „Aktenanalysen“ (Erne 2017) oder „Gruppendiskussionen“[19] (Mensching 2017) als Verfahren ein, um eine derartige ‚Nähe‘ zum Forschungsgegenstand entwickeln zu können. Diese Offenheit soll den Blick für das scheinbar noch nicht Bekannte bzw. für ‚neue‘ Details der jeweils untersuchten Einrichtung freigeben, die Interpret_innen auch mit weniger zugänglichen und nicht-selektiven Daten konfrontieren und ihnen so eine gegenstandsnahe und insofern die Untersuchung ausschöpfende Theoriebildung ermöglichen (vgl. Silverman 2000). Die qualitativen Ergebnisse werden dann *verdichtend*, etwa im Rahmen einer Fallstudie (vgl. Liebig 2007; Mensching/Vogd 2013), oder *typisierend*, bspw. im Kontext einer sinngenetischen Typenbildung (vgl. Vogd et al. 2018, S. 59 ff.), dargestellt. Wenn überhaupt werden verallgemeinernde Vergleiche erst in Abschlussphasen der Untersuchung gezogen (vgl. Hopf 1979, S. 14).

Abschließend soll in diesem Kapitel noch auf die „Gegenstandsangemessenheit“ (Steinke 1999, S. 38) als ein weiteres Kennzeichen qualitativer Verfahren im Kontext von Organisationsforschung verwiesen werden. Das heißt, dass der jeweilige Gegenstand, seine Besonderheiten und Charakteristiken und die Fragestellung der Organisationsstudie die Auswahl und Entwicklung der Forschungsmethoden bestimmen und nicht anders herum (vgl. Flick 1995, S. 13 ff.). Es ist daher kaum verwunderlich, dass sich das vorhandene Methodeninstrumentarium beständig weiterentwickelt (vgl. Kühl/Strodtholz/Taffertshofer 2009, S. 18).

Anlage der Studie: Qualitativ-rekonstruktive Organisationsforschung in publikationsbasiertem Design

Interpretative bzw. rekonstruktive Organisationsforschung, wie sie dem Forschungsansatz der Dokumentarischen Methode zugrunde liegt, ist dem qualitativen Forschungsparadigma zuzuordnen (vgl. hierzu grundlagentheoretisch

19 Für einen allgemeinen Überblick zu dieser Methode (vgl. z. B. Liebig/Nentwig-Gesemann 2002) und zum Gruppendiskussionsverfahren mit Kindern (vgl. u. a. Nentwig-Gesemann/Gerstenberg 2014).

Bohnsack 2017a und 2017b). Der Untersuchungsgegenstand wird unter dieser Perspektive nicht gegenstandstheoretisch vorgefasst oder einer Hypothesenüberprüfung unterzogen. Allenfalls erfolgt eine theoretische Sensibilisierung durch gegenstandstheoretische Konzepte von Organisation (vgl. zu aktuellen empirischen Studien im Kontext dokumentarischer Organisationsforschung Amling/Vogd 2017). Allgemein bündelt rekonstruktive Forschung „Ansätze des Sinnverstehens“, die für Forschung und Praxis nutzbar gemacht werden können und legt „soziale Wirklichkeit als eine sozial konstruierte“ aus, „deren Strukturen durch das Handeln und die Deutung der in ihr handelnden Menschen bestimmt sind“ (Rätz/Völter 2015, S. 186).

In der vorliegenden Studie knüpfe ich an diese Perspektive an: Zentral gehe ich mit dieser Beobachtungseinstellung davon aus, dass „Organisationen ihre Sinnbezüge und Bedeutungsstrukturen selbst bilden“[20] (Schäffter/Schicke 2012, S. 10), was von mir als Forscherin verlangt, dass ich diese auch „methodisch strukturiert“ (ebd.) erschließe und entlang ihres eigenlogischen Sinnaufbaus interpretiere. Die Forschungsanlage meiner Studie muss hier folglich so ausgestaltet sein, dass insbesondere der „Selbstausdruck von […] kontextuell situierten Organisationen“ (ebd.) eingefangen werden kann. Es geht mir um die Rekonstruktion von darin eingelagerten *Selbstbeschreibungen* (vgl. zu Ansätzen dieserart Vogd 2009; Cloos/Gerstenberg/Krähnert 2019). Diesem Anspruch komme ich nach, indem meine Arbeit über ihr publikationsbasiertes Forschungsdesign[21] nicht als reine Methodensammlung erscheint. Zunächst ist sie so aufgebaut, dass sie Einzelbeiträge resümiert, die einerseits mit der Dokumentarischen Methode und andererseits über unterschiedliche Erhebungsverfahren den Gegenstand erfassen. Darüber hinaus führt die Studie über ihren collageartigen Aufbau auch die eigenlogische Konstruktionsweise des Untersuchungsgegenstandes Organisation komparativ vor. Zugleich wird die Dokumentarische Methode als qualitativ-rekonstruktive Methodik darüber nicht linear, sondern – zur Veranschaulichung ihrer Heuristik – kompositorisch eingesetzt. Das heißt, somit kann ich über die gewählte publikationsbasierte Ergebnisdarstellung ebenso die *Anwendungsmöglichkeiten* der Methode in einer *analogen und progressiven* Form vermitteln. Damit illustriere ich eine auf Forschungsmethoden fokussierende Didaktik, welche die Analysepraxis von Forscher_innen anregen und unterstützen kann. Unter

20 Wobei anzumerken ist, dass sie dies als organisationale konjunktive Erfahrungsräume tun, die jedoch immer in verschiedene gesellschaftliche Erfahrungsräume eingebettet sind, in denen auch die Genese von Organisationen soziogenetisch verankert ist (vgl. Nentwig-Gesemann/Gerstenberg 2018, S. 134 f. und Kap. 3.2 in dieser Arbeit sowie zum grundlegenden Begriff des konjunktiven Erfahrungsraums vgl. Nentwig-Gesemann 2018).

21 Ich möchte an dieser Stelle Sabine Bollig und Michael Lichtblau danken, die ebenfalls publikationsbasiert promoviert haben und mir sowohl inhaltliche Anregung geboten als auch konkrete Rückmeldung zu ihrem, jeweils sehr unterschiedlichen, Umgang mit diesem Dissertationsformat gegeben haben.

Heuristik verstehe ich in meiner Studie auch die konkrete Veranschaulichung meiner Analyseapparatur und -kondensate (Kap. 4) und wie darüber Organisation ausgelegt und bspw. in ihrer Entwicklung weitergedacht werden könnte.

2.2.2 Forschungsbedarf aus Perspektive frühpädagogischer Organisationsforschung

Der Gedanke von Austin Kleon „Steal like an Artist!", sagt mir, dass man dazu berechtigt ist, Ideen von anderen Künstlern zu „klauen" (Kleon 2014a, S. 5), insofern man dabei darauf verweist, welchem Verweisungszusammenhang diese Idee entspringt und diese dafür einsetzt, seinen eigenen „family tree" of teachers (Kleon 2014b, o. S.) zu würdigen. Denn was Austin Kleon mit diesem durchschlagenden Slogan in meinen Augen meint, ist, dass man seine Anstrengung nicht ausschließlich auf die Erfindung des ‚Neuen' richten sollte, da es alles Denk- und dadurch auch Vorstellbare bereits in irgendeiner Form gibt (vgl. Kleon 2014a, S. 7). Seinen Appell zum „Klauen" (ebd., S. 5) nehme ich in meiner Arbeit deshalb jedoch nicht als Legitimation, mich verschiedener wissenschaftlicher Quellen lediglich zu ‚bedienen'.

Vielmehr schreibe ich mir durch diese Anregung in Großbuchstaben auf mein eigenes Papp-Plakat: *Save these thefts for later, Frauke. Or school yourself by using and showing what does and does not belong to you!* (vgl. Kleon 2014b). So möchte ich im Folgenden meine Dissertationsstudie mit Hilfe des Beitrags von Peter Cloos (2016a) im Kontext einer frühpädagogischen Organisationsforschung ordnen, um darüber ebenso meinen Familienbaum der Wissenschaft (vgl. Kleon 2014b) zu markieren. Die Referenz auf die Arbeiten von Peter Cloos halte ich zudem an dieser Stelle und persönlich dadurch gerechtfertigt, dass ich ihn in unserer Zusammenarbeit als stets heterarchisch agierenden Gatekeeper und Stellvertreter von disziplinpolitischen Anliegen für die Kindheitspädagogik (vgl. u. a. Cloos 2016b; Cloos 2017; Cloos 2020; Gerstenberg/Cloos 2022a) und die darin unter multiplen Anforderungen tätigen Feldakteur_innen, erlebt habe. Dafür steht meines Erachtens nach auch sein folgender Beitrag (vgl. Cloos 2016a) exemplarisch, wenn er darin den frühpädagogischen Organisationsdiskurs, wie er sich seiner Auffassung nach gegenwärtig strukturiert, verstehend nachvollzieht. Ich hoffe, dass er aufgrund dessen hier nicht nur als Zweig meines „family trees" (Kleon 2014b, o. S.) zur Kenntnis genommen wird, sondern wünsche ihm auch, dass ihn andere unter diesem Diskursstrang gerne rezipieren.

Abbildung 3: Already tired? Climb your own family tree of science![22]

In seiner inhaltlichen Kontur setzt sich sein Beitrag mit organisationspädagogischen Fragestellungen auseinander, die sich auf den Kontext Kindertagesbetreuung beziehen (vgl. Cloos 2016a, S. 2). Zunächst stellt er aus historischer Perspektive das Feld Kindertagesbetreuung als rechtlich und organisatorisch gerahmtes multifunktionales System heraus, welches gegenwärtig durch eine quantitative Ausweitung, qualitative Profilierung und organisationale Ausdifferenzierung gekennzeichnet sei (vgl. ebd., S. 3 ff.). Auf Basis dieser Skizze macht er nicht nur auf den großen Forschungsbedarf zu organisationalen Aspekten in dieser Disziplin aufmerksam, sondern vor allem nachvollziehbar, weshalb sich Studien bislang insbesondere der Untersuchung von organisationalen Rahmenbedingungen pädagogischen Handelns im Feld der Kindertageseinrichtungen gewidmet haben (vgl. ebd., S. 5). Als einen zentralen Grund für diesen Forschungsfokus führt er an, dass das Wissen um Rahmenbedingungen der institutionellen Absicherung und

22 Ich bekam viele umarmend-entlastende Anregungen für diese Arbeit auch von Austin Kleon; bitte darum ein- oder zweimal in sein großartig-witziges und entspanntes Buch „Steal like an artist" (Kleon 2014a) hineinschauen. And dear Austin: If you or the team of *Workman Publishing* do not like that I use your illustration in my work in this way or that a reference to your book and website is not sufficient (it's meant in best honor), then please contact me. I would love to talk to you and about your very nice stuff anyway. (Regardless of the fact that you wrote on your blog that we readers should better imagine that you are dead if you don't answer us).

darüber der Weiterentwicklung des Handlungsfeldes dient (vgl. ebd., S. 10). Über die bereits existierenden Studienergebnisse zeigt er, dass Rahmenbedingungen bspw. deutliche Auswirkungen auf die Gesundheit und die Arbeitsfähigkeit der Beschäftigten haben (vgl. u. a. Viernickel et al. 2013a; Schreyer et al. 2014) und damit auch Einfluss auf die Leistungsfähigkeit des Handlungsfeldes insgesamt nehmen. Angesichts dieser Überlegungen betont er, dass solcherart Organisationsforschung bisher insbesondere für die Bearbeitung der Diskrepanz zwischen politischen Erwartungen und den vorhandenen organisationalen Ressourcen relevant gewesen sei (vgl. Cloos 2016a, S. 10).

Arbeiten, die von ihm in dieser Forschungslinie verzeichnet werden, fassen Rahmenbedingungen organisationstheoretisch als Kontexte pädagogischen Handelns – nicht als organisationale Praxis – (vgl. ebd., S. 5) und betrachten organisationale Dimensionen als situationsunabhängige, zeitlich stabile Faktoren (vgl. z. B. Roux 2006). Gefragt wird in diesen Studien häufig nach Wirkungszusammenhängen zwischen verschiedenen Merkmalen der Struktur- und Prozessqualität (vgl. auch Tietze et al. 2013). So kommen sie etwa zu dem Ergebnis, dass schlechtere strukturelle Rahmenbedingungen mit einem höheren Grad der Betroffenheit von Krankheit und psychischer Belastung pädagogischer Fachkräfte einhergehen (vgl. Viernickel et al. 2013a) oder, dass Merkmale der Arbeitsplatzsituation die Arbeitszufriedenheit und Verbundenheit des Personals mit der Organisation beeinflussen können (vgl. Schreyer et al. 2014).

Kennzeichnend für Studien in diesem Kontext ist auch, dass sie für ihre Untersuchungsanliegen quantitative und qualitative Forschungsmethoden miteinander verbinden. Die Studie „Schlüssel zu guter Bildung, Erziehung und Betreuung" von Susanne Viernickel und Kolleg_innen fragt bspw. mit einem Mixed-Method-Ansatz danach, inwiefern pädagogische Praxis unter den gegebenen strukturellen und zeitlichen Rahmenbedingungen umsetzbar ist. Während der Umgang mit den Bildungsprogrammen hierbei qualitativ in den Blick genommen wird und die Auseinandersetzung der Fachkräfte mit den gesellschaftlichen und organisationalen Normativen interessiert, werden die Rahmenbedingungen, wie z. B. der Personalschlüssel, die Zeitkontingente für die mittelbare pädagogische Arbeit oder die Zufriedenheit mit den Rahmenbedingungen quantitativ untersucht (vgl. Viernickel et al. 2013b). Auch die STEGE-Studie (vgl. Viernickel et al. 2013a) besteht zum einen Teil aus quantitativen Daten, die auf Fragebögen von 2.744 Fachkräften der frühkindlichen Betreuung in 809 Einrichtungen basieren; einer repräsentativen Stichprobe des Bundeslandes Nordrhein-Westfalen. Den anderen Teil der Studie bilden qualitative Daten aus 14 problemorientierten Interviews, die mit pädagogischen Fachkräften geführt wurden. Die Studie zeigt über die Interviews auf, dass der Gesundheitsstatus von Mitarbeiter_innen der Kindertagesbetreuung persönlich als nicht sehr stabil wahrgenommen wird und über den quantitativen Zugang, dass die strukturellen Qualitätsparameter in hohem Maße mit ihrer Arbeitsfähigkeit korrelieren.

Neben diesen umfassend angelegten Forschungsprojekten sind mir bei der Durchsicht von Studien darüber hinaus wenige qualitativ ausgerichtete Arbeiten begegnet, die bspw. ethnografisch den organisationalen Alltag von Kindertageseinrichtungen beobachten und erfassen (vgl. u. a. Cloos 2008; Jung 2009; Cloos 2014; Schulz 2016). Auch gibt es in diesem Kontext Arbeiten, die sich mit der Frage nach organisationalem Lernen als nicht ausschließlich kognitiver und intentionaler, sondern auch performativer und mimetischer Erfahrung beschäftigen und es mit mehrdimensionalen ethnografischen Zugängen in den Blick nehmen (vgl. z. B. Göhlich/Engel/Höhne 2012). In diesen ethnografisch ausgerichteten Arbeiten wurden darüber hinaus bereits elaborierte organisationsethnografische Ansätze ausgearbeitet, welche die organisationale Beschaffenheit frühpädagogischer Institutionen in der Verquickung mit gesellschaftlichen Einflüssen beschreiben (vgl. Honig et al. 2013; Honig/Neumann 2013; Schnoor/Seele 2013; zu ethnografischen Studien in Bildungsinstitutionen und Organisationen im Überblick vgl. Kelle 2011; Ott/Schweda/Langer 2014, S. 11 ff.). In solcherart Forschung werden bereits Praktiken, die in multilokalen Settings zu finden sind, in einem bestimmten gesellschaftlichen Bereich analysiert, hierbei einer spezifischen Praxis zugerechnet und in Verbindung mit Materialitäten, als kleinste analytische Einheit, interpretiert (vgl. Bollig 2008). Sabine Bollig konzeptioniert in diesem Zusammenhang Praktiken der Instrumentierung in Settings kinderärztlicher Vorsorgeuntersuchungen (vgl. ebd.). Sie erläutert, wie sie als entwicklungsdiagnostische Praktiken beobachtet werden können und dort in je eigener Form, bspw. über Dokumentationsobjekte wie das gelbe Vorsorgeheft und darauf bezogene Dokumentationspraktiken, organisiert sind. Ferner stellt sie hierbei die Produktivität des objektorientierten Forschungsansatzes der Actor-Network-Theory heraus, zeigt zwei unterschiedliche methodische Operationalisierungen in ethnografischen medizinsoziologischen Studien auf und bietet Anschlüsse für eine analytisch-reflexive Methodenkombination an (vgl. ebd., S. 301 ff.).

So kann ich für dieses Kapitel zusammenfassen: Arbeiten, die in dieser Forschungslinie frühpädagogischer Organisationsforschung thematisiert wurden, definieren organisationale Dimensionen zum einen häufiger als situationsunabhängige, strukturell beständige Faktoren und nicht als organisationale Praxis. Studien die in diesem Bereich zum anderen auf einen Praktikenbegriff rekurrieren, sind mehrheitlich in Orientierung an ethnografischen Forschungstraditionen differenzierter ausgearbeitet worden. Vermehrt nachgefragt werden könnte mit Studien daher auch, wie Kindertageseinrichtungen als Organisationen aus *anderen qualitativen* Forschungsperspektiven, bspw. mit Hilfe der Dokumentarischen Methode, über Gesprächs- und Interaktionspraxen, beobachtbar werden und somit im Forschungsfeld der Pädagogik der frühen Kindheit weitere empirische

Erkenntnisse zu *organisationalen Praxen*[23] zu generieren wären. Der Fundus an Arbeiten, die im Bereich der Frühpädagogik die Untersuchung der Organisation fokussieren, könnte somit um Studien erweitert werden, die sich erstens als rekonstruktive frühpädagogische Organisationsforschung ausweisen und hierbei Aspekte des alltäglichen Organisierens in *weiteren* frühpädagogischen Settings empirisch untersuchen. Diese Arbeiten könnten zweitens einen Mehrwert bilden, wenn sie nicht nur die *relationalen Verknüpfungen* zwischen *Habitualisierungsprozessen* im Gesamtfeld der Kindertagesbetreuung und *situative Praxen* in *heterogenen* frühpädagogischen Einrichtungen untersuchen, sondern gleichfalls den heuristischen Ansatz, d.h. die Systematisierung der entdeckenden Forschungsverfahren selbst, für die Lesenden transparent mitführen. Diese Studien würden somit ein Angebot machen, wie eine frühpädagogische Studie zugleich methodologisch-methodisch als Organisationsforschung ausbuchstabiert werden kann (vgl. zum Verfahren mit einer qualitativen Heuristik in der Psychologie z.B. Kleining 2010, S. 66).

Die vorliegende Arbeit bearbeitet dieses Desiderat über ihre Konzentration auf die Veranschaulichung einer Heuristik, welche die Rekonstruktion von Gesprächs- und Interaktionsprozessen in einer außerschulischen Lernwerkstatt und einer Kindertageseinrichtung ermöglicht. Illustriert wird ihr rekonstruktiver Zugang über das Forschungsprogramm der Gesprächs- und Interaktionsanalyse sowie der dokumentarischen Organisationsforschung (Kap. 3). Mit diesem Programm wird empirisch nach Facetten der Gesprächs- und Interaktionsgestaltung im Vollzug gefragt und damit zeitgleich nach der eigenlogischen Sinnaufschichtung von organisationalen Praxen. Innerhalb der Analyse wird sich dabei nicht allein auf die Rekonstruktion sozialer Praxis als *situativer Praxis* konzentriert, sondern auch auf die *habitualisierten* bzw. *institutionalisierten* Praktiken, die durch Entscheidungsprozesse der Einrichtung und über strukturelle Wiederho-

---

23 Unter den Begriffen der Praxis und der Praxen verstehe ich im Anschluss an Iris Nentwig-Gesemann das Sprechen und Interagieren, das auf den impliziten Wissensbeständen beruht. Dabei kann auch situativ-aktionistisches Handeln eine Praxis sein (vgl. Nentwig-Gesemann et al. 2012, S. 44ff.). Eine im Konjunktiven verankerte Praxis im Sinne eines Habitus, eines Typus, entsteht in ihrem Verständnis jedoch erst durch die Kombination verschiedener habitualisierter Praktiken (vgl. Nentwig-Gesemann/Nicolai 2014, S. 65). Ralf Bohnsack akzentuiert den Begriff der Praktiken in seinem aktuellen Professionalisierungsband in Rekurs auf die Modi der Organisation korporierter Praktiken, an deren Ausarbeitung Iris Nentwig-Gesemann zentral beteiligt war (vgl. Bohnsack 2020, S. 111 und auch die Anmerkung in Fußnote 5 dieser Arbeit). Damit sind dann nicht situative Praxen, sondern habituelle Muster gemeint, die ‚typisch' für etwas sind. Den Begriff Praxen verwende ich folglich in Nähe zum Praxisbegriff der Dokumentarischen Methode und verstehe ihn in dem Sinne mehrschichtig: D.h. einerseits können diese als situative Praxen und andererseits als eine Verkettung von habitualisierten Praktiken beschrieben werden. Jener Praktikenbegriff ist nicht zu verwechseln mit dem, den ich bei Arbeiten herauslese, die an die Praxistheorie von bspw. Reckwitz (2003) anschließen und etwa soziale Praktiken in Verbindung mit Materialitäten im Sinne der Actor-Network-Theory oder den Science Technology Studies in den Blick nehmen (vgl. u.a. Bollig 2008).

lungen (z. B. innerhalb von wöchentlichen Teamsitzungen) in primären Rahmen routinehaft angelagert werden (Kap. 3.3). Ferner wird eingehender reflektiert, welche Positionen und Positionierungen von Eltern, Fachkräften und Kindern (Kap. 3.4.2) darin vergeben, ausgehandelt und abgewiesen werden.

3 Forschungsprogramm: Gesprächs- und Interaktionsanalyse und dokumentarische Organisationsforschung

3.1 Wie ich mich technisch fortpflanzte oder zur Begriffsadoption einer Methodenapparatur

In diesem Kapitel möchte ich das Forschungsprogramm der Dokumentarischen Methode in seiner Spezifik begründen, wie es dieser Studie zugrunde liegt. Mit diesem Kapitel möchte ich aber noch mehr erreichen. Es geht mir darum, meine agentiellen Schnitte, wie es Karen Barad (2007) formuliert, also die Mittel der kritisch reflexiven Auseinandersetzung mit den wissenschaftlichen Phänomenkonstituierungen und meine eigene Eingebundenheit in die „Praktiken der Apparate […] unter der Sein und Wissen, Materie und Diskurs untrennbar miteinander verschränkt sind" (Schmitz 2014, S. 289), in die Beschreibung des Forschungsprogramms meiner Studie einzubeziehen. Schmitz formuliert im Anschluss an Barad das, was auch ich an diesem Vorgehen für relevant halte. Sie hebt hervor, dass „Wissenschaftler_innen ihre Praktiken (agentielle Schnitts) aus Erfahrung einsetzen und deren Erfahrungen beschreiben können" (ebd., S. 288). Es geht mir in diesem Sinne um die Mitthematisierung einer „Verantwortliche[n; F. G.] Objektivität", verstanden als die „Notwendigkeit einer kritischen Reflexion der Herstellung, Stabilisierung und möglichen Destabilisierung von Bedeutungen und Grenzen und damit verbunden der Verantwortung, welches Wissen und welches Sein dabei [von mir; F. G.] ausgeschlossen und unmöglich gemacht wird" (ebd., S. 289). Binde ich diese verantwortungsvolle Objektivität bereits in den Vollzug meiner wissenschaftlichen Tätigkeit und nicht erst dann ein, wenn ich ihre nachträglichen Auswirkungen bspw. auf die Gesellschaft abschätze, dann komme ich damit, so Schmitz in Auslegung von Barad (2007, S. 353 ff.), meiner ethischen Verpflichtung, den „ethics of mattering" nach, die für die „Akzeptanz und Auseinandersetzung mit den durchgängigen Auswirkungen wissenschaftlicher und außerwissenschaftlicher materiell-diskursiver Praxen in der Realisierung von weltlichen Phänomenen" (Schmitz, ebd.) stehen.

Nun gehe ich also *meine* Geschichte mit der Dokumentarischen Methode *mit Ihnen*. Erzählen will ich, wie ich mich dabei technisch ‚fortpflanzte', wer in diesem Prozess mein Lesen geprägt hat und in welchen Forschungszusammenhängen auch die Gefahr eines potentiellen ‚Bulimieschreibens' abgewendet werden konnte, bspw. durch gemeinsame Erkenntniswege und daran anknüpfende Begriffsadoptionen[24] einer Methodenapparatur.

In ihrer traditionellen Grundlegung wird die Dokumentarische Methode gegenwärtig vor allem in Studien der Sozial- und Erziehungswissenschaften breit rezipiert[25] (vgl. Bohnsack/Marotzki/Meuser 2011, S. 40). Mit traditionell meine ich hier, dass über ihren Forschungsansatz zumeist das empirische Verhältnis von implizitem zu explizitem Wissen bestimmt wird (vgl. Bohnsack 2008, S. 59 ff.).[26] Auch der für ein Kollektiv typische Modus Operandi, d. h. der charakteristische Vollzug der gemeinschaftlichen Praxis von Akteur_innen und die damit einhergehenden Herstellungsprozesse und Prozessstrukturen von Sinn in bspw. Gruppendiskussionen werden genuin über ihren Ansatz rekonstruiert (vgl. Bohnsack/Nentwig-Gesemann/Nohl 2007, S. 13). In diesem Zusammenhang interessiert nicht zentral was für die Forschenden, sondern vor allem aus der eigenlogischen Struktur der Verständigungsprozesse der Beforschten heraus, Sinn macht.

24 Damit meine ich, dass es nicht um das Replizieren von Oberflächenbegriffen ging, sondern immer auch darum, zu prüfen, ob es im Sinne einer tieferen Sinndeutung erforderlich ist, einen weiteren neuen Begriff einzuführen und darauffolgende Begründungen zu schreiben. Hierbei half besonders der Dialog in den verschiedenen Forschungsteams: Es ging bspw. darum herauszufinden, inwiefern Begriffsverknüpfungen zu mehr Klarheit beitragen können oder ob wir mit unserer Wissenschaftspraxis in die Ökonomisierungsfalle tappen (vgl. Gerstenberg et al. 2021, S. 115 f.). Mit diesen Gedanken bin ich ganz bei Harald Lesch, der im Zusammenhang mit der Auseinandersetzung um die Relevanz von Wissenschaftskommunikation die Tragik der Überökonomisierung der Wissenschaft beklagt. Nach ihm werde die Grundlagenforschung mehr und mehr in Richtung angewandte Wissenschaft gedrängt. Somit wird an sie der Anspruch gestellt, möglichst schnell etwas einzubringen, während sie gleichzeitig an Einfluss verliert, da Wissenschaftler_innen in ihrer Gedankentiefe nicht mehr überall gehört werden (vgl. ebd., S. 116).

25 Nur mit Hilfe der von Arnd-Michael Nohl erstellten und im Internet frei zugänglichen Literaturliste zur Dokumentarischen Methode lässt sich auf einen oberflächlichen Blick hin bereits nachvollziehen, wie weit diese Forschungsmethode mittlerweile in unterschiedliche Diskurse streut und dort ihren Einsatz findet: //www.hsu-hh.de/systpaed/wp-content/uploads/sites/755/2018/03/LitdokMeth18-03-15.pdf. Aufgeführt werden u. a. die Kindheits-, Jugend- und Schulforschung, Generationsforschung, Unternehmensforschung, Erwachsenen- und Weiterbildungsforschung, die qualitative Bildungsforschung, Evaluationsforschung und Bildanalyse.

26 Die Dokumentarische Methode unterscheidet grundlegend zwei Formen des Wissens, die von dem/der Interpret_in in den Blick genommen werden können: Implizites Wissen suggeriert unmittelbares Verstehen, beruht auf konjunktiver Erfahrung bzw. den Orientierungen der Akteur_innen und ist nicht ohne weiteres reflexiv zugänglich (vgl. Bohnsack 2008, S. 59 ff.). Es operiert bspw. unterhalb institutionalisierter Ablaufmuster und der dazugehörigen expliziten Wissensbestände (vgl. Bohnsack/Nentwig-Gesemann/Nohl 2007, S. 14) und in Auseinandersetzung mit diesen. Letztere verweisen wiederum auf das Agieren der Akteur_innen entsprechend rational nachvollziehbarer Handlungsentwürfe und damit auf die Ebene kommunikativ-generalisierter Wissensbestände, die reflektiert werden können (vgl. Bohnsack 2008, S. 59 ff.).

Gerade die *Kombination* von gesprächs- und interaktionsanalytischen mit organisationstheoretischen Ansätzen, welche die Dokumentarische Methode für die Analyse von Vollzugsprozessen der alltäglichen Arbeitskommunikation und Interaktion – bspw. in Teamsitzungen oder einrichtungsbezogenen Interaktionen zwischen pädagogischen Fachkräften und Kindern – bereithält, wird in Studien, so mein Eindruck, jedoch noch vergleichsweise selten für die empirische Analyse fruchtbar gemacht (vgl. aber bspw. für die dokumentarische Analyse von Teambesprechungen und organisationseigenen Protokollen Mensching/Hronec 2011; zu Studien der Interaktionsforschung in der Krippe und der Schule Nentwig-Gesemann/Nicolai 2014; Nentwig-Gesemann/Nicolai 2017; Wagner-Willi 2004; Blaschke 2012; Martens/Asbrand 2017; zu aktuellen empirischen Studien der dokumentarischen Organisationsforschung Amling/Vogd 2017 und zu ihrer gegenwärtigen grundlagentheoretischen Fundierung Bohnsack 2017a; 2017b sowie zur dokumentarischen Gesprächsanalyse grundlegend Bohnsack 2003; Przyborski 2004).

Zudem, so scheint mir, werden zwischen den verschiedenen Strömungen, welche sich innerhalb der Dokumentarischen Methode mittlerweile weit ausgeformt haben, bisher nur vereinzelt Synthesepotentiale herausgestellt. Auch empfinde ich, dass diese Forschungslinien innerhalb der Methode zum Teil aneinander vorbei geschrieben und gelesen werden. Daraus resultiert zugleich ein voraussetzungsreicher und komplexer Begriffsapparat, der in eine Rezeptionstradition eingelassen ist, welche sich nicht gerade durch Begriffsvernetzungen auszeichnet. Genau diese Syntheseleistung könnte jedoch meines Erachtens nach darauf aufmerksam machen, dass im selben Methodendiskurs, trotz der Verwendung unterschiedlicher Bezeichnungen, möglicherweise gerade ähnliche Erkenntnisprobleme bearbeitet werden.

Auch in diesem ‚Begriffswald' stand ich im Laufe meiner mehrjährigen Tätigkeit als wissenschaftliche Mitarbeiterin in den unterschiedlichen Projekten, in denen wir mit der Dokumentarischen Methode gearbeitet haben, häufiger. So stellte ich bspw. fest, dass Ralf Bohnsack, in den Anfängen der dokumentarischen Gesprächsanalyse, die „Diskursbewegung" (Bohnsack 2003, S. 124f.) noch als damit einhergehendes zentrales Analysewerkzeug bezeichnet hat, während Aglaja Przyborski innerhalb ihrer Rezeption der gesprächsanalytischen Forschungslinie zu den „Kategorien und Modi der Diskursorganisation" (Przyborski 2004, S. 61ff.) in der Dokumentarischen Methode übergegangen ist.[27] Ich für meinen

27 Die Gesprächsanalyse der Dokumentarischen Methode (vgl. Bohnsack 2003; Bohnsack 2007) findet ihre Ursprünge in der Interpretation von Beratungsgesprächen (vgl. Bohnsack 1983, Kap. 3). Später wurde sie für die Interpretation von Familiengesprächen (vgl. Bohnsack et al. 2001; aktuell Haag 2020) und Gruppendiskussionen (vgl. Przyborski 2004; Bohnsack/Przyborski 2006) eingesetzt und für videogestützte Beobachtungen als Interaktionsanalyse weiter ausgearbeitet (vgl. u.a. Nentwig-Gesemann et al. 2012; Nentwig-Gesemann/Nicolai 2014; Gerstenberg 2014; Nentwig-Gesemann/Nicolai 2017; Nentwig-Gesemann/Gerstenberg 2018).

Teil konnte forschungspraktisch gut mit beiden Begriffen bei der Interpretation von Teamgesprächen und Interaktionen arbeiten, da sie im Grunde den Rückgriff auf dasselbe heuristische Gerüst ermöglichen: Sie halfen mir dabei empirisch nachzuvollziehen, wie Akteur_innen ihre Gespräche oder Interaktionen sequenziell organisieren. Auch stieß ich in meiner sich etwas später hieran anschließenden Auseinandersetzung mit der dokumentarischen Organisationsforschung auf Werner Vogds methodischen Einsatz von Goffmans Rahmenbegriff, den er für die Analyse von qualitativen Daten aufgearbeitet hatte. Dabei stellte ich zum einen fest, dass Ähnlichkeiten zur Gesprächsanalyse in der Blickrichtung auf das Datenmaterial gegeben sind und zum anderen, dass bspw. wechselseitige Diskursverweise zwischen den Autor_innen für mich diesbezüglich nicht explizit erkennbar waren, mich bei meiner Begriffsannäherung allerdings unterstützt hätten. Diese Erfahrungen und Beobachtungen konnte ich in den verschiedenen Forschungsprojektkontexten, in die ich eingebunden war, ertragreich teilen und für mein Anliegen der Methodenentwicklung in diesem Bereich fruchtbar nutzen, vor allem in Form der Erprobung eines dissensfreundlichen Dialogs.

Abbildung 4: So habe ich …

Ralf Bohnsack und Iris Nentwig-Gesemann gelesen …

… und so Aglaja Przyborski

So habe ich Werner Vogd und Anja Mensching gelesen …

und so Arnd-Michael Nohl …[28]

28 Hinweis Abbildung 4: eigene Fotos.

So wurden für die qualitativ ausgerichtete Interaktionsforschung im Projekt „Naturwissenschaftliches Lernen im Kontext von Lernwerkstattarbeit – physikalische Experimente in Schule, Kita und Freizeitbereich für den Berliner Kiez“, unter meiner Beteiligung und in Ko-Autor_innenschaft mit Iris Nentwig-Gesemann, zunächst methodische Differenzierungen in der dokumentarischen Gesprächsanalyse hinsichtlich ihrer analytischen Kategorien der „Modi der Diskursorganisation“ anhand von Interaktionsdaten vorgenommen (vgl. Nentwig-Gesemann et al. 2012). Es ging uns in diesem Projektkontext und – aufgrund des Anliegens der Spezifizierung videobasierter Analysen von pädagogischer Interaktions- bzw. auch von Unterrichtspraxis[29] – um eine neue Differenzierung: um die Konturierung der Modi der Interaktionsorganisation, zu denen zum einen die jeweiligen – die verbale Ebene betreffenden – Modi der Diskursorganisation gehören (vgl. Bohnsack 2003; Przyborski 2004; Bohnsack/Przyborski 2006; Gerstenberg 2014; Asbrand/Martens 2018) sowie die sie begleitenden – die korporierte Ebene betreffenden – Modi der Organisation korporierter Praktiken (vgl. u. a. Bohnsack/Fritzsche/Wagner-Willi 2014; Nentwig-Gesemann/Nicolai 2014; 2017; Martens/Petersen/Asbrand 2014; Sturm 2014; Martens/Asbrand 2017; Nentwig-Gesemann/Gerstenberg 2018), welche Ralf Bohnsack in ihrer Verschränkung in der Dokumentarischen Methode gegenwärtig unter dem Oberbegriff der Interaktionsorganisation zusammenfasst (vgl. Bohnsack 2020, S. 111). Er betont, dass derartige Prinzipien der Organisation auf der Ebene der performativen Performanz zunächst Voraussetzung jeglicher Interaktion seien, folglich nicht ausschließlich solcher in Organisationen (vgl. ebd.).

Diese ausdifferenzierten „Diskursbewegungen“ (Bohnsack 2003, S. 124 f.), wie sie Ralf Bohnsack in der klassischen Gesprächsanalyse der Dokumentarischen Methode auch anfänglich bezeichnete, haben sich dann in der Teamgesprächsforschung im Projekt „Fallarbeit und Fallperspektiven – Eine komparative Analyse von Gemeinsamkeiten und Unterschieden kindheitspädagogischer Handlungsfelder“ im Anschluss an Vogds Konzeptionierung von Goffmans Rahmenanalyse (vgl. Goffman 1996) bewährt und wurden vom Forschungsteam für die dokumentarische Organisationsforschung im Anschluss an einen Organisationsbegriff von Anja Mensching und Werner Vogd (vgl. u. a. Mensching 2008; Vogd 2009) anhand von Teamgesprächen weiter ausgearbeitet. In diesem Zusammenhang habe ich das für meine Dissertation relevante Erkenntnisinteresse, die Kategorien der Diskursorganisation erstens auf der sprachlichen Ebene auszuformen, weiterverfolgt

29 An dieser Stelle möchte ich auf den Arbeitskreis im Kontext der dokumentarischen Gesprächs- und Interaktionsanalyse verweisen, der sich insbesondere im Rahmen der Frühpädagogik und der Schulforschung mit der Weiterentwicklung der Modi der Diskursorganisation und den Modi der Organisation korporierter Praktiken auseinandersetzt und dem gegenüber ich mich aufgrund der Möglichkeit zur kritischen Auseinandersetzung zu diesem Thema mit Dank verpflichtet fühle: Ralf Bohnsack, Iris Nentwig-Gesemann, Katharina Nicolai, Matthias Martens, Barbara Asbrand, Tanja Sturm, Monika Wagner-Willi und Benjamin Wagener.

und zweitens an dem Vorschlag gearbeitet, sie für sowohl *organisationsgebundene* als auch Gesprächs- *und* Interaktionsdiskurse – *als Rahmenmodulationen* – zu präzisieren (hierzu ausführlicher Kap. 3.4.1).

Diese methodologischen Bezüge stellen nun das Fundament des in dieser Studie entwickelten heuristischen Gerüsts zur Analyse von Teamgesprächen *und* Interaktionen als *organisationsgebundene Diskurse* bereit. Sie dienen der in Kap. 4 sowohl tabellarisch kondensierten Analysedimensionen als Basis als auch der Nachvollziehbarkeit meines interpretativen Vorgehens, welches ich am empirischen Material von bereits von mir publizierten Beiträgen zeigen werde. Diese organisationsbezogene Analyseperspektive wurde von mir einerseits im Methodologie-Kapitel der Gesamtpublikation des letztgenannten Forschungsprojekts (vgl. Cloos/Gerstenberg/Krähnert 2019) bereits umfassend anhand von Teamgesprächen hergeleitet und auch im Beitrag (vgl. Gerstenberg/Krähnert/Cloos 2019) an weiterem Datenmaterial der Gesamtstudie vorgestellt. Andererseits habe ich im Beitrag (vgl. Gerstenberg 2014) die Basis für diese Perspektivierung gelegt, indem ich die Gesprächsanalyse der Dokumentarischen Methode auf ihr grundlegendes Potential für die Rekonstruktion von pädagogischen Interaktionen mittels Diskursbewegungen befragt habe.

Daher werde ich ihre zentralen methodologischen Kerngedanken an dieser Stelle nur noch einmal knapp umreißen: Was die Übersetzung von *Organisation in die empirisch-beobachtbare Form spezifischer Sinnprozedere* bedeutet, wird zunächst in Kap. 3.2 anhand der methodischen Rahmung der Studie erläutert. Dafür wird der Forschungsgegenstand *Organisation als Vollzugsprozess des Organisierens* im Kontext einer dokumentarischen Organisationsforschung skizziert (vgl. hierzu umfassender Cloos/Gerstenberg/Krähnert 2019, S. 62 ff.). Anschließend werden weitere zentrale methodologische Überlegungen hinsichtlich dieser Forschungsperspektive dargestellt: Erstens wird deutlich gemacht, weshalb *Prozesse der Rahmenherstellung in Organisationen als zentral für die Organisation von Gesprächen und Interaktionen* angenommen werden (Kap. 3.3). Zweitens wird vorgeschlagen, wie diese sequenziellen Prozesse mit der Gesprächs- und Interaktionsanalyse der Dokumentarischen Methode rekonstruiert werden können: Sie hält für deren Entschlüsselung die methodische Operationalisierung in Diskursbewegungen bzw. Kategorien der Diskursorganisation[30] bereit (Kap. 3.4). In dieser Studie werden sie über Goffmans Rahmenanalyse auf organisationsgebundene Gespräche und Interaktionen – *als Rahmenmodulationen* – übersetzt (Kap. 3.4.1) und im Anschluss an Bohnsacks Diskursbewegungen (2003) daraufhin befragt, wie sie, wenn sie als *Praktiken der Positionierung* ausgelegt werden,

30 Zum Verständnis der begrifflichen Engführung auf die Kategorien der Diskursorganisation und meine Begriffswahl der Diskursbewegung in der Gesprächs- und Interaktionsanalyse (anstelle einer umfassenderen Perspektive auf die Interaktionsorganisation, die auch in einem der Projektzusammenhänge verfolgt wurde) (vgl. meine Anmerkungen in Fußnote 5 und die Akzentuierung des eigenen Erkenntnisinteresses in Kap. 3.1 und Kap. 3.4.1).

den Vollzug von organisationsbezogenen Positionen – bspw. von Fachkräften, Eltern oder Kindern – in der Diskursorganisation markieren (Kap. 3.4.2).

3.2 Kerngedanke 1: Organisation als Vollzugsprozess des Organisierens

Im Kontext meines Forschungsprogramms einer rekonstruktiven Organisationsforschung möchte ich in einem ersten Schritt methodische Aspekte der dokumentarischen Gesprächs- und Interaktionsanalyse mit solchen der Rahmenanalyse nach Goffman kombinieren und die kondensierten Kerngedanken dieser jeweiligen Perspektiven vorstellen. Erst in einem zweiten Schritt leite ich in Kap. 4 daraus eine heuristische Matrix ab und präsentiere sie als konkretes Analyseinstrument in Anwendung auf empirisches Material.

Daher erläutere ich in diesem Kapitel zunächst mein theoretisches Verständnis von Organisation: In Kap. 2.2.2 habe ich als Desiderat der frühpädagogischen Organisationsforschung Studien herausgestellt, die Gespräche und Interaktionen als organisationale Praxen fassen. Der rekonstruktive Organisationsbegriff von Anja Mensching und Werner Vogd (vgl. u. a. Mensching 2008; Mensching/Vogd 2013) eignet sich nun vor dem Hintergrund dieser Forschungslücke für den Einsatz in dieser Arbeit, da mit ihm danach gefragt werden kann, wie sich *Organisationen über das Organisieren (re-)produzieren* (vgl. Vogd 2009, S. 29; Mensching 2008, S. 68).[31] Über diese Fragehaltung verschiebt sich folglich die Perspektive von der Organisation – als einer sich in Räumen und Gebäuden materialisierenden stabilen Struktur mit festgesetzten Zwecken – auf den *Prozess des Organisierens*, also auf die „vielfältigen Formen der Koordination und Verschränkung von Verhalten" (Weick 1998 zit. n. Vogd/Amling 2017, S. 10). Organisation ist in diesem Verständnis „ein hochabstraktes relationales Gebilde oder eine spezifische Form des Sinnprozedere" (ebd.), das bspw. *im Gesprächsvollzug einer Teamkommunikation* oder im *Vollzug einer Interaktion* als *organisationale Praxis* prozessiert. Über die qualitative Analyse von Teamsitzungen und Interaktionen, die sich in frühpädagogischen Settings ereignen und die zu Beginn beschriebenen Wissensbestände der dort agierenden Akteur_innen, wird der Gegenstand Organisation nun in der vorliegenden Studie empirisch fassbar (vgl. Gerstenberg/Krähnert/Cloos 2019, S. 93 ff.). Wobei Bohnsack betont, dass in den Gesprächsanalysen oder Interaktionsanalysen (d. h. wenn mit Videografien auf der Grundlage von Text und Bild gearbeitet wird), nicht nur der Mikroanalyse interaktiver Phänomene Rechnung getragen wird, sondern diese immer auch auf organisationale und gesellschaftliche Erfahrungsräume referieren, die jedoch nur durch die interaktiven

31 Vgl. Studien in dieser Forschungstradition Vogd (2004); Vogd (2006); Liebig (2007); Kubisch (2008); Jansen (2013); Jansen/Schlippe/Vogd (2015); Bohnsack (2017a); Bohnsack (2017b).

Erfahrungsräume hindurch zugänglich sind (vgl. Bohnsack 2017b, S. 121 f.). Er stellt heraus, dass interaktive Erfahrungsräume folglich die empirischen Repräsentanten milieuspezifischer und organisationsspezifischer Erfahrungsräume darstellen, die sich in ihren Logiken überlagern können (vgl. ebd., S. 122). Der Modus Operandi in Organisationen speist sich somit nicht aus einem homogenen konjunktiven Erfahrungsraum (vgl. auch Jansen/Schlippe/Vogd 2015).

Wird diese Überlegung auf den Untersuchungsgegenstand meiner Studie übertragen, so kann von einem grundlegenden, basistypischen Spannungsfeld ausgegangen werden, das von Fachkräften und Kindern in einem frühpädagogischen Setting als organisationalem Erfahrungsraum bearbeitet wird. Dies kann als Zusammentreffen einer Vielzahl von Erfahrungsräumen bzw. Milieus – z. B. als eines konjunktiven Erfahrungsraums eines pädagogischen Fachkräfte-Teams, einer konjunktiven Interaktionssphäre zwischen Fachkräften und Kindern und einem konjunktiven Erfahrungsraum der Kinder – mit entsprechender habitueller Passung/Nicht-Passung von Orientierungen im Verständnis von Rahmenkongruenzen bzw. -inkongruenzen, ausgemacht werden (vgl. Nentwig-Gesemann/Gerstenberg 2018, S. 133 f.). Dieses Spannungsfeld ragt folglich in Form verschiedener Logiken in die Gesprächs- oder Handlungspraxis derjenigen Akteur_innen hinein, die am Organisationsgeschehen teilhaben und dokumentiert sich dann im Organisationsprinzip, der Diskursorganisation eines Erfahrungsraums der Mitarbeiter_innen und ihrer Klientel oder der eines Erfahrungsraums der Mitarbeiter_innen, welcher auf ersteren reflexiv bezogen sein kann (vgl. Bohnsack 2017b, S. 120 f.; auch Cloos/Gerstenberg/Krähnert 2019, S. 68).

Da ich mich für die Spezifik der analytischen Kategorie der Diskursorganisation als organisationale Kategorie interessiere und daher die Rekonstruktion eines solchen Organisationsprinzips als Form der empirischen Analyse für das Erkenntnisinteresse meiner Arbeit zentral ist, wird nun verstehbar, weshalb auf dieser Analyseebene für mich immer zunächst das Interaktions- oder Gesprächssystem in seiner Selbstreferentialität erfasst und nur für dieses Anliegen als scheinbares Mikrophänomen behandelt wird (vgl. Bohnsack 2017b, S. 121). Dies wäre nach Bohnsack mit Luhmann zulässig, der besagt, dass auch wenn dieses System sich autonom fortsetzt, d. h. aus sich selbst heraus operiert und damit stets seine eigene Geschichte schreibt, sich immer zugleich auf Organisation und Gesellschaft bezieht und diese Referenzen letztlich nur in und durch den Interaktions- oder Gesprächsvollzug sichtbar gemacht werden können (vgl. Luhmann 2002, S. 105 zit. n. Bohnsack 2017b, S. 121). Somit kann festgehalten werden, dass der organisationale Erfahrungsraum sich einerseits in unmittelbarer Teamkommunikation oder Interaktion im Modus Operandi der beteiligten Akteur_innen konstitutiert, andererseits jedoch häufig auch „überlokal identische Strukturen" (Bohnsack 2017a, S. 241) aufweist, die aus ähnlichen oder diskrepanten Erfahrungen hinsichtlich der Auseinandersetzung mit Normen, z. B. im Rahmen von Rollenanforderungen, Verfahrensprogrammen der jeweiligen Arbeitsstätte, den gesellschaftlichen Milieus ihrer Klientel oder ihrer Mitglieder, erwachsen können (vgl. auch Cloos/Gerstenberg/Krähnert 2019, S. 68).

Der hier entworfene Zugang einer dokumentarischen Organisationsforschung realisiert sich dann vor allem in seiner praxeologischen Perspektive, indem die Analyse vom Pol der mikroanalytischen Betrachtung des Modus Operandi aus begonnen wird und bei der Analyse von Teamsitzungen und Interaktionen die *verbalen* Praktiken der Gesprächs- und Interaktionsteilnehmenden und die diesen zugrunde liegenden, skizzierten Wissensbestände rekonstruiert werden (vgl. ebd.).[32] Diese Wissensbestände können dann in ihrem Spannungsverhältnis zwischen organisationalen Normen (kommunikativ-generalisiertem Regelwissen) und konjunktiv-habituellen Mustern des Denkens, Deutens und Handelns interpretiert werden, welches sich innerhalb dieser frühpädagogischen Settings vollzieht (vgl. Mensching 2008, S. 69).[33]

Organisation geht dabei als Interpretationsgegenstand nicht zwangsläufig in eindeutigen Zurechnungen von kommunikativem oder konjunktivem Wissen auf (vgl. Mensching/Vogd 2013, S. 321). Sie wird in der Studie auch nicht über ihre *Ausrichtung* an konkreten vordefinierten Zwecken der frühpädagogischen Einrichtung bestimmt (vgl. im Folgenden Gerstenberg/Krähnert/Cloos 2019, S. 94 ff.). Mit Werner Vogd (2009) wird sie vielmehr über ihre *Zwecksuche im Vollzug von Praktiken und Rahmen* konturiert. So konzipiert er mit Weick (1995a) und March/Olsen (1994) Organisationen als „zwecksuchende Systeme", die in einem fortlaufenden „sensemaking" (Weick 1995a; March/Olsen 1994 zit. nach Vogd 2009, S. 25) ihre Zwecke und Ziele, bspw. im Vollzug des Sprechens und Interagierens, selbst herstellen.[34] Organisationen werden dabei zunächst als

32 Damit ist nicht gemeint, dass dieser Analysefund sich nicht auch dafür anbietet, auf dieser Grundlage die hier eingelagerte Struktur gesellschaftlicher Erfahrungsräume über den Weg einer systematischen komparativen Analyse zu isolieren (vgl. Bohnsack 2017b, S. 119). Dies wäre z. B. die Aufgabe einer hieran anschließenden Typenbildung der Dokumentarischen Methode, der sich in den Projektzusammenhängen, jedoch nicht in dieser Arbeit gewidmet wurde (zur sinngenetischen Typenbildung bei der Interaktionsanalyse vgl. Nentwig-Gesemann et al. 2012 und Gerstenberg 2014; zur sinngenetischen Typenbildung und soziogenetischen Interpretation im Kontext von Teamgesprächsanalysen vgl. Cloos/Gerstenberg/Krähnert 2019; zum Anspruch auf einen umfassenden analytischen Zugang im Sinne einer Mehrebenenanalyse vgl. auch Bohnsack 2017b, S. 120 ff.).

33 Diese Normen sind ebenso determiniert durch Handlungsskripte, Rollenerwartungen und Identitätsnormen, die ihrerseits in enger Verbindung zu den aktuellen Common-Sense-Theorien stehen, welche die frühpädagogische Arbeit auf der Ebene von kommunikativ-generalisiertem, gesellschaftlichen Wissen rahmen (vgl. Nentwig-Gesemann/Gerstenberg 2018, S. 134) und wiederum Ausdruck der konjunktiven Erfahrungsräume in einer Gesellschaft sind. Dies trifft auch auf die Muster des Denkens, Deutens und Handelns zu (zur Bewältigung der notorischen Diskrepanz von Orientierung an der Regel (Norm) einerseits und der performativen Struktur der Praxis andererseits im Medium des konjunktiven Erfahrungsraums vgl. Bohnsack 2017b, S. 56 ff.).

34 Wie bereits erläutert, emergieren Organisationen Sinn natürlich nicht nur aus sich selbst heraus, sondern sind immer auch von gesellschaftlichen konjunktiven Erfahrungsräumen

Mehrdeutigkeiten Prozessierende und damit polyvalent, das heißt in mehrfacher Beziehung diskursiv wirksam, ausgelegt (vgl. Vogd 2009, S. 29 f.). Werner Vogd setzt voraus, dass Organisationen hierbei vor der steten Herausforderung der Integration von Diversität stehen und im Prozess des Organisierens Widersprüche und Uneindeutigkeiten letztlich über den Vollzug von Gesprächs- oder Interaktionspraktiken in *eine* Deutung zu überführen haben (vgl. ebd.). Somit obliegt diesem Organisationsbegriff ein grundlegender Doppelsinn: zum einen verweist er auf den Prozess des Organisierens im Anschluss an Weick (1995a), zum anderen auch auf die Organisiertheit und damit das Resultat des Organisierens als organisationale Einheit (vgl. Vogd 2009, S. 29 f.).

Aus Perspektive einer solchen Organisationsforschung geht es beruflichen Organisationen in ihrem Organisationsprozess vorrangig um das Austarieren des Spannungsverhältnisses zwischen unterschiedlichen Wissensbeständen im Sinne der *Herstellung dieser organisationalen Einheit* (vgl. ebd., S. 27). So führt Vogd an, dass selbst divergente Orientierungen auf eine Weise diskursiv „in Form" gebracht werden können und „weiterhin unter einem Dach verschränkte Arbeitsprozesse möglich sind" (ebd., S. 28), wenn sich Organisationen zentral an der Herstellung und Aufrechterhaltung dieser Einheit ausrichten. Er illustriert vor diesem Hintergrund zum Beispiel, dass „autoritäre oder demokratische Leitungsstile als unterschiedliche Führungskulturen verstanden werden [können; F. G.], welche [dennoch; F. G.] zu innerorganisatorisch akzeptierten Entscheidungen führen" (ebd.). Die zu rekonstruierende Organisationskultur eines Teams oder die Qualität einer organisational gerahmten Interaktion ist damit nicht primär auf der inhaltlichen Ebene, also der Ebene von geteilten Werten zu suchen, sondern auch und vor allem auf der Ebene ihrer performativen Darstellung dieser Einheit; das heißt ihrer Corporate Identity (vgl. ebd., S. 27). Mit diesem Begriff wird der Umstand gefasst, dass all jene „Bemühungen, Aktivitäten und Geschäftigkeiten" dafür stehen, ein „einheitliches Leitbild, Erscheinungsbild, einen angestrebten Verhaltenskodex" bzw. einen „gemeinsamen institutionellen Rahmen zu suggerieren, innerhalb dessen die Organisationsmitglieder jedoch weiterhin ihren spezifischen, nicht übergreifend geteilten Orientierungen folgen" (ebd.) können.[35]

---

beeinflusst. Dieses Sensemaking reagiert folglich darauf, dass Organisation eingebunden ist in gesellschaftliche Strukturen, die sich wiederum als „polykontextural" beschreiben lassen, „das heißt als Koproduktion verschiedener systemischer Zusammenhänge" (Vogd 2005b, S. 91). Polykontexturalität bezeichnet Kausalverhältnisse, die über eine zweiwertige Logik hinausgehen (vgl. Günther 1978). Im Verständnis polykontexturaler Logik „können verschiedene Kausalitäten gleichzeitig in dem Sinne wahr sein, dass die jeweiligen Ursache-Wirkungs-Hierarchien erhalten bleiben" (Vogd 2005b, S. 93). Bohnsack stimmt zu, dass der konjunktive Erfahrungsraum im Anschluss an diese Arbeiten als vermittelnde Kontextur zu verstehen ist, der als Muster weitere Muster verbindet (vgl. Bohnsack 2017b, S. 120).

35 Bohnsack betont in Übereinstimmung mit Vogd (2009, S. 27; auch Bohnsack 2014b, S. 33 f.), dass eine Organisation folglich unterschiedliche konjunktive Erfahrungsräume umfasst, welche ihre je eigene (interaktive) Praxis haben und die auch als Organisationsmilieus bezeichnet

Mit dieser methodologischen Prämisse wird auch auf das in Kap. 2.2.2 dargestellte Desiderat Bezug genommen, dass frühpädagogische Studien derzeit die Relationierung zwischen Habitualisierungsprozessen und organisationalen Praxen noch selten in den Blick nehmen. Denn mit Vogds Organisationsbegriff wird ersichtlich, dass er es als das „eigentliche Bezugsproblem" (ebd., S. 28) der Organisation erachtet, dass sie im Sinne der Corporate Identity *Alltagspraxen zu entwickeln hat, die als institutionalisierte Prozesse und in deren Verlauf* Handlungen sowie die Handelnden in ihrem Verhalten derart typisieren, normieren und auf längere Zeit diskursiv festschreiben – respektive habitualisieren –, sodass selbst widersprechende Orientierungen integrierbar werden. In der vorliegenden Arbeit wird mit dieser Analyseeinstellung nun gefragt, auf welche Weise Diversität und Mehrdeutigkeit *im Sinne der Herstellung einer solchen organisationalen Einheit* prozessiert wird und wie dieses Sinnprozedere mit Hilfe der Heuristik in Kap. 4 empirisch eingefangen werden kann.

3.3 Kerngedanke 2: Prozesse der Rahmenherstellung als Konstituenten der Organisation

Mit den Erläuterungen im vorangegangenen Kapitel möchte ich für die Studie nun einen qualitativen Organisationsbegriff im Anschluss an insbesondere Werner Vogd voraussetzen, der Organisationsstrukturen als Sinnprozedere zu verstehen sucht, die zugleich Ergebnis und Medium organisationaler Praxis sind.[36] Mit den zuvor entfalteten Überlegungen ist damit auch das Verhältnis von organisationalen Akteur_innen und dem Abstraktum der Gesellschaft als Gleichzeitigkeit eines Interaktions- und/oder Gesprächsvollzugs zu verstehen (vgl. Vogd 2005b, S. 90). Diese Organisationsdefinition möchte ich in diesem Kapitel nun um ein weiteres konkretisieren: um den Versuch, ihre diskursive Architektur und Beschaffenheit über die Analysekategorien „Rahmen", „Rahmung" und „Modulation" (Goffman 1996 in Auslegung von Vogd 2004, S. 100) empirisch beschreibbar zu machen.

Hierbei halte ich es in meiner Studie für sinnvoll, das Konzept des Orientierungsrahmens von Bohnsack (Bohnsack 2014a) mit dem Rahmenbegriff von Goffman (1996) zu verknüpfen. Zwar besteht eine zentrale erkenntnistheoretische Differenz darin, dass mit Goffmans Rahmenanalyse eines Gesprächs oder

werden können (vgl. Bohnsack 2017b, S. 129 f.). Seiner Auslegung nach sind diese wiederum auf der Ebene der Organisationskultur miteinander verbunden (vgl. ebd., S. 130). Mit Bezug auf Weick (1995b, S. 162) ergänzt er, dass die konjunktiven Erfahrungsräume in diesem Sinne als die stabilen Untereinheiten der Organisation verstanden werden können, die intern feste Bindungen aufweisen, während die Beziehung *zwischen ihnen* nun vergleichsweise lose gekoppelt ist und die Organisationskultur konstituiert (vgl. ebd.).

36 Zu einem über Vollzugspraktiken definierten Organisationsbegriff in ethnographischer Auslegung (vgl. Engel 2012, S. 271).

einer Interaktion primär der Aspekt der „Funktion für die Selbstpräsentation der beteiligten Individuen“ (Bohnsack 2008, S. 126) beleuchtet wird und nicht die Artikulation und Herstellung von Kollektivität bzw. Gemeinschaftlichkeit interessiert, wie es in der Arbeit mit dem Begriff des Orientierungsrahmens in der Dokumentarischen Methode der Fall ist. Die dokumentarische Perspektive lässt sich für die vorliegende Arbeit jedoch mit dem Rahmenbegriff von Goffman verbinden, wenn Rahmungsprozesse nicht als Leistungen des subjektiven Bewusstseins von Akteur_innen, sondern – mit Vogd im Anschluss an Bourdieu – als *kollektive* Interaktions- und Gesprächsordnungen ausgelegt werden, die sich – über in diesen Rahmen beschriebene Sinnstrukturen – aufspannen (vgl. Vogd 2009, S. 62; auch Cloos/Gerstenberg/Krähnert 2019, S. 73). Mit der praxeologischen Unterscheidung unterschiedlicher Erfahrungsdimensionen (Kap. 3.2) eröffnet sich zugleich ein praxeologisches Verständnis von Rahmungsprozessen: Das Konzept des Rahmens (Goffman 1996) und des Orientierungsrahmens im weiteren Sinne (Bohnsack 2014a)[37] lassen sich vor diesem Hintergrund als dynamisches Wechselverhältnis von Organisation, Gesellschaft und Interaktion begreifen, welches sich auf Ebene letzterer empirisch zeigt. Zunächst ist in dieser Perspektivierung davon auszugehen, dass die Akteur_innen – auch jene in Organisationen – nur solche Semantiken aktualisieren können, in die sie bereits durch ihre eigene Koproduktion verwickelt worden sind (vgl. Vogd 2005b, S. 92). In diesem Sinne lassen sich die von mir fokussierten Teamgespräche und Interaktionen dann auf der Ebene der Organisationskultur immer auch als ein Prozess des „Abtasten[s; F. G.] möglicher, bzw. aktualisierbarer Themen und Rahmen“ (ebd., S. 92) verstehen. Werner Vogd vertritt die Auffassung, dass gerade die prinzipielle Offenheit des Fortgangs einer Gesprächs- oder Interaktionssituation hierbei zu Suchbewegungen einer Rahmung führt, wie sich die weitere Kommunikation entfalten kann (vgl. Vogd 2005b, S. 90). In seinem Verständnis geht es innerhalb dieser Suchbewegungen somit darum, „ob man die Sache offiziell oder inoffiziell behandeln kann, ob man lieber auf den common sense, d. h. auf kommunikative

37 Im Sinne der neueren Arbeiten von Bohnsack (2017b; 2020) wird die Kategorie des Orientierungsrahmens da, wo sie die Beziehung zur Norm in deren unterschiedlichen Ausprägungen (z. B. Rollennormen, Identitätsnormen) zur jeweiligen Handlungspraxis integriert und somit also das Spannungsverhältnis von Norm (Orientierungsschemata) und Habitus (Orientierungsrahmen) bewältigt, als Orientierungsrahmen im weiteren Sinne bezeichnet (vgl. hierzu genauer Gerstenberg/Cloos 2022a). Dort, wo sich dies im Rahmen von Organisationen und mit Bezug auf organisationale Normen vollzieht, spricht Bohnsack von konstituierender Rahmung bzw. von Fremdrahmung (vgl. Bohnsack 2017b, Kap. 4 und 8). Bohnsack konstatiert, dass sich die konstituierende Rahmung auch als organisationstheoretische Variante des Orientierungsrahmens im weiteren Sinne verstehen lässt (vgl. Bohnsack 2022, S. 40). In der praxeologisch-wissenssoziologischen Lesart der Norm ist diese hierbei niemals ohne die Praxis (Habitus) zu denken. Hinsichtlich der empirischen Lagerung jenes Norm-Praxis-Verhältnisses (sei es auf der organisationalen oder der gesellschaftlichen Ebene), fasst Bohnsack dies aktuell mit dem Verweis auf die Verdoppelung der Doppelstruktur der Relation von Norm und Habitus (vgl. Bohnsack 2020, Kap. 4).

Wissensbestände, und als bekannt voraus zu setzende Rollenstereotype zurück greift, oder ob auf differenzierendere Semantiken angeschlossen werden kann, etwa an eine gemeinsame Interaktionsgeschichte, an ‚konjunktive Erfahrungsräume' " (Mannheim 1980, S. 211 zit. n. Vogd 2005b, S. 92).

Für diesen Versuch der Beschreibung ist in meinen Augen folglich zweierlei relevant: zum einen, dass Organisation sich in diesem Verständnis über eine – ich nenne es ‚kreative' – Reproduktion von Strukturen und eine damit einhergehende relative Offenheit in ihren diskursiven Anschlussmöglichkeiten – durch organisationale Praktiken bzw. Rahmungsprozesse (vgl. Vogd 2004, S. 100) – für die Gesprächs- und Interaktionsteilnehmenden auszeichnet. Dies ist bspw. dann der Fall, wenn sich Skriptwissen über Betriebsabläufe in Teams noch nicht habitualisiert haben oder ein_e neue_r Mitarbeiter_in ins organisationale Feld geführt wird. Dann erscheinen Aktionen und Reaktionen noch nicht hinreichend erwartbar und alternative Kommunikations- und Interaktionsweisen von Akteur_innen werden wechselseitig eingerechnet. Zum anderen zeichnet sich das Sinnprozedere der Organisation auch über eine stete Wiederholung dieser Praktiken aus, da die Organisation sich in ihrer Logik grundlegend an der Aufrechterhaltung von Arbeitsfähigkeit orientiert (vgl. zum Fall der Organisation Cloos/Gerstenberg/Krähnert 2019, S. 278) und von daher notwendigerweise auf Habitualisierungen von Skript- bzw. Betriebswissen zuläuft, welches bspw. Komplexität im institutionellen Tagesgeschäft zu reduzieren vermag. Diese Repetitivität von Praktiken bzw. von Akten (vgl. Bohnsack 2018, S. 7 f.) kann wiederum zu einem vergleichsweise geschlossen anmutenden Gebilde der Organisation führen, wenn sie im diskursiven Bestreben nach der Auflösung von Mehrdeutigkeit in primären Rahmen ‚einrastet', an denen sich die Mitglieder der Organisation dann – im Sinne einer Corporate Identity – gemeinsam ausrichten können.[38]

Mit Vogd wird in meiner Studie in dokumentarischer Analyseeinstellung folglich davon ausgegangen, dass ein Rahmen „einer [kollektiven; F. G.] Wirklichkeitssicht [entspricht; F. G.], in der ein gegebenes Problem gesehen und verstanden werden kann" (Vogd 2009, S. 32). „Rahmen stellen gewissermaßen das Organisationsprinzip der menschlichen Erfahrung und Interaktion dar und die Rahmenanalyse dient entsprechend der Klärung ‚dessen, was in Interaktionen und Aktivitäten eigentlich vor sich geht' " (Knoblauch 2000, S. 172 zit. n. Vogd 2009, S. 32). Vollziehen wir als Interpret_innen diese Rahmung nach, so wird für uns deutlich, welches Bezugsproblem die Akteur_innen innerhalb dieser Rahmenlogik bearbeiten und auf welches sie ggf. ‚antworten'. Dabei führen unterschiedliche Rahmen zu verschiedenen Problemsichten und es kann mit Vogd (vgl. Vogd 2009, S. 32) von einer Hierarchie der prozessierten Rahmen ausgegangen werden: In Anlehnung an Goffman (1996) spricht er dann von sogenannten „primären Rahmen" (Goffman 1996, S. 31 zit. n. Vogd 2009, S. 62), wenn Gesprächs-

38 Vgl. hierzu jedoch auch die Anmerkungen in den Fußnoten 32 bis 35.

teilnehmende dazu tendieren, ihre Reaktionen in die Rahmen einzupassen, die für sie am deutlichsten aufscheinen und wenn somit eine kollektive Ausrichtung bevorzugt an ein und demselben Rahmen nachgezeichnet werden kann (vgl. Gerstenberg 2017, S. 138 f.; Gerstenberg/Krähnert/Cloos 2019, S. 95).

Unter Gesprächs- und Interaktionspartner_innen ist jedoch zugleich nicht ohne weiteres vorauszusetzen, dass ein gemeinsamer Rahmen von vornherein besteht (vgl. Vogd 2005b, S. 92). Wird dieser Auslegung gefolgt, so sind Prozesse der kontinuierlichen Hervorbringung von Rahmen folglich zentral für die Organisation der Sinnprozedere von Gesprächen und Interaktionen. Diese Prozesse der Aushandlung der Rahmung lassen sich dann insbesondere in der Diskursorganisation – über Rahmenmodulationen – aufzeigen (Kap. 3.4.1). Werner Vogd versteht die Modulation im Anschluss an Goffman als „eine grundlegende Art der Transformation eines Stückes Handlung, die dabei in allen Einzelheiten als Muster für etwas anderes dient“ (Goffman 1996, S. 98 zit. n. Vogd 2005b, S. 73). Modulationen sind in diesem Verständnis „eine grundlegende Art der Anfälligkeit des Handelns“ (ebd.). Damit ist zum einen gemeint, dass unter Umständen erst im Verlauf des Diskurses eine geteilte Orientierung ausgearbeitet wird; etwa indem im Modus These-Antithese-Synthese zunächst eine gemeinsame Perspektive in Koproduktion moduliert und über die Wiederholung von organisationalen Praktiken bzw. Akten, ein kollektives Gedächtnis entwickelt wird, das die Kontinuität der jeweiligen Gesprächs- oder Interaktionspraxis sichert (vgl. ebd., S. 92).[39] Ebenso kann es sein, dass Rahmeninkongruenzen bestehen bleiben, sodass zwei Rahmungen nebeneinander her laufen, die Aushandlung eines primären Rahmens in der Interaktion oder dem Teamgespräch in den Vordergrund tritt und diese Form der Aushandlung von primären und sekundären Rahmungen über Rahmenmodulationen deutlich wird (vgl. ebd.). Zum anderen bilden primäre Rahmen auch ihrerseits das Ausgangsmaterial für weitere Sinntransformationen: „Rahmen können *moduliert* werden – etwa in dem Sinne, dass eine ursprünglich ernsthafte oder gar bedrohliche Situation nun in den Kontext von Spiel, Simulation oder einer Übung transformiert wird“ (ebd., S. 73; Hervorh. im Orig.).

Die Rahmenanalyse sensibilisiert somit für Widersprüche und Doppeldeutigkeiten, die sich über Rahmenmodulationen als spezielle Markierungen innerhalb von Gesprächs- oder Interaktionssituationen zeigen (vgl. ebd., S. 74). Im Zuge von Rahmungsprozessen und den hierdurch erzeugten Rahmen und Modulationen, können Aussagen also vor allem rekontextualisiert werden, indem sich eine Hierarchie von Einklammerungen zeigen lässt (vgl. Vogd 2004, S. 99). Werner Vogd erläutert, dass bspw. die Geltungsbereiche mancher Aussagen hierüber relativiert werden können, indem Dinge gesagt werden und dabei zugleich deutlich gemacht wird, dass etwas nicht so gemeint sei (vgl. Vogd 2005b, S. 74). Auch

39 Zur Reziprozität von Perspektiven und Akten (vgl. Nentwig-Gesemann/Gerstenberg 2018, S. 137 f.).

ironische Nebenbemerkungen, indirekte Rede oder scherzhafte Anspielungen können als Modulationen fungieren, indem sie die Anhaltspunkte mitkommunizieren, die auf die eingeklammerten Kommunikationsteile des Bezugssystems eines bestimmten Rahmens hinweisen, eine Bedeutung in einem anderen Licht erscheinen lassen oder über Hörer_innen-Signale vermitteln, dass eine damit verbundene Sinnesänderung erkannt worden ist (vgl. ebd.).[40]

Das Erkenntnisinteresse der Studie stimmt mit den Überlegungen von Goffman zum Rahmenbegriff folglich insofern überein, als dass „einzelne Redezüge" nicht als „die Grundeinheiten einer tiefer gehenden semantischen Gesprächsanalyse" verstanden werden (Bohnsack 2008, S. 126). Goffmans Überlegungen eignen sich jedoch besonders unter dem Aspekt der Kontextualisierung von interaktivem Verhalten und von Äußerungen für die Analyse. Denn über die Interpretation von Rahmungsprozessen können so auch der Radius bzw. die Begrenzung eines Komplexes an grundlegenden Interpretationsschemata ausfindig gemacht werden, die für die Akteur_innen in einer organisationalen Gesprächs- oder Interaktionssituation als kollektive Prozesse überhaupt möglich sind und dadurch systematische Erkenntnisse über Gesprächs- und Interaktionskontexte gesammelt werden (vgl. Vogd 2005b, S. 75). Rahmenmodulationen verweisen hierbei auf die Spannungen zwischen den unterschiedlichen Realitätsebenen und können damit ebenso zum Ausdruck bringen, welche dieser Ebenen in der organisationalen Logik von Teamgesprächen und Interaktionen ausgeblendet bleiben müssen (vgl. Vogd 2004, S. 99).

Bei der Rahmenanalyse wird somit die Aufmerksamkeit darauf gelenkt, *wie* sich ein Aussagesystem (auch über Unterbrechungen, metakommunikative Reparaturen etc.) entfaltet und sich auf die Prozesse und Strukturen konzentriert, die dabei in Gesprächen und Interaktionen zur Anwendung kommen (vgl. Vogd 2009, S. 29). Hier geht es dann im Sinne einer Organisationskultur (vgl. Bohnsack 2017b, S. 130) darum zu wissen, was in einem bestimmten Rahmen (z. B. in einer

40 Während folglich die Rahmenanalyse mit dem Fokus auf Rahmenmodulationen den analytischen Blick darauf richtet, wie in den Vollzugsprozessen von Teamgesprächen und Interaktionen, z. B. in metakommunikativen Kommentierungen (formulating) oder Zurechnungen (accounts) (vgl. Vogd 2009, S. 29) primäre Rahmen auf Ebene interaktiver Erfahrungsräume moduliert und/oder gar erst situativ etabliert werden, kann der Begriff des Orientierungsrahmens – wie der der Kontextur – als interpretativer Metarahmen aufgefasst werden, über den in den zu interpretierenden Teamgesprächen und Interaktionen unterschiedliche genetische Prinzipien übergreifender Logiken verschiedener Systemreferenzen (wie Interaktion, Organisation, Gesellschaft) in Relation zueinander gesetzt werden können (vgl. Bohnsack 2017a; Vogd 2009, S. 33 f.). Die Zusammenführung dieser Begriffe erscheint für diese Arbeit sinnvoll, da ich so Teamgespräche und Interaktionen als organisationale Prozesse auffassen kann, in denen mit dem *gleichzeitigen* Prozessieren *unterschiedlicher* Rahmungen gerechnet wird (vgl. Vogd 2009, S. 62). Auf diese Weise wird dann empirisch beobachtbar, wie sich Organisationen in ihren Rahmungsprozessen darauf spezialisiert haben, mehrdeutige Inputs zu verarbeiten und diese, im Prozess des Organisierens, in eine kollektive Deutung eines primären Rahmens überführen (vgl. Vogd 2009, S. 29; auch Cloos/Gerstenberg/Krähnert 2019, S. 73 f.).

Kita) als Arbeitskonsens von den beteiligten Organisationsakteur_innen erwartet wird. Auch geht es darum empirisch nachzuvollziehen, innerhalb welcher Rahmungsprozesse, d. h. in welcher Dynamik der Aushandlung sie diese Normen[41] modulieren sowie über welche organisationsbezogenen Positionen sie den Prozess im Sinne der Corporate Identity strukturieren und hierdurch zu einer Lösung führen (vgl. Vogd 2005b, S. 77; Vogd 2009, S. 29).

3.4 Kerngedanke 3: Gesprächs- und Interaktionsanalyse der Dokumentarischen Methode und Rahmenanalyse

In diesem Kapitel wird sich der Rekonstruktionspraxis von Rahmen gewidmet. Hierfür werden die Kategorien der Diskursorganisation auf organisationsgebundene Gespräche und Interaktionen übertragen und als Rahmenmodulationen operationalisiert (Kap. 3.4.1). Zudem werden Bohnsacks Diskursbewegungen (2003) als Praktiken der Positionierung ausgelegt und gezeigt, dass in Rahmungsprozessen auch der Vollzug von organisationsbezogenen Positionen – bspw. von Fachkräften, Eltern oder Kindern – in der Diskursorganisation analytisch markierbar wird (Kap. 3.4.2).

3.4.1 Kategorien der Diskursorganisation als Rahmenmodulationen

Als eine adäquate Methode der Interpretation dieser Rahmen erweist sich die Gesprächs- und Interaktionsanalyse der Dokumentarischen Methode, da sie auch die Kontextualisierung von Äußerungen und Interaktionsbeiträgen rekonstruiert. Über die Operationalisierung in „Diskursbewegungen“ (Bohnsack 2003, S. 124 f.) oder „Kategorien der Diskursorganisation“ (Przyborski 2004, S. 61 ff.) lassen sich sequenzielle Anschlüsse im Diskursverlauf identifizieren. Mit den Kategorien der Diskursorganisation lassen sich insbesondere formale, aber auch inhaltliche Bezugnahmen in verschiedenen Gesprächs- und Interaktionsdiskursen herausarbeiten (vgl. auch Gerstenberg/Krähnert/Cloos 2019, S. 95 f.). Mit ihnen kann detailanalytisch entschlüsselt werden, wie Verstehen und

41 Eine so gefasste „Normierung“ und das damit verbundene Problem des Spannungsverhältnisses von Norm und Habitus sei nach Bohnsack (2020, S. 38) zwar „ein ubiquitäres Problem der Handlungspraxis“, erfahre in Organisationen allerdings noch eine „Verdoppelung“ (ebd., S. 39): Organisationale Akteur_innen arbeiten sich demnach nicht nur an „gesellschaftlichen, institutionalisierten Normen, Rollen und Identitätserwartungen“ ab, sondern auch an denen der Organisation, an ihren „kodifizierten Normen“, an ihren „organisationsinternen Identitätsentwürfen respektive Identitätsnormen“ (ebd.). Das Handeln in Organisationen findet folglich auch unter Bedingungen einer doppelten Normierung statt, in dem sich Gesellschaft und Organisation in die Handlungspraxis organisationaler Akteur_innen einschreiben (vgl. hierzu genauer Gerstenberg/Cloos 2022a).

Verständigung kollektiv hergestellt werden. Erst über diese Diskurskategorien ergibt sich folglich der Charakter einer Äußerung oder eines Interaktionsakts. Sie sind für die gesprächs- und interaktionsanalytische Perspektive in der Dokumentarischen Methode somit grundlegend (vgl. Bohnsack 2003, S. 335). Jene dokumentarische Forschungsrichtung bedient sich hier zunächst eines maßgeblich durch Przyborski ausgearbeiteten Korpus an Modi der Diskursorganisation (vgl. Przyborski 2004, S. 95 ff.).[42] Diese Modi wurden vor allem im Kontext der Analyse von Gruppendiskussionen herausgearbeitet. Im Anschluss an die Überlegungen an eine rekonstruktive Organisationsforschung möchte ich in meiner Studie nun die Differenzierung der Kategorien der Diskursorganisation[43] für organisationale Prozesse in Teamgesprächen und pädagogischen Interaktionen aufnehmen.

Hilfreich für meine methodologische Perspektive auf die besagten Daten sowie das damit verbundene Anliegen der Fundierung der zuvor aufgeschichteten Überlegungen zum Rahmenbegriff im Sinne einer dokumentarischen Heuristik, war mein Anschluss an die in Kap. 3.2 und Kap. 3.3 formulierten Gedanken. Dort bin ich unter anderem auch auf den architektonischen Zustand der Organisation eingegangen und darüber auf die Idee gekommen, die Kategorien der Diskursorganisation über den Begriff der Rahmenmodulation von Goffman (1996) zu differenzieren. Denn anders als forschungsinduzierte Datensorten wie Interviews oder Gruppendiskussionen eignen sich Teamgespräche und Interaktionen besonders dafür, die bislang in der frühpädagogischen Forschung seltener untersuchte alltägliche Handlungspraxis der kollektiven Bearbeitung „von pädagogischen

42 Rahmen(in)kongruenzen lassen sich in unterschiedliche Modi der Diskursorganisation ausdifferenzieren, deren Rekonstruktion zu den Grundlagen der dokumentarischen Gesprächsanalyse gehört (vgl. ursprünglich Bohnsack 1989; Bohnsack 2003; Przyborski 2004; Bohnsack/Przyborski 2006) und die mittlerweile in eine Vielzahl an Untersuchungen eingegangen ist. Wie bereits erwähnt, ergänzen neuere Studien, die mit der Videoanalyse arbeiten, die auf verbale Praktiken gerichtete Analyse der Diskursorganisation um diejenige der Organisation korporierter Praktiken und binden beide unter dem Oberbegriff der Interaktionsorganisation in eine übergreifende Interpretation ein (siehe Kap. 3.1 und meine Anmerkungen in Fußnote 5). Ich übernehme für meine Arbeit die von Aglaja Przyborski (2004) geprägten Begriffe der inkludierenden Modi (für Rahmenkongruenzen) und den der exkludierenden Modi (für Rahmeninkongruenzen) nicht, da bspw. eine Rahmeninkongruenz vorliegen kann, wie sie für den exkludierenden Modus typisch wäre, sich hierbei jedoch zugleich keine vollständige Exklusion vollziehen muss, sondern Verständigung auf der Ebene von organisationalem Skriptwissen hergestellt und damit ebenso als inkludierend gedeutet werden könnte (vgl. zu dieserart Überlegung Gerstenberg 2014, S. 299). Ich ziehe daher die Arbeit mit den Kategorien der Diskursorganisation bzw. den Diskursbewegungen vor, da diese sich für die analytische Bestimmung der Prozesshaftigkeit von Gesprächen und Interaktionen eignen. Unter die Modi der Diskursorganisation werden die verschiedenen inkludierenden und exkludierenden Modi wie paralleler, antithetischer, divergenter, oppositioneller Diskursmodus gezählt (vgl. Przyborski 2004, S. 95 ff.). Zu den Kategorien der Diskursorganisation wie Proposition, Formen der Elaboration (bspw. Antithese, Validierung) und Konklusion (vgl. ausführlich Przyborski 2004, S. 61 ff.).

43 Zur Begriffswahl vgl. auch meine Anmerkungen in Fußnote 5 und 42.

Problemen in ihrer Prozesshaftigkeit zu rekonstruieren" (Maier 2019, S. 118). Teamsitzungen und Interaktionen, die in institutionelle Kontexte von pädagogischen Settings eingebunden sind, sind dadurch thematisch weniger frei als Gruppendiskussionen oder bspw. familiale Tischgespräche, da sie sich auf Ebene der Organisationskultur auch am Erhalt von Arbeitsfähigkeit ausrichten (vgl. Cloos/Gerstenberg/Krähnert 2019, S. 281). Kategorien der Diskursorganisation als organisationale Prozesse in Teamgesprächen und Interaktionen auszulegen, bedeutet somit ebenso, sie unter dem Diktum der Arbeit an der Gewissheit zu betrachten: Handlungs- und Zuständigkeitsungewissheit werden über die Ausrichtung der Akteur_innen an organisationalen Verfahren bzw. Skripten präventiv abgebaut, damit die Organisation weiterarbeiten kann (vgl. ebd.).

Dennoch verfügen diese organisationalen Gesprächs- und Interaktionsverfahren über Phasen des Diskursverlaufs, in denen die Beteiligten diese Aufmerksamkeitsausrichtung kollektiv (neu) herzustellen oder im Sinne des organisationalen Leitbildes zu sichern haben. Dies ist bspw. auch dann der Fall, wie Maja S. Maier mit Luhmann/Schorr (1988, S. 173) und Kuper (2004, S. 133) argumentiert, wenn etwa organisationsbezogene Konkretisierungen bzw. Vorgaben „der Pädagogik eine Modifikation ihres Problemverständnisses aufzwingen" (Maier 2019, S. 128). Hier führt Maja S. Maier das empirische Beispiel von Kommunikation in Schulkonferenzen an, in denen zumeist in Propositionen Problemkonstruktionen hervorgebracht werden, die Schule als professionelles Handlungsfeld ohne Fallausrichtung entwerfen. Das heißt qua der Organisationsgebundenheit dieses Kommunikationsformats würden bspw. Schüler_innen als ‚Fälle', die eigentlich einen besonderen pädagogischen Handlungsbedarf erzeugen würden, vor der Folie der Typisierung von Schulleistung und Verhalten – also eines_r ‚Normalschülers_in' – konstruiert werden (vgl. ebd., S. 122). In Verknüpfung mit Vogd (2009) wäre innerhalb dieser Fallkonstruktion damit primär der Logik zugearbeitet, die diskursive Reparatur der organisationalen Einheit von Schule zu gewährleisten.

Diese Beobachtung lässt sich auch auf die diskursive Beschaffenheit von Teamgesprächen und pädagogischen Interaktionen übertragen: Ausgehend von der im Kontext der rekonstruktiven Methodologie der dokumentarischen Gesprächsanalyse ausgearbeiteten formal-pragmatischen Diskurselemente, den „Diskursbewegungen" (vgl. Bohnsack 2003, S. 124 f.; Przyborski 2004, S. 57; Gerstenberg 2014, S. 284 f.), weisen Teamgespräche und pädagogische Interaktionen zwar, wie Gruppendiskussionen, auch eine sequenzielle Diskursstruktur auf, die einem diskursiven Dreischritt von Kategorien der Diskursorganisation als „Diskurseinheit" folgen (vgl. Bohnsack 2003, S. 124 f.) und die mit der dokumentarischen Interpretation der formalen Ebene der Diskursorganisation entschlüsselt werden kann. Die kollektive Problembearbeitung erschöpft sich dann aber innerhalb dieses Dreischritts im Anschluss an Propositionen und Elaborationen nicht in „echten Konklusionen" (Przyborski 2004, S. 74), wie Przyborski für ‚natürliche Gesprächsformate' oder Gruppendiskussionen als zentral herausgearbeitet hat, sondern für organisationsgebundene Kommunikations- und Interaktionsformate in Anschlussäußerungen, die sich als „Rahmenverschiebungen" (Maier 2019, S. 123) beschreiben lassen. Diese Rahmenverschiebungen sind als Diskursbewegungen folglich konstitutiv für organisationsgebundene Kommunikation, da sie empirisch herausarbeiten lassen, dass in diesen Verständigungsformen auf Ebene der Organisationskultur vor allem zu modifizierende oder bereits „modifizierte Probleme"[44] im Vordergrund stehen (ebd., S. 128). Dokumentarisch gefasst, ginge es innerhalb dieser Rahmenverschiebungen folglich darum, eine Reziprozität der Perspektiven herzustellen, die kollektiv so ‚abgesichert' wird, dass alle Organisationsbeteiligten davon ausgehen, sie gingen von demselben aus (vgl. für Interaktionsanalysen Nentwig-Gesemann/Gerstenberg 2018, S. 137 f.).

Will ich es etwas radikaler formulieren, so deuten diese Verschiebungen folglich inhaltlich an, dass in organisationalen Vollzugsprozessen die Grundprobleme pädagogischen Handelns im kollegialen Austausch oder in der konkreten Interaktion *einer pädagogisch markierten Begründung* gar enthoben werden *müssen*, da sie sich im Sinne der Herstellung oder der Aufrechterhaltung der organisationalen Einheit nur im Rahmen einer organisierten Interaktion oder Teamgesprächsformation – als organisationale Bezugsprobleme – bearbeiten lassen (vgl. hierzu ebenso Maier 2019, S. 129). Folgen wir diesen Überlegungen, so operieren in diesem diskursiven Zustand dann auch sekundäre Rahmen, sowohl implizit als auch explizit, die über sogenannte *Rahmenmodulationen* erschlossen werden können: Dies habe ich bereits in früheren Aufsätzen empirisch aufgezeigt (für Interaktionen vgl. Gerstenberg 2014, S. 295 ff.; für Teamgespräche vgl. Gerstenberg 2017, S. 138). Zur Erinnerung an die Darlegungen in Kap. 3.3: Rahmenmodulationen übernehmen als flexibilisierende Praktiken u. a. die Funktion, prozessierte Abweichungen von primären Rahmen für die Akteure voreinander zu markieren. Sie ermöglichen damit auch Rahmenreparaturen oder diskursive Übertragungen von Semantiken einer primären in eine sekundäre Rahmenlogik empirisch zu beobachten. Mit Vogd in Auslegung von Goffman (vgl. Goffman 1996, S. 98 zit. n. Vogd 2005b, S. 73) verstehe ich die Modulation als grundlegende Art der Transformation eines Stückes (Sprech-)Handlung, das in Teamgesprächen und Interaktionen als Muster für etwas anderes dient.

44 Handelt es sich um die Prozessierung von *bereits modifizierten* Bezugsproblemen, so wird vor dem Hintergrund dieser entwickelten Idee davon ausgegangen, dass primäre und sekundäre Rahmen nicht mehr explizit für den/die Beobachter_in in ihrer Oszillation empirisch beobachtbar sind, sondern sich der primäre Rahmen bereits diskursiv etabliert hat und auf Dauer gestellt wurde. Rahmenmodulationen habe ich für diesen Fall dann mit meinen Kolleg_innen aus dem Projekt „Fallarbeit und Fallperspektiven – Eine komparative Analyse von Gemeinsamkeiten und Unterschieden kindheitspädagogischer Handlungsfelder" im Begriff der *Fokussierung* für die Analyse von Teamgesprächen gefasst (vgl. hierzu das Team Familienzentrum in Gerstenberg/Krähnert/Cloos 2019, S. 103 ff.).

Geübte Methodiker_innen könnten nun berechtigterweise nach den von Przyborski entwickelten „Transpositionen“ (Przyborski 2004, S. 76) fragen. Transpositionen klassifizieren Kategorien der Diskursorganisation als Konklusionen, in denen eine Orientierung in ihrem Grundgehalt mitgenommen und zugleich als neue Proposition aufgeworfen wird (vgl. ebd.). Mein Begriffsvorschlag der Rahmenmodulation differenziert jedoch noch einmal Merkmale von organisationsgebundener Kommunikation und Interaktion auf der Ebene von geteilten bzw. nicht geteilten „Informationen“[45] (vgl. Gerstenberg 2014, S. 296) und nicht ausschließlich von handlungsleitenden Orientierungen. Hierbei sind Merkmale wie bspw. „die Situiertheit am Arbeitsplatz, die Eingebundenheit der Interaktion in andauernde Prozesse und Beziehungen sowie die thematische Fokussierung auf Austausch und das Prozessieren von Entscheidungen“ (Maier 2019, S. 119) mitgedacht, die auch als Merkmale für *nicht* forschungsinduzierte Daten wie Arbeitsbesprechungen und Klassenkonferenzen gelten (vgl. Domke 2006; Meier 2002). Diese Merkmale können nicht nur auf Orientierungsebene, sondern bereits auf der Ebene von Skriptwissen, im Kontext von rollenbezogenen Weisungsketten oder eines angeeigneten Verhaltenskodexes prozessieren (vgl. hierzu auch die Überlegungen von Henn 2019, S. 80 ff. zu Teamgesprächen und zur Reziprozität auf der Ebene von Akten Bohnsack 2018, S. 7 f.).

3.4.2 Praktiken der Positionierung und des Vollzugs von Positionen

Mit der Rahmenanalyse kann der Blick nicht nur auf Kategorien der Diskursorganisation als Rahmenmodulation und darüber auf das Flexibilitätsstadium von organisationalen Prozessen in Teamsitzungen und Interaktionen gerichtet werden (vgl. Vogd 2009, S. 32 in Anlehnung an Goffman 1996). In diesem Kapitel möchte ich dafür sensibilisieren, dass über Diskursbewegungen ebenso analysiert werden kann, wie in den Teamgesprächen und Interaktionen Praktiken der Positionierung vollzogen und darüber spezifische organisationale Positionen vergeben werden; bspw. von Fachkräften, Eltern und Kindern. Auch die jeweiligen Positionierungen der Sprechenden und Interaktionsteilnehmenden haben eine konstitutive Bedeutung bei der Entschlüsselung der Problemrahmung organisationaler Vollzugsprozesse. „So finden sich in allen [propositionalen; F. G.] Äußerungen Elemente der Identifikation bzw. Parteinahme oder der Distanzierung“ (Maier 2019, S. 123) – einerseits gegenüber den Kindern, um die es etwa in der pädagogischen Interaktion geht, andererseits gegenüber dem Kollegium in bspw. Teamsitzungen. In diesen Positionierungen spiegeln sich nicht nur „Verantwor-

45 Informationen differenzieren auf der Ebene von Themen, nicht auf der Ebene von Orientierungsgehalten, die geteilt werden (vgl. Bohnsack 2003). Vgl. hierzu die aktuellen Überlegungen zur Reziprozität auf der Ebene von Perspektiven im Unterschied zur Reziprozität von Rahmen Nentwig-Gesemann/Gerstenberg (2018, S. 137 f.) in Bezug auf Interaktionen.

tungsübernahmen oder -zuschreibungen“ (ebd.) wider. Über sie lassen sich ebenso „die inhaltliche Ebene der Problembearbeitung im kollegialen Austausch“ von Teamgesprächen aufschließen und „die Logiken des interaktiven Verlaufs“ (ebd.) von pädagogischen Interaktionen rekonstruieren.

Für die dokumentarische Gesprächs- und Interaktionsanalyse ist hierbei konstitutiv, dass diskursive Positionierungen im Vollzug verbaler Praktiken immer auf zwei Diskursebenen fokussiert werden: der Ebene der Performanz (d. h. der Form) und der Ebene der Proposition (d. h. des Inhalts). Dabei wird bei Teamgesprächen rekonstruiert, wie ein propositionaler Gehalt auf der Ebene des Inhalts von den Sprechenden als ‚Gezeigtes‘ und vom virtuell adressierten Gegenüber ‚als angenommenes oder nicht angenommenes Gezeigtes‘ entworfen wird und wie auf der formalen Ebene ein Diskursbeitrag mit seinem Inhalt vom Team bestätigt, differenziert etc. wird (vgl. Bohnsack 2007, S. 205); dies im Unterschied zu sprachlichen Interaktionsvollzügen, in denen nicht virtuell, sondern *unmittelbar* adressiert wird. Im Folgenden erläutere ich knapp, wie der empirisch-analytische Zugang zu Positionierungen in den Forschungsprojektzusammenhängen, in denen ich mitgewirkt habe, in ihren Formen – Selbst- versus Fremdpositionierung – und in ihren Ebenen – Gespräch versus Interaktion –ausdifferenziert wurden.

Im Forschungsprojekt „Fallarbeit und Fallperspektiven. Eine komparative Analyse von Gemeinsamkeiten und Unterschieden kindheitspädagogischer Handlungsfelder“ interessierte unter anderem, wie im sprachlichen Vollzug der Teamgespräche Eltern in einem virtuellen Verhältnis zu den Fachkräften positioniert werden. Herausgearbeitet wurde über die Sequenzfolge von Diskursbewegungen, wie sprachliche Konstruktionen von Eltern-Fachkräfte-Konstellationen – als virtuelle Beziehungsentwürfe – in Fachkräfteteams kollektiv hervorgebracht werden. Befragt wurden diese virtuell konstruierten Beziehungsgefüge auf eine darin entworfene Symmetrie bzw. Asymmetrie (vgl. Cloos/Gerstenberg/Krähnert 2018, S. 57). Daneben wurde auch die Positionierung der Fachkräfte gegenüber den Kindern untersucht (vgl. Gerstenberg 2017). Hierbei handelte es sich folglich um Formen der *Fremdpositionierung* von Eltern und Kindern durch Fachkräfte und um die *Selbstpositionierung* der Teams in ihrem Verständnis von Professionalität.

Im Projekt „Naturwissenschaftliches Lernen im Kontext von Lernwerkstattarbeit – physikalische Experimente in Schule, Kita und Freizeitbereich für den Berliner Kiez“ legten wir wiederum Augenmerk auf Praktiken der Positionierung in Interaktionen, sodass uns Diskursbewegungen als *konkrete Aufführungsakte von Positionen*, d. h. als Interaktionsbewegungen interessierten. So wurde in den Blick genommen, welche formale Position den Kindern und der pädagogischen Fachkraft im Verlauf der Interaktion zugewiesen wird und welche Funktion dieser Positionierung von Akteur_innen im Interaktionsmodus darüber zukommt. Das heißt hier ging es gerade nicht – wie in den Teamgesprächen – darum herauszufinden, wie in Diskursbewegungen *imaginative*[46] *Positionen zwischen* frühpädagogischen Akteur_innen hervorgebracht werden, sondern wie diese sich über die *direkten* Interaktionsvollzüge – z. B. über den Satzmodus einer Frage (vgl. Gerstenberg 2014) – *zwischen* den Interaktionsteilnehmenden ergeben. In diesem Forschungsprojekt wurde zudem empirisch verfolgt, wie sich die Positionierung zwischen Fachkräften und Kindern in einer *wechselseitigen Selbst- und Fremdpositionierung* auf Interaktionsebene (Diskursorganisation und Organisation korporierter Praktiken) ausdrückt.

Vor dem Hintergrund der Fragestellungen beider Forschungsprojekte nach Positionierungen interessierten uns folglich nicht zentral die Intentionen der Fachkräfte oder die Auffassungen der Eltern oder der Kinder, sondern vielmehr wie die Akteur_innen sich in der Interaktion gegenseitig als *wer* angesprochen fühlen und *wie* und über *was* die Fachkräfte in ihren Teamgesprächen die Eltern, Kinder und sich selbst für sich und vor anderen als je *spezifische* Fachkräfte, Eltern und/oder Kinder hervorbringen (vgl. auch Reh/Ricken 2012, S. 45).

Dieses so in Teamgesprächen entworfene virtuelle Beziehungsgefüge kommt dann mit der Gesprächsanalyse der Dokumentarischen Methode in den Blick:

1.) als explizites oder implizites Bild von Eltern oder Kindern
2.) in Verbindung mit expliziten und impliziten beruflichen Selbstverständnissen von Pädagog_innen
3.) auf der inhaltlichen und
4.) formalen Diskursebene (in der Sequenzfolge von Diskursbewegungen) (vgl. Bohnsack 2007, S. 205).

Bei den Fachkräfte-Kind-Interaktionen gerät hingegen in den Fokus, wer in der Sequenzfolge von aneinander anschließenden Interaktionsbewegungen *wie* und als *was*, d. h. in welcher Position konkret adressiert und re-adressiert wird: z. B. Kinder als Lernende oder die Fachkräfte als Lernbegleiter_innen (vgl. Nentwig-Gesemann et al. 2012). Es wird also dabei untersucht, welche Positionierungen in der prozessierten Interaktionsordnung vollzogen werden und welche Positionen in der Interaktionsorganisation damit temporär und/oder habitualisiert einhergehen. Sichtbar wird darüber auch, *was* in *welcher Weise* und in welcher Interaktionslogik – d. h. innerhalb der Praktiken der untersuchten Interaktionen – *wie* zum Gegenstand diskursiver Bearbeitung zwischen den Pädagog_innen und den Kindern wird (vgl. ebd.).

46 Zum Begriff der typenhaften Imagination im Bereich institutionalisierter Handlungen, d. h. Normen und Rollen (vgl. Bohnsack 2017b, S. 138).

Nachstehend werden in Kap. 3.5 publizierte Einzelbeiträge vorgestellt, in denen ich diese Kerngedanken bereits eingehender thematisiert und in der Analyse unterschiedlich gewichtet habe. Sie können einerseits als meine methodologische Vorarbeit zu diesem Thema und andererseits als empirisches Fundament der Studie aufgefasst werden. An exemplarischen Fallanalysen aus diesen Beiträgen, in denen ich Teamgespräche und Interaktionen mit der Dokumentarischen Methode interpretiert habe[47], wird in Kap. 4 gezeigt, wie mit dieser Art methodologischen Voreinstellung folgende Fragen bearbeitbar werden: Wie stellen die Akteur_innen das ‚Gebilde Teamsitzung und/oder Interaktion' her? Wie gewinnt die jeweilige Teamsitzung oder die jeweilige Interaktion ihre Kontur über Rahmenmodulationen? Das heißt welche organisationalen Rahmungsprozesse lassen sich hierüber rekonstruieren? Welchen Logiken innerhalb welcher Gesprächs- und Interaktionsrahmen wird dabei wie gefolgt und welche Positionierungen werden in dieser prozessierten Logik vollzogen?

47 Das den Sequenzanalysen der Einzelbeiträge zugrunde gelegte methodische Vorgehen folgte dem gängigen Verfahren der dokumentarischen Gesprächs- und Interaktionsanalyse (vgl. Bohnsack 2007; auch Gerstenberg 2014; Nentwig-Gesemann/Gerstenberg 2018). Der Datenkorpus, auf den im Rahmen der Gesamtstudien zurückgegriffen werden konnte, bestand erstens aus Volltranskripten audiografierter Teamsitzungen und zweitens aus videografisch erhobenen pädagogischen Interaktionen. Nach einer thematischen Sichtung wurde ein sequenzanalytisches Vorgehen im Sinne der reflektierenden Interpretation vorgenommen. Das für die Dokumentarische Methode grundlegende Prinzip der Komparation (vgl. Nohl 2007) wurde im Forschungsverlauf der Studien der dort praktizierten sinngenetischen Typenbildung mit dem Ziel von Gesprächs- und Interaktionstypisierungen in zwei Dimensionen eingelöst: zunächst über die fallinterne Komparation, d. h. im Rahmen der Analyse von Sequenzen ein und desselben Teamgesprächs/derselben Interaktionsfolge und anschließend über eine fallübergreifende Komparation, d. h. von Teamgesprächen unterschiedlicher Teams/von verschiedenen Interaktionsfolgen, die minimal und maximal kontrastierten.

3.5 Beitragskorpus im Überblick

3.5.1 Beiträge: Interaktionsanalysen und Dokumentarische Methode

In diesem Kapitel werden die in der kumulativen Dissertation einbezogenen Publikationen, die die Grundlage der methodologischen Folie in Kap. 3, der Heuristik in Kap. 4.1 und der Re-Analysen in Kap. 4.2 bilden, kursorisch vorgestellt. Ein Abstract wird die jeweiligen Beitragsinhalte zusammenfassen.

1.) Gerstenberg, Frauke (2014): Die Frage als Diskursbewegung in (pädagogischen) Praktiken. Zu den Möglichkeiten einer Gesprächsanalyse der Dokumentarischen Methode. In: Fröhlich-Gildhoff, Klaus/Nentwig-Gesemann, Iris/ Neuß, Norbert (Hrsg.): Forschung in der Frühpädagogik VII. Schwerpunkt: Profession und Professionalisierung. Freiburg im Breisgau: FEL, S. 277–306.

In diesem Beitrag wird das Potential einer gesprächsanalytischen Heuristik anhand einer Studie auf der Grundlage einer ethnografisch fokussierten Dokumentarischen Methode zu (pädagogischen) Praktiken von Kindern und Erwachsenen im Rahmen eines außerschulischen Bildungsangebots aufgezeigt. Der Beitrag befasst sich vor diesem Hintergrund mit folgenden Fragestellungen: Wie bildet sich innerhalb des Sozialen das Pädagogische als spezifische Form des Sozialen heraus? Und wie lässt sich dies in der konkreten (Interaktions-)Situation eines außerschulischen pädagogischen Untersuchungsfeldes beobachten und beschreiben? Wie trägt der Satzmodus der Frage *als Diskursbewegung* dazu bei, dass pädagogische Interaktion im Rahmen sozialer Praktiken von Erwachsenen und Kindern hergestellt wird? Wie kann über sie pädagogische Vermittlung stattfinden? In der Studie wurde eine Kindergruppe mit wechselnden Fachkräften in der „Lernwerkstatt Zauberhafte Physik" kontinuierlich beobachtet. Verschriftlichte Videoaufzeichnungen von Experimentiereinheiten bilden den Kern des Datenkorpus. Die sequenzanalytische Rekonstruktion führte zu einer sinngenetischen Typenbildung: Zum einen konnten Typen der interaktiven Bezugnahme zwischen Erwachsenen und Kindern herausgearbeitet werden, zum anderen wurde in Verschränkung mit diesen Interaktionstypen eine Typologie der Frage als Diskursbewegung rekonstruiert. Gelingt es Pädagog_innen und Kindern in einem Interaktionsmodus zu agieren, in dem über die Rahmeninkongruenz und die Rahmungshoheit der Pädagog_innen explizit verhandelt wird, übernimmt die Frage als Diskursbewegung eine vermittelnde Funktion auf der thematischen Ebene, z. B. bezogen auf Verständigungsprozesse über eine Sache, ein Phänomen und soziale Interaktionserfahrungen. Gelingt dies nicht, markiert die Frage in einem Interaktionsmodus verdeckter Rahmeninkongruenz ‚Leerstellen in der inhaltlichen Verständigung' zwischen Pädagog_innen und Kindern; die Frage übernimmt hier eine formale, diskursstrukturierende Funktion und etabliert Reziprozität auf der Ebene sprachlicher Akte.

3.5.2 Beiträge: Teamgespräche und Dokumentarische Methode

2.) Gerstenberg, Frauke (2017): Arbeiten am Blick. Zur kollektiven Konstruktion von Kindbildern in Teamgesprächen. In: Zeitschrift für Grundschulforschung. Bildung im Elementar- und Primarbereich. Thema Übergänge 10, H. 1, Bad Heilbrunn: Klinkhardt, S. 134–146.

Der Beitrag untersucht Teamsitzungen von Fachkräften einer Kindertageseinrichtung anhand der Frage, wie sich Teamkommunikation organisiert, wenn Kinder thematisiert werden. Am Beispiel von exemplarischen Sequenzanalysen aus einem umfassenderen Forschungsprojekt wird gezeigt, wie sich das Teamgespräch nicht darin erschöpft, ein Bild vom ‚besonderen' Kind hervorzubringen. Vielmehr ruft die kollektive Konstruktion von Besonderheit das Team dazu auf, eine Gesprächsweise zu etablieren, die an das ‚Besondere' anzuknüpfen vermag. Darin, so die These, besteht eine der antizipierten professionellen Herausforderungen für die Fachkräfte.

3.) Cloos, Peter/Gerstenberg, Frauke/Krähnert, Isabell (2018): Symmetrien und Asymmetrien. Verbale Praktiken der Positionierung von Eltern und pädagogischen Fachkräften in Teamgesprächen. In: Thon, Christine/Menz, Margarete/Mai, Miriam/Abdessadok, Luisa (Hrsg.): Kindheiten zwischen Familie und Kindertagesstätte. Differenzdiskurse und Positionierungen von Eltern und pädagogischen Fachkräften. Wiesbaden: Springer VS, S. 49–74.

Sowohl international als auch national wird die Realisierung einer ‚Erziehungs- und Bildungspartnerschaft' bildungspolitisch zum pädagogischen Standard gesetzt. Empirische Befunde deuten allerdings erhebliche Diskrepanzen zwischen programmatischen Vorstellungen und ihrer pädagogischen Realisierung an. Davon ausgehend werden im Beitrag programmatische Spannungsfelder der Erziehungs- und Bildungspartnerschaft und bislang vorliegende empirische Befunde diskutiert. Anschließend werden Ergebnisse des Forschungsprojekts „Fallarbeit und Fallperspektiven. Eine komparative Analyse von Gemeinsamkeiten und Unterschieden kindheitspädagogischer Handlungsfelder" vorgestellt. Das Projekt fragt danach, inwiefern sich Konturen eines kindheitspädagogischen Handlungsfeldes empirisch nachzeichnen lassen. Aus Perspektive der Gesprächsanalyse der Dokumentarischen Methode werden im Beitrag verbale Praktiken der Positionierung von Eltern in Teamgesprächen vergleichend untersucht und herausgearbeitet, wie sich darüber Handlungsfeldbezüge nachzeichnen lassen. Entgegen der programmatischen Forderungen ebenbürtige Kooperationsbeziehungen zu implementieren, lassen sich Entwürfe symmetrischer Beziehungen nur als *eine* Antwort auf diese Norm rekonstruieren.

4.) Gerstenberg, Frauke/Krähnert, Isabell/Cloos, Peter (2019): Arbeit am Rahmen. Zur dokumentarischen Rekonstruktion von Praktiken der Re-Fokussierung in Teamgesprächen. In: Cloos, Peter/Fabel-Lamla, Melanie/Kunze, Katharina/Lochner, Barbara (Hrsg.): Pädagogische Teamgespräche. Methodische und theoretische Perspektiven eines neuen Forschungsfeldes. Weinheim und Basel: Beltz Juventa, S. 91–111.

Im Beitrag wird das Teamgespräch als Arbeitsbesprechung gefasst und anhand von unterschiedlichen (pädagogischen) Einrichtungsteams mit Hilfe der Perspektive einer gesprächsanalytisch ausgerichteten dokumentarischen Organisationsforschung untersucht. An drei exemplarischen Fällen des Samples der Studie „Fallarbeit und Fallperspektiven. Eine komparative Analyse von Gemeinsamkeiten und Unterschieden kindheitspädagogischer Handlungsfelder" wird gezeigt, wie Organisation aus ihrer eigenlogischen Sinnaufschichtung heraus interpretierbar wird. Ferner wird ein heuristischer Vorschlag unterbreitet, wie diese Form der Analyseeinstellung auf Organisation, über die Rekonstruktion von Rahmen und Rahmenmodulationen, forschungspraktisch nachvollzogen werden kann.

5.) Cloos, Peter/Gerstenberg, Frauke/Krähnert, Isabell (2019): Kind – Organisation – Feld. Komparative Perspektiven auf kindheitspädagogische Teamgespräche. Weinheim und Basel: Beltz Juventa, S. 62–88.

Die Monografie stellt empirische Ergebnisse der dokumentarischen Gesprächsanalyse von kindheitspädagogischen Teamgesprächen aus Kindertageseinrichtungen, Familienzentren, Angeboten der Frühen Hilfen und der kulturellen und freizeitbezogenen Arbeit mit Kindern vor. Auf diese Weise werden das Format *Teamgespräch*, damit verbundene Bezugsprobleme, kontrastierende Gesprächstypen, die Positionierungen gegenüber den Kindern, Eltern und Einrichtungsumwelten rekonstruiert und als Grundlage für einen Vergleich kindheitspädagogischer Handlungsfelder genutzt. In dieser Dissertation wird vor allem auf das Kapitel *Methodologie und Methode* (vgl. ebd., S. 62–88) der Monografie rekurriert, welches ich im Wesentlichen ausgearbeitet habe.

4 Zur Rekonstruktion von Rahmen, Rahmenmodulationen und Position(ierung)en in Teamgesprächen und Interaktionen

Zuvor habe ich über zentrale Kerngedanken hergeleitet, wie ich die Rahmenanalyse aus dokumentarischer Perspektive verstehen würde (Kap. 3.1 – 3.3) und auf meine diesbezügliche methodologisch-methodische Vorarbeit in bereits publizierten Einzelbeiträgen verwiesen (Kap. 3.5). Im Folgenden möchte ich in diese Blickweise nun forschungspraktisch einführen. Zunächst operationalisiere ich hierfür die methodologischen Prämissen dieser Analysefolie in einer Heuristik – über Fragen, die beim Durchgang durch das empirische Material von den Interpret_innen gestellt werden können (Kap. 4.1). Die Fragestellungen entsprechen meiner kondensierten Übersetzung der methodologischen Kerngedanken, die ich in Kap. 3 detaillierter erläutert habe und sollen für den konkreten Einsatz der Rahmenanalyse sensibilisieren. Mit der Rahmenanalyse sollen Kategorien der Diskursorganisation dann auch als Rahmenmodulationen fassbar werden, mit denen zunächst analytisch nachvollzogen werden kann, wie primäre Rahmen in Gesprächs- und Interaktionssequenzen etabliert werden, welche Positionen und Positionierungen darin vergeben werden und welche Normhorizonte in der organisationalen Praxis darüber von den Akteur_innen in Geltung gebracht werden.

4.1 Heuristik für eine Rahmenanalyse in dokumentarischer Perspektive

In diesem Kapitel geht es mir um die Illustration der Heuristik[48] als einer methodischen Anleitung, mit Hilfe derer – durch Analogiebildung – zunächst ein eigener wissenschaftlicher Verfahrenszugang gelernt werden kann. Denn die „Analogie hilft uns, Einzelheiten miteinander zu vergleichen oder […] etwas Unbekanntes durch ein Bekanntes“ (Positivistische Methode o. J., o. S.) zu erschließen. Zunächst biete ich diese Heuristik als Apophatimus; d. h. als Lehre von

48 Vgl. für die Analyse von Norm-, Macht- oder Selbstverhältnisdimensionen in der subjektivationstheoretischen Adressierungsanalyse den heuristischen Ansatz von Norbert Ricken, Nadine Rose, Nele Kuhlmann und Anne Otzen, der allerdings nicht genuin für den frühpädagogischen Kontext entwickelt wurde in Ricken et al. (2017, S. 234 f.).

der Analogie für die Lesenden an, indem ich mit einem kondensierten Frageraster zur Interpretation von Rahmen, Rahmenmodulationen und Positionierungen/Positionen am empirischen Material anregen möchte. Diese Fragen können Sie also vorerst – auf dem Weg des Erlernens dieser methodischen Blickweise – als diagnostische Fragen verstehen, die meine kategorialen Sortierweisen für das zu Beobachtende anbieten. Sie stellen mein methodisches Raster dar, mit dem ich im Kontext meiner eigenen Publikationen (Kap. 3.5) gefragt habe, was ich beim Analysieren von qualitativem Datenmaterial eigentlich genau gemacht habe. Der heuristische Zugang ist hier somit allererst als *Anleitung zur Anwendung* der Methodik zu verstehen und wird über das Kapitel 4.2 dargelegt.

Abbildung 5: Prinzip der methodischen Analogiebildung

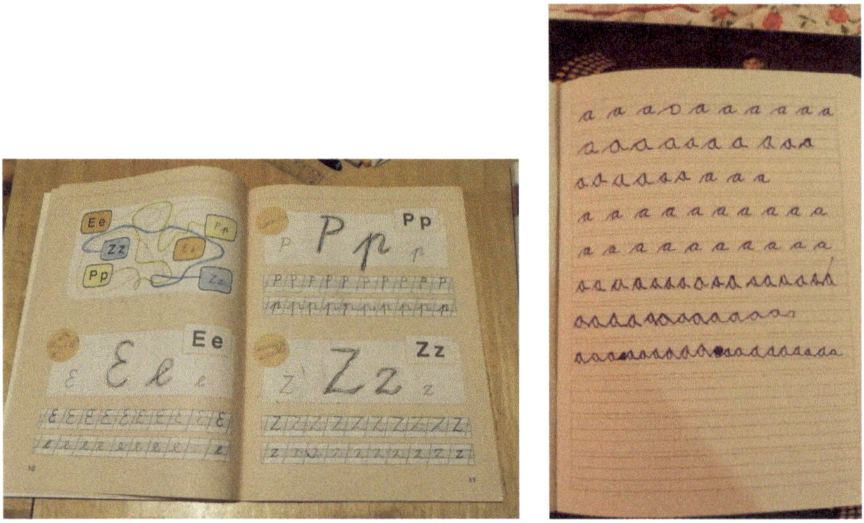

Siehe auch dieses Aneignungsprinzip beim Schreiben Lernen von Buchstaben: Freunde haben das E, P und Z geübt (Bild links). Mein Sohn hat das A geübt (Bild rechts).[49]

Auf dieser Ebene stellten die Kategorien der Diskursorganisation die methodische Setzung dar – meine ontologische Basis also, von der aus ich die Empirie für mich als soziale Wirklichkeit überhaupt denkbar gemacht habe (Kap. 3.4.1). Zur Erinnerung für die Kapitel überspringenden Leser_innen: Als Kategorien der Diskursorganisation lassen sich formale, aber auch inhaltliche Bezugnahmen in der Kommunikation und in verschiedenen Gesprächs- und Interaktionsdiskursen verstehen. Sie sind Diskursbewegungen, über die sich detailanalytisch herausarbeiten lässt, wie Verständigung kollektiv hergestellt wird, wie sie aneinander vorbei läuft, wie Missverständnisse bearbeitet werden oder spezifische Gesprächs-

49 Hinweis Abbildung 5: eigene Fotos.

und Interaktionslogiken kommunikativ ‚einrasten' und sich später ‚konjunktiv verfestigen'; d.h. sich dann auch in Form von Erfahrungswissen aufschichten.

Fühlt sich das Frageraster für Sie, die Lesenden, erlernt an; ist das heuristische Prinzip des Frageapparats über die Durchgänge durch das eigene Datenmaterial forschungspraktisch erschlossen worden, so lade ich über Beispiele in Kap. 4.3 dazu ein, Kreativitätstechniken auszuprobieren, die dazu anregen können, die kategorialen Muster der Heuristik auch wieder in eine ‚freiere' Anwendung zu bringen. Über die Heuristik möchte ich demnach für keine starre methodische Anwendungspraxis der Rahmenanalyse in dokumentarischer Perspektive argumentieren, sondern vielmehr eine *ontologische Bewusstheit* vermitteln. Hier wird die dokumentarische Methodik folglich nicht mehr *als Anleitung zur Anwendung* vermittelt und Ihnen ausschließlich ihr Handwerkszeug nähergebracht, sondern meine methodische Anleitung *progressiv eingesetzt,* um exemplarisch zu zeigen, was man mit diesem Handwerkszeug noch anstellen könnte. Die Fragen der Heuristik sind damit auch nicht so zu verstehen, dass sie linear oder in einer bestimmten Reihenfolge anzuwenden wären. Auch wenn sie der Anschauung halber von mir in einer bestimmten Abfolge angelegt sind, geht die Heuristik in ihrer Gesamtheit doch von der *Logik der Ungleichzeitigkeit* aus und darf, wenn Sie ihre eigenen wissenschaftlichen Probleme am Material zu lösen versuchen, diachronal eingesetzt werden. Ihr Ableitungsmuster können Sie im zweiten Schritt, für das *methodische Spiel der Progression*[50] in Kap. 4.3 also bewusst dafür einsetzen, sich über diese methodologischen Einschränkungen hinweg zu setzen. In diesem Kapitel mache ich dann ein Angebot, wie sie als Leser_innen den Anteil des ‚Handwerkszeugs' dieser Heuristik auch mit einem Anteil an eigener ‚Improvisation' in ein Verhältnis setzen könnten.[51] Noch einmal pointiert formuliert: Da ich die

50 Ich schaue hier, wie mein Freund Martin Kriemann letztens zu mir sagte, als wir am Telefon über meine Arbeit sprachen, durch diesen, sich in der methodischen Anwendung iterativ fortschreibenden Zugang – metaphorisch gesprochen – mit einem Spiegel in den Spiegel. Es gibt eine Geschichte solcherart, die er seinen Kindern immer erzählt: „Es war einmal ein Mann, der hatte sieben Söhne. Die sieben Söhne sprachen: ‚Vater, erzähl uns eine Geschichte'. Da fing der Vater an: ‚Es war einmal ein Mann, der hatte sieben Söhne'. Die sieben Söhne sprachen: ‚Vater, erzähl uns eine Geschichte'. Da fing der Vater an: ‚Es war einmal ein Mann, der hatte sieben Söhne'. Die sieben Söhne sprachen: ‚Vater, erzähl uns eine Geschichte'. Da fing der Vater an: ‚Es war einmal ein Mann, der hatte sieben Söhne'. Die sieben Söhne sprachen: ‚Vater, erzähl uns eine Geschichte'. Da fing der Vater an: ‚Es war einmal ein Mann, der hatte sieben Söhne'. Die sieben Söhne sprachen: ‚Vater, erzähl uns eine Geschichte'. Da fing der Vater an: ‚Es war einmal ein Mann, der hatte sieben Töchter'. Die sieben Töchter sprachen: ‚Mutter, erzähl uns eine Geschichte'. Da fing die Mutter an: ‚Es war einmal eine Frau [...]'. Und wenn sie nicht gestorben sind, erzählen sie noch heute". Jede dieser Geschichtenschleifen birgt, auf die Idee der Methodik übersetzt, die potentielle Möglichkeit, die Geschichte auch anders (z.B. kurz, lang, laut, leise) oder erweitert zu erzählen (z.B. über sieben Söhne, sieben Töchter oder sieben Hunde) und in dem Sinne auch das Potential, die *methodische Anwendung der Geschichte progressiv* abzuwandeln.

51 Vielleicht kann ich hier einen assoziativen Vergleich bringen, wie ich mir die ästhetische Vermittlung in der Musik vorstelle und als Idee gern auf meine Form der Methodenvermittlung

Heuristik auch ausdrücklich als Freispiel zur Gewinnung neuer Erkenntnisse verstanden wissen möchte, kann die Geradlinigkeit dieses Fragerasters gar nur im ersten Schritt – für die Lehre und analoge Aneignung des methodischen Verfahrens nämlich – ihre Kategorialität beibehalten (Kap. 4.2.1 – 4.2.4) und im zweiten Schritt – für die Approbation – dann gerne bewusst überschritten und in ihren Kategorien supplementiert oder in ihren Verknüpfungsweisen progressiv erweitert werden (Kap. 4.3.1 – 4.3.4).

Abbildung 6: Methodisches Prinzip der Approbation als Progression

Siehe auch dieses Ableitungsprinzip beim Schachspiel: Es ist strukturell einfach und funktional komplex …[52]

übertragen möchte: Während es für die klassische Musik typisch zu sein scheint, dass man vor der Improvisation ein Instrument zunächst technisch erlernt und beherrscht, wirkt der wertziehende Charakter moderner elektronischer Musik (z. B. Noise, Electronic Body Music) auf mich häufig selbst improvisatorisch bzw. scheinen musikalische Technik und Improvisation darin, z. B. durch die Nutzung von Synthesizern, rekursiv verbunden zu sein. Die letzte Form der schleifenartigen Verknüpfung aus Tonmedium und Technik finde ich für das Nachdenken über methodische Anwendungen erkenntnisbringend: Zum einen birgt diese dialektische Verbindung sinnästhetische Anregungspotentiale, die nur dann musikalisch authentisch wirken, wenn sie nicht technisiert werden, zum anderen aber auch Anteile, die in ein Technikprogramm geradezu übersetzbar sein sollen, damit man sie als Soundkompositionen festhalten, kopieren oder auch erneut abspielen kann und die damit dann auch als ‚Sample' oder über ‚Loops' in gewisser Weise ‚methodisiert' sind (vgl. hierzu Brinkmann 2019a).

52 Hinweis Abbildung 6: eigene Fotos.

1. Fragen für die Interpretation von primären und sekundären Rahmen:

- In welcher Weise werden Gesprächs- und/oder Interaktionsordnungen prozessiert?
- In welcher Rahmenlogik zeigen sich diese?
- Wird von den Akteur_innen eine Gesprächs- oder Interaktionslogik (gegenüber einer anderen) als primordiale Ordnung im gemeinsamen Gesprächs- oder Interaktionsvollzug adressiert?
- Welche Gegenhorizonte oder Abgrenzungen werden in dem Zusammenhang auch gegen andere Möglichkeiten der Gesprächs- oder Interaktionsordnung hervorgebracht?
- Welche Normen/Normhorizonte werden dem Sprechen/Interagieren innerhalb dieser Vollzugslogik zugrunde gelegt?
- An welchem diskursiven Bezugsproblem wird sich im Kontext dieser Gesprächs- oder Interaktionsordnung orientiert und welches diskursive Bezugsproblem wird dabei als ein kollektiv zu bearbeitendes adressiert?
- Welches kommunikative und/oder konjunktive (Erfahrungs-)Wissen dient der Diskursorganisation als Ressource?

Fokus dieser Dimension: Welche Normhorizonte werden in dieser Gesprächs- oder Interaktionsordnung prozessiert? Welche Werte werden in dem Zusammenhang als solche markiert, die auf Ebene der Organisationskultur Geltung beanspruchen?

2. Fragen für die Rekonstruktion von Rahmenmodulationen:

- Auf der Suche nach primären und sekundären Rahmen: Was wird eigentlich wie moduliert; d. h. z. B. als Sinnesänderung, ironische Nebenbemerkung, scherzhafte Anspielung in Gesprächs- oder Interaktionssituationen markiert?
- Auf welche Weise wird in der aufgerufenen Gesprächs- oder Interaktionsordnung differenziert?
- Werden bspw. bestimmte Aussagen über metakommunikative Kommentierungen rekontextualisiert; d. h. Geltungsbereiche mancher Aussagen darüber relativiert oder durch kommunikative Reparaturen deutlicher gewichtet?
- Wie wird explizites/implizites Wissen hierarchisiert und kategorisiert?
- Wie setzen die Akteur_innen sich und andere in ein bestimmtes Verhältnis zur etablierten Gesprächs- oder Interaktionsordnung aber auch zu temporären Positionierungen?
- Welche Normen/Normhorizonte werden dabei transformiert?

Fokus dieser Dimension: Welche Werte werden in dem Zusammenhang als solche markiert, die im Sinne der Organisationskultur kollektiv Geltung beanspruchen sollten? Auf welchen Ebenen findet man Rahmenmodulationen und was wird dabei für das organisationale Leitbild wie ‚verschoben'? D. h. welche Re-Adressierungsmöglichkeiten werden bspw. im Prozess der Etablierung von Rahmen und/oder der Transformation von Normen ggf. diskursiv geöffnet oder geschlossen?

3. Fragen für die Rekonstruktion von Positionen und Positionierungen:
• Wer wird in der Sequenzfolge von aneinander anschließenden Interaktions-/Diskursbewegungen[53] *wie* und als *was* adressiert und re-adressiert? Was wird dabei in welcher Weise, d. h. innerhalb der Praktiken der untersuchten Gespräche/Interaktionen wie zum Gegenstand diskursiver Bearbeitung? • Welche Positionierungen werden in der prozessierten Gesprächs- oder Interaktionsordnung vollzogen? • Welche Positionen werden in der Interaktions-/Diskursorganisation aufgerufen, zugewiesen oder ausgehandelt? **Fokus dieser Dimension:** Welche Positionierungen werden diskursiv vollzogen? Welche Positionen gehen damit (temporär/habitualisiert) einher?

Haben Sie sich in diesem Kapitel die Zeit genommen, die Fragen der Heuristik durchzugehen? Sind Sie dem Frageapparat so nah gekommen, dass Sie ihn für sich als ontologische Basis am eigenen Datenmaterial versucht haben, aufzustellen? Oder liegt das Frageraster erst einmal nur ausgedruckt bereit bzw. neben Ihnen? Dann können Sie mit dieser ‚Brille' zunächst meinen Re-Analysen im anschließenden Kapitel folgen.

4.2 Exemplarische Fälle zur Illustration der Heuristik

In diesem Kapitel wird nun die zuvor erläuterte Heuristik exemplarisch an Interaktions- und Teamgesprächssequenzen angelegt, die ich bereits im Kontext meiner Einzelbeiträge dokumentarisch interpretiert habe (für einen Überblick Kap. 3.5). Die Analysen dienen hier weniger der Darstellung von empirischen Ergebnislinien als vielmehr der Veranschaulichung der entwickelten Heuristik. So wird nachvollziehbar, weshalb ich im Folgenden nun nicht mehr vorrangig rekonstruktionslogisch, sondern heuristisch, d. h. mit dem Ziel der expliziten methodischen Einführung in die Rahmenanalyse, am Material argumentieren werde. Mein Anliegen ist es, darüber aufzuzeigen, *wie* mit dieser Analyseeinstellung *was* empirisch beobachtet wird. Meine publizierten Artikel verfolgten zwar auch bereits auf Beitragsebene diesen Anspruch (vgl. z. B. zur Rahmenanalyse von Teamgesprächen Gerstenberg/Krähnert/Cloos 2019 und von pädagogischen Interaktionen Nentwig-Gesemann/Gerstenberg 2018), die folgende Zusammenschau der Beitragsauszüge ermöglicht hier jedoch noch einmal einen kondensierten und vergleichenden Blick auf unterschiedliche Datensorten zu werfen,

53 Vgl. zur Verwendung der Begriffe in den verschiedenen Projektzusammenhängen (Kap. 3.4.2) und im Sinne meines eigenen Erkenntnisinteresses (Kap. 3.1, 3.4.1) sowie die Überlegungen in Fußnote 5 dieser Arbeit.

die miteinander entsprechenden methodologischen Kerngedanken bearbeitet wurden.

Zu diesem Zweck wird zunächst in Kap. 4.2.1 bis 4.2.3 anhand von qualitativem Datenmaterial an die heuristischen Dimensionen:

1.) *Interpretation von primären und sekundären Rahmen* und
2.) *Rekonstruktion von Rahmenmodulationen* forschungspraktisch herangeführt.

In Kap. 4.2.4 wird die Dimension:

3.) *Rekonstruktion von Positionen und Positionierungen in der Diskursorganisation* empirisch plausibilisiert.

Die Teamgesprächssequenzen, die vor diesem Hintergrund von mir für die Re-Analysen herangezogen werden, sind den Beiträgen Gerstenberg (2017) und Cloos/Gerstenberg/Krähnert (2018) entnommen und im Kontext der Studie „Fallarbeit und Fallperspektiven. Eine komparative Analyse von Gemeinsamkeiten und Unterschieden kindheitspädagogischer Handlungsfelder“ entstanden (Kap. 4.2.1, 4.2.2 und 4.2.4). Die gewählten Auszüge aus dem fokussierten Datenmaterial basieren auf transkribierten Audioaufnahmen von Teamgesprächen des Teams der Kita Landhaus.[54] Darüber hinaus halte ich in Kap. 4.2.3 Interaktionssequenzen exemplarisch gegen, die im Beitrag Gerstenberg (2014) insbesondere unter einer anderen Fragestellung[55] von mir interpretiert wurden. Diese in einer außerschulischen Lernwerkstatt erhobenen Daten konnte ich aus videogestützten Beobachtungen im Forschungsprojekt „Naturwissenschaftliches Lernen im Kontext von Lernwerkstattarbeit – physikalische Experimente in Schule, Kita und Freizeitbereich für den Berliner Kiez“[56] gewinnen.

54 Zum Sample, zur Anlage und den Ergebnissen der Gesamtstudie (vgl. Cloos/Gerstenberg/Krähnert 2019).

55 In diesem Beitrag habe ich zwar auch im Kontext der Rekonstruktion von Interaktionsrahmen bereits die Überlegung angestellt, die Modi der Diskursorganisation um Rahmenmodulationen (hier habe ich die Begriffe Rahmungshoheit und Rahmungsmacht verwendet), zu differenzieren (vgl. Gerstenberg 2014, S. 299 ff.). Mein Hauptanliegen im Beitrag war es jedoch, die Funktion der Frage als Diskursbewegung in unterschiedlichen Interaktionsmodi herauszuarbeiten und darüber die analytischen Möglichkeiten der Gesprächsanalyse der Dokumentarischen Methode zu bewerben, die sie dem/der Interpret_in bietet.

56 Zum Kontext des Forschungsprojekts und zu Ergebnissen der Interaktionsmodi (vgl. u. a. Nentwig-Gesemann et al. 2012; Nentwig-Gesemann/Gerstenberg 2018).

4.2.1 Rahmenmodulation als Arbeit am Blick: Den primären Gesprächsrahmen einüben

Für die Illustration der Heuristik wähle ich nun Analyseauszüge aus einem meiner Beiträge, in dem es um die Rekonstruktion der Gesprächslogik des Teams Kita Landhaus ging (vgl. Gerstenberg 2017, S. 139 ff.). Anhand der folgenden Gesprächssequenzen möchte ich aufzeigen, wie Rahmenmodulationen hier die Funktion übernehmen, einen primären Rahmen explizit einzuüben. Die in diesem Fall durch die Leitung primär aufgerufene Gesprächsordnung, stellt dabei die antizipierte frühpädagogische Programmatik der zu individualisierenden Kinder dar (vgl. ebd., S. 143 f.). Vor dem Hintergrund dieses Normhorizonts vermittelt sie dem Team, dass eine ressourcenorientierte Weise auf das Kind zu blicken, als Wert in der organisationalen Praxis Geltung beanspruchen solle und als kollektive Orientierung erstrebenswert sei. Konkretisiert wird diese zu prozessierende Ordnung von der Leitung darüber, dass die in der Teamsitzung anwesenden Fachkräfte konkret dazu angehalten werden, positiv(er) über die Kinder zu sprechen. Die Sitzung wird von der Leiterin Frau B. sodann konkret dazu genutzt, dem Team nahe zu legen, *wie* über bestimmte Kinder geredet werden könne.

Dies möchte ich im Weiteren noch einmal am Material veranschaulichen:

Frau B:	*Sven, und wir bemühen uns immer, dem Namen/ in den Buchstaben des Namens positive Adjektive zu geben, //(gut?)//*
Frau B:	*(.) //Ssssss.//*
Frau P:	*//Spontan.//*
Frau R:	*//Selbstbewusst.//*
Frau G:	*//Selbstbewusst.//*
Frau B:	*//Selbstbewusst.//*
Frau C:	*//Selbständig.//*
Frau G:	*//Besser.//*
Frau C:	*Selbständig. (lacht)*
Frau P:	*Alles.*

In der Eingangssequenz der ersten Teamsitzung wird nicht offengelegt, weshalb Sven zum Thema der Teamsitzung wird. Vielmehr sei relevant, in einer bestimmten Art und Weise über ihn zu sprechen: Die darüber aufgerufene Gesprächsordnung wird nun in der Weise differenziert, dass Svens Name in seine Einzelbuchstaben zerlegt und mit positiven Attributen versehen werden soll. Zudem wird die zu fokussierende Gesprächsordnung über eine vergemeinschaftende Ansprache („wir“) von Frau B. vergeben und darüber hinaus in Aussicht eines kollektiven Gesprächsrahmens gestellt, in dem die Kolleg_innen im Team dazu angehalten werden, anders auf Sven zu blicken.

Wird die Analyseeinstellung hier noch einmal auf die Funktion der dabei prozessierten Rahmenmodulation – als eine Aufforderung, sich um ein anderes Sprechen über das Kind zu bemühen – scharf gestellt, so wird deutlich, dass sich in dieser Proposition[57] zugleich die Orientierung an der Norm dokumentiert, dass es zu wissen gelte, dass das Kind im Grunde gut sei. Damit einhergehend wird auch verstehbar, auf welches Bezugsproblem mit dieser Rahmenlogik ihrerseits hingearbeitet wird: auf den organisationsbezogenen Auftrag, der vermittelt, dass das Kind über positive Zuschreibungen als solches im Gespräch erst hervorzubringen sei und damit – folgen wir dieser Annahme – (noch) nicht hinreichend in der Weise betrachtet werde bzw. einem Normhorizont entspricht, der ihre kollektive Praxis wünschenswerter Weise nach orientieren sollte.

In der Formulierung, sich zu „bemühen“, wird zugleich auch der starke Aufführungscharakter dieser zu enaktierenden ‚Etikettierungspraxis‘ deutlich: Wenn sich um etwas explizit bemüht werden muss, entspricht es noch keiner habitualisierten Blickpraxis; es Bedarf dann einer kommunikativen Verständigung darüber, dies als gemeinsames Arbeitsziel noch einmal abzusichern und über Reziprozität der Perspektiven herzustellen. Dass es dabei auch um die generelle Absicherung der gemeinsamen Arbeit an einem zu etablierenden Gesprächsrahmen geht, wird an zweierlei von ihr eingebrachten Bezugspunkten deutlich, die zugleich markieren, welche Normhorizonte dabei zu transformieren wären: Erstens soll es zunächst primär um das Zerlegen des Namens des Kindes und nicht um die Besprechung des Kindes selbst gehen. Zweitens wird eine implizite Differenzlinie zwischen positiven und negativen Zuschreibungen aufgemacht, entlang welcher der ‚neue‘ Gesprächsrahmen einzuüben wäre.

Folgen wir mit der heuristischen Folie dieser daraus hervorgehenden analytischen Beobachtung, so wird gleichfalls empirisch nachvollziehbar, wie durch die Leiterin Frau B. damit der Ebene des expliziten Wissens deutliche Relevanz verliehen und der Ebene des impliziten Wissens gegenüber hierarchisiert wird. Indem die Kolleg_innen Adjektive wie „spontan, selbstbewusst und selbstständig“ nennen, validieren sie anschließend sowohl die explizite Wissensdimension als auch inhaltlich und performativ den angefragten Rahmen, der darüber als primärer sichtbar wird. Zugleich wird Frau B. dabei in ihrer temporären Selbstpositionierung als Gesprächsleitende re-adressiert: ihrer ‚Blickaufforderung‘ wird nachgekommen. Unterdessen versetzen sich die anwesenden Fachkräfte auch in die Position der Ausführenden dieser zu etablierenden Gesprächsordnung und

57 „[…] die Proposition ist das, was über etwas ausgesagt wird, oder anders: die Referenz, die Bezugnahme auf *Welt* und die Prädikation, die Aussage über *Welt*“ (Przyborski 2004, S. 63; Hervorh. im Orig.).

in die Rolle derjenigen, die den mit dieser Rahmung einhergehenden Werten – in einem praktischen Vollzug dieser Normen – Gültigkeit verleihen.

Der in der Weise angelegten und zuvor beschriebenen Vollzugslogik dieses Rahmens gemäß, erfolgt nun eine anschließende Aushandlung einzelner Kategorien, bei der es auch zu einem gemeinsamen Streben nach eindeutiger Zuordnung von Attributen am Kind kommt. Mit der Konklusion von Frau P. („alles“) wird Sven letztendlich nicht als eher „selbstständig“, „spontan“ oder „selbstbewusst“ bekräftigt, sondern im von der Leitung aufgeworfenen Assoziationsrahmen als gleichermaßen „spontan“ wie „selbstbewusst“ und „selbstständig“ bestimmt. Die im Gesprächsprozess aufgerufenen Differenzkategorien und damit verbundene Aufforderung zur Einübung einer anderen Blickpraxis – d. h. den Blick hier auf das Kind entweder ‚zu individualisieren oder zu standardisieren‘ – werden innerhalb dieser Unterscheidungsleistungen schließlich diskursiv mit der Kategorie ‚individualisierter Blick‘ markiert. Die kollektive Re-Fokussierung auf diesen Rahmen stellt sich folglich nicht nur als geteilte Orientierung an der Einschreibung eines Blickes auf personale und soziale Eigenschaften des Kindes dar, sondern zeigt ebenfalls auf, wie die Rahmenmodulation der Übung hier den Übergang in eine nunmehr situativ *eingeübte* Gesprächsrahmung interpretativ nachvollziehbar machen kann.

Die Praxis der Modulation als Übung zeigt sich in ähnlicher Weise in der dritten Teamsitzung, in der das Team der Kita Landhaus über Hauke – ein weiteres Kind ihrer Einrichtung – spricht:

Frau B: *Trotzdem würde ich aber gerne beginnen mit dem NAMEN und dem/*
Frau G: *Ja.*
Frau B: *//Ich würde// gerne die Buchstaben aufschlüsseln des Namen.*
Frau W: *Mhm*
Frau W: *(..) Äh, Hauke.*
Frau B: *(..) HERZLICH.*
Frau P: *Heiter.*
Frau G: *(lacht) Heiter bis wolkig (lacht).*
Frau P: *Humor*

Auch in diesem Ausschnitt wird mit der Formulierung „trotzdem“ deutlich, dass es Frau B. für relevant erachtet, das Gespräch über Hauke mittels Fragmentierung seines Namens und einer Sprechübung für das Team aufzunehmen („Frau B: Trotzdem würde ich aber gerne beginnen mit dem NAMEN und dem“ […] Ich würde// gerne die Buchstaben aufschlüsseln des Namen“). Zugleich wird über die dabei als Rahmenreparatur sichtbar werdende Rahmenmodulation markiert, dass die bisherige Sprechweise des Teams noch an diesen, von ihr ‚empfohlenen‘, Blick auf das Kind – und damit an die Logik einer anderen Gesprächsrahmung –

anzupassen wäre. Dieser Analyseeinstellung folgend, kann interpretiert werden, dass die antizipierte organisationale Einheit sich ihrer Ansprache nach erst in einem kollektiv hergestellten Bild vom Kind, welches sich durch die Modulation eines bisher bestehenden Gesprächsrahmens – im Bemühen um eine andere Gesprächspraxis – im Team zeigt. In dieser Sequenz wird die prozessierte Form der Annahme dieses Rahmens darüber sichtbar, dass Hauke nicht nur positiv attribuiert, sondern durchaus auch als Kind mit Abweichungen von der ‚einzutrainierenden' Norm bestimmt wird: So versehen die Kolleg_innen den Namen des Kindes lachend mit Attribut-Skalen, die sowohl positive als auch negative Konnotationen entfalten („Frau G: (lacht) Heiter bis wolkig (lacht)"). Über die Adressierung positiv *und* negativ assoziierter Eigenschaftswörter wird hierbei nicht nur die Form des ‚Einsprechens auf Kinder' modifiziert, sondern werden letztlich auch divergierende Gesprächsrahmungen in eine kollektive Primärrahmung überführt.

Zusammenfassend möchte ich an dieser Stelle noch einmal festhalten, was zentral in den Fokus gerät, wenn meine Idee der Heuristik für eine Rahmenanalyse – mit der Frage nach der Funktion von Rahmenmodulationen für die Etablierung von primären Rahmen – hier in dokumentarischer Perspektive an das empirische Material angelegt wird: Die als primär zu etablierende Verfahrenslogik des Teamgesprächs impliziert in diesen gezeigten Gesprächssequenzen des Teams der Kita Landhaus, dass es zentral auf die Sprechweise ankomme, wie die Fachkräfte sich und ihre Kinder in Bezug auf ihre derzeitige professionelle Aufgabe überhaupt begreifen können. Eine dem Kind gegenüber anzupassende Sprechweise – die mit der Empfehlung zur Sprechübung zugleich als professionalisierungsbedürftig charakterisiert ist – wird darüber als relevante organisationale Norm markiert. Nachvollziehbar wird so, dass der Rahmenmodulation als Übung auch die Logik der Normtransformation – auf der expliziten Ebene des Sprechens über Kinder – zugrunde liegt. Denn der Normhorizont, welcher von der Leitung als derjenige antizipiert wird, der für die Fachkräfte gegenwärtig Gültigkeit hätte, wird damit gleichfalls als veränderungswürdig erklärt: Der individualisierte Blick auf das Kind – als zu etablierende Primärrahmung – wird im Team als noch nicht hinreichend vorhanden angenommen und – folgen wir dieser Überlegung – in diesem Sinne einer sekundären Rahmenlogik gegenüber explizit hierarchisiert. Noch einmal anders formuliert: Der sekundäre Rahmen wird hierbei nur implizit und darüber deutlich, dass der primäre Rahmen kollektiv und explizit eingeübt und somit – über eine Rahmenmodulation – von einer anderen, impliziten bzw. habituellen Logik abgegrenzt werden muss.

4.2.2 Zum Vollzug des primären Rahmens im Teamgespräch: Das besondere Kind im Gesprächsrahmen hervorbringen

Wurde bisher mit der Fokussierung auf die analytische Kategorie der Rahmenmodulation gezeigt, wie ein positives Sprechen im Team und damit ein ressourcenorientierter Blick auf Kinder wie Sven und Hauke kollektiv eingeübt wird, so wird nun in diesem Kapitel illustriert, wie beide *im Vollzug dieses Gesprächsrahmens* vor der Normfolie individualisierter versus altersgemäß entwickelter Kinder – letztlich als *besondere* Kinder – konstruiert werden. In der dritten Teamsitzung des Teams der Kita Landhaus, in der es um das gleiche Verfahren der Einübung eines ‚anderen Sprechens über Kinder' geht, wird in diesem Zusammenhang wie folgt weiter über Hauke gesprochen:

Frau W:	*Also ich finde Hauke, der ist ganz pfiffig.*
Frau P:	*Mhm.*
Frau G:	*Mhm.*
Frau P:	*Ja.*
Frau W:	*(...) Der äußert auch erstaunliche Dinge, also, ähm, vom SINN, von SINN her und kann das super formulieren. (.) Ich bin manchmal überrascht. (...) Und argumentiert so stichhaltig. (..) Denk ich manchmal: „HUCH, // (lacht)// du hast einen Dreijährigen vor dir".*
Frau G:	*Mhm.*
Frau W:	*Ja.*
Frau P:	*(.) Und das mit einer RUHE*
Frau W:	*Ja-ha.*
Frau P:	*und Besonnenheit.*
Frau W:	*//Besonnenheit, ne?//*
Frau B:	*//Also ich finde das auch schon zu besonders.//*
Frau G:	*//Mhm.//*
Frau W:	*//Mhm.//*
Frau P:	*Ja.*
Frau B:	*Finde ich nämlich auch, und //ja// auch diese FRAGEN, die er dann //stellt, und//*
Frau W:	*//Mhm, ja, richtig.//*
Frau G:	*//Genau.//*
Frau B:	*schon weiter denkt manchmal.*

Hauke wird zunächst als „pfiffiges Kind, das erstaunliche Dinge äußert, überraschend stichhaltig formulieren kann und dies mit einer Ruhe und Besonnenheit realisiert" eingeführt. An diese Auffälligkeit wird sodann eine auf das Kind bezogene bestimmte Form der Rahmenbearbeitung performativ angeschlossen. In dieser dokumentiert sich eine Praxis, *das Besondere* am Kind hervorzuheben und zugleich negativ zu konnotieren: So wird nicht nur festgestellt, dass Hauke „super formuliert", sondern damit eigentlich wiederum „auch schon zu besonders" ist, wenn er bspw. „diese FRAGEN […] stellt". Den Bezugspunkt dieser sowohl positiven als auch negativen Attribuierungen stellt nun nicht mehr – wie in Kap. 4.2.1 gezeigt – das explizite Anliegen der Leitung dar, eine positive Sprechweise über das Kind im Team zu etablieren, sondern vielmehr die konkrete Bestimmung des kindlichen Verhaltens *im* Primärrahmen. Die Zuschreibungen werden dabei entlang der Differenzlinie des durch das Team re-fokussierten Rahmens – der Differenzlinie von Individualisierung und Kategorisierung des Kindes – vorgenommen. Dieses Besondere und Individuelle kann dabei nicht einfach sein, sondern muss kontrastiert und im Teamgespräch gegenüber einer anderen – hier implizit prozessierten sekundären Gesprächslogik – als primordiale Ordnung im gemeinsamen Gesprächsvollzug voreinander deutlich gemacht werden: Betont wird, dass es sich bei Hauke um einen Dreijährigen handele, dessen Verhalten *gerade* vor dem Hintergrund seines Alters als Überraschung erscheint („Denk ich manchmal: „HUCH, //(lacht)// du hast einen Dreijährigen vor dir") oder sein Verhalten wird vor der impliziten Annahme kontrastiert, dass er „schon weiterdenken" würde, als dies zu vermuten war. Innerhalb der vom Team primär adressierten Rahmenlogik wird Hauke vor dem Horizont der Altersgemäßheit, vor der impliziten Kategorie ‚normaler' Entwicklungsverläufe und damit auch vor dem Horizont imaginärer anderer Kinder konstruiert. Den Referenzrahmen dieses privilegierten Zugriffs im Kontext der sich vollziehenden Gesprächsordnung bildet ein Normalisierungsanspruch bei gleichzeitig deterministischem Entwicklungsverständnis[58] gegenüber dem Kind.

Auch in weiteren Teamsitzungen der Kita Landhaus wird das Kindbild über diese Normhorizonte und Praktiken der Besonderung etabliert, bspw. als es um eine Situation mit Sven geht:

Frau B: *Und was ich erstaunlich finde, also ich habe von diesem kleinen Dreijährigen gelernt, (.) wie man Trecker unterscheidet. Das ist ja der absolute Fachmann für //Trecker.//*

Frau W: *//Ja, mhm.//*

Frau G: *//Total.//*

Frau B: *Und ich fahre in den Urlaub und fahre an einem John-Deere-Werk vorbei // (lachen)//, und woran denke ich? An Sven! Also das war mir vorher überh/ das war mir auch gar nicht mehr THEMA. Dieser Knirps hat //(unv.) lachen// es geschafft, das ist (wirklich der?) (unv.) Fachfrau für Trecker jetzt. (lacht)*

58 Mit deterministischem Entwicklungsverständnis ist hier gemeint, dass die Entwicklungsprozesse der Kinder durch Vorbedingungen nicht nur beeinflusst, sondern auch eindeutig festgelegt sind.

Frau G:	*Von John Deere.*
Frau B:	*John Deere!*
Frau G:	*//Herrlich.//*
Frau R:	*//Und// (unv.)*
Frau G:	*Ja.*

Frau B. findet es auch „erstaunlich“, dass sie von einem Dreijährigen gelernt hat, wie man Trecker unterscheidet. In ihrer Aufführung eines expliziten Erstaunens, dokumentiert sich implizit zugleich eine wahrgenommene Nicht-Alltäglichkeit. Dass diese ‚Überraschung‘ im Team ebenso kollektiv validiert wird, verweist auch an diesem Punkt auf eine gemeinsam geteilte Orientierung an der Altersgemäßheit und eine darüber kollektiv vollzogene Primärrahmung. Diese Rahmung wird sodann über eine kurze Belegerzählung der Leiterin elaboriert, die ihre Ungläubigkeit zum Ausdruck bringt: Sie habe nicht nur von einem Dreijährigen gelernt, sondern dieses Lernen mündete auch noch in Nachhaltigkeit, in der Weise, dass sie dieses durch Sven erworbene ‚Fachwissen‘ im Privatleben anwenden und Traktoren mit ihren Markennamen bezeichnen konnte. Dabei resultierte ihre Überraschung einerseits aus dem Umstand, dass das Kind etwas wiederholt mit Bedeutung versehen hatte, was für sie nicht mehr von Bedeutung war, andererseits aus dem Erstaunen über das Kind selbst, das sie anders eingeschätzt hatte. Ihre Irritation wird dabei – der Sequenz mit Hauke ähnlich – über einen maximalen Kontrast zwischen Vorannahmen (er sei ein Knirps) und realem Erleben (er vermittelt Fachwissen über Traktoren) dargestellt. Zudem wird dies über den Entwurf einer sich umkehrenden generationalen Ordnung bearbeitet: Nicht das Kind lerne von ihr, sondern sie vom Kind.

Die kollektive Re-Fokussierung auf eine Primärrahmung drückt sich letztlich dann im Team in einer gegenseitigen humoristischen Bestätigung aus, in der das Verhalten des Kindes über bestimmte Bezugsnormen der Besonderung adressiert wird („Frau G: Von John Deere./ Frau B: John Deere! / Frau G: //Herrlich.// Frau R: //Und// (unv.) Frau G: Ja.“). In beiden Fällen (Hauke und Sven) beruht die Konstruktion des Kindes innerhalb dieser Rahmung nun auf der Hervorbringung von spezifischen Besonderheiten kindlichen Verhaltens: Im Fall von Hauke liegt die Betonung zunächst auf seinen positiven Eigenschaften, worüber sodann auch deren negative Anteile in den Blick geraten. Im Fall von Sven werden Auffälligkeiten positiv hervorgehoben und darüber besondert, dass sie auch nachhaltige und sichtbare Auswirkungen auf sein Umfeld haben.

Auch für dieses Kapitel möchte ich noch einmal zusammenfassend festhalten, was zentral in den Fokus der Aufmerksamkeit rückt, wenn mit der Heuristik der Rahmenanalyse die Frage nach der Funktion von etablierten Primärrahmen am empirischen Material gestellt wird: Deutlich wird hierüber, wie in der primären Verfahrenslogik der Teamgespräche des Teams der Kita Landhaus *eine* Begleiterscheinung der in diesem Team eingeübten individualisierten Perspektive auf

Kinder – als antizipiertem Common Sense aktueller Frühpädagogik – mitgeführt wird. Denn die in diesem Rahmen etablierte Werteordnung stellt sich in den empirischen Beispielen als eine dar, die bei aller Ressourcen- und Stärkenorientierung am jeweiligen Kind immer auch zugleich den Blick auf individuelle Abweichungen richtet, wenn Kinder als implizite Gegenhorizonte füreinander herhalten.

4.2.3 Interaktive Herstellung von Reziprozität über Rahmenmodulationen und geteiltes Skriptwissen

Zur Plausibilisierung weiterer möglicher Ausformungen der Rahmenmodulation, wird nun der Blick vergleichend auf den Untersuchungsgegenstand *Interaktion* gerichtet und eine exemplarische *Interaktions*sequenz gesichtet, die im Beitrag Gerstenberg (2014) bereits sequenzanalytisch interpretiert (vgl. ebd., S. 295 ff.) und im Aufsatz von Nentwig-Gesemann/Gerstenberg (2018) für die Weiterentwicklung der Modi der Interaktionsorganisation methodologisch reflektiert wurde (vgl. ebd., S. 140 ff.). Es handelt sich um eine Interaktionssituation, die im Forschungsprojekt „Naturwissenschaftliches Lernen im Kontext von Lernwerkstattarbeit – physikalische Experimente in Schule, Kita und Freizeitbereich für den Berliner Kiez" mit Hilfe videogestützter Beobachtungen erhoben wurde und sich in einer außerschulischen Lernwerkstatt zwischen der pädagogischen Fachkraft M und den drei Kindern Ac, A und E vollzieht, die gemeinsam eine Grundschulklasse besuchen.

In dieser Sequenz handelt es sich bei der Rahmenmodulation um „eine Art (metakommunikative) ‚Korrektur', die interaktionslogisch notwendig erscheint", insofern, dass die Akteur_innen in ihrer gemeinsamen Beschäftigung bzw. Bewältigung ‚des interaktiven Problembezugs', trotz diskursiver Dissonanzen, in „der jeweiligen situativen Rahmung" (ebd., S. 140) des pädagogischen Settings darüber und miteinander fortfahren können. Es geht um eine Sequenz aus der Experimentiereinheit zum Thema „Temperatur und Thermometer", die im Folgenden der Illustration von Rahmenmodulationen dienen soll. Gezeigt wird, wie diese nun nicht in Teamgesprächen, sondern in pädagogischen Interaktionen auf der Ebene sprachlicher Akte fungieren:

Die Kinder Ac, A und E einer Grundschulklasse sind im folgenden Beispiel zum zweiten Mal in einer außerschulischen Lernwerkstatt zu Besuch. Dort werden Experimentiereinheiten zu physikalischen Themen angeboten. Die an diesem Tag von den sogenannten „Physikpat_innen" (hier: M) vorbereitete „Experimentiereinheit" wird zum Thema „Temperatur und Thermometer" durchgeführt:

A schaut auf den Materialtisch hinter Tisch 2 und sagt: „Und da is noch ein Luftballon!“ E lacht: „Hehe.“ M schaut unterdessen auf das erste der drei Arbeitsblätter und liest vor: „Was passiert wenn ihr eine Glasflasche mit euren Händen wärmt?“ Dann sagt er: „So. Jetz könnt ihr mal alle (.). Dabei hat M eine Glasflasche vom Materialtisch geholt und auf den Tisch gestellt. Ac fragt dazwischen: „Is das ein Bielflasche?“ M antwortet: „Nee, das is=ne ganz normale Glasflasche“. A fragt: „Is dis ne Brauseflasche?“ E sagt lachend: „Hehe, ja.“ M antwortet: „Da könnte mal Brause drin gewesen sein, ja. Aber wichtig ist jetzt erst mal, ist die warm oder kalt? Fasst doch mal die Glasflasche an.“ Dann fragt er sie, nachdem ihre Hände die Flasche berühren: „Warm oder kalt?“ und dann weiter an die Kinder gerichtet: „Immer ein Finger so, sonst machen wir die nämlich zu (.)“ Die Kinder fassen die Flasche an und rufen: „Ka::lt!“

Zunächst werden hier zwei differente Rahmungen proponiert: Während Kind A einen „Luftballon“ ins Spiel bringt und damit einen verfügbaren Gegenstand, dessen Funktion im Rahmen des Experiments vorerst unbestimmt ist, fokussiert der Physikpate M mit dem Vorlesen der Instruktion auf dem Arbeitsblatt den vorab bereits geplanten und damit geregelten Ablauf des nun folgenden, von den Kindern erwarteten Tuns. Zudem steht in dieser Rahmung die (Forschungs-) Frage bereits fest und damit auch die Orientierung am Finden einer folgerichtigen Lösung. Das pädagogische Setting wird hierüber unmittelbar vom Erwachsenen und mittelbar vom Arbeitsblatt – beide in ‚zeigender‘ Funktion – strukturiert und normativ gerahmt. Der Vollzug von zwei unterschiedlichen Rahmungen der Situation – und damit das Aneinander-Vorbeireden – setzt sich zunächst diskursiv fort: Während der Physikpate mit dem Stellen einer Glasflasche auf den Tisch (und der Vernachlässigung des Luftballons) weiter die im Arbeitsblatt vorgezeichnete Handlungsstrategie zur Erkundung des Phänomens Temperatur verfolgt, betont Ac mit seiner Frage, ob es sich um eine „Bielflasche“ handelt, die genauere Bestimmung des Gegenstandes Flasche. Auf der Ebene der performativen Performanz ergibt sich dadurch, dass Ac eine Frage neben die vom Physikpaten formulierte Frage stellt, auch eine Dynamikänderung im Diskursverlauf: Retrospektiv wird die Frage des Kindes hierbei zugleich als Ansatz einer Rahmenmodulation erkennbar, da der Physikpate sich auf die formal und inhaltlich anschließende Beantwortung der Frage des Kindes einlässt und damit das Weiterverfolgen seines Skripts zunächst unterbricht. Über diese Form der Rahmenmodulation im Sinne einer *diskursiven Reparaturleistung* finden somit beide – trotz situativ changierender divergierender Rahmenlogiken – zu einer Verständigung auf der Ebene einer *Reziprozität sprachlicher Akte* (vgl. Nentwig-Gesemann/Gerstenberg 2018, S. 138 ff.).

In der darauffolgenden Diskursbewegung validieren die Kinder zunächst ihre Rahmung der Situation und stellen weitere Fragen an den Erwachsenen („Is dis ne Brauseflasche?“). Damit arbeiten die Kinder vollzugslogisch gegen die interaktive Organisationsstruktur an, die als primäre Rahmenlogik zu etablieren sucht, dass der Erwachsene bzw. Pädagoge in einer Lehr-Lern-Situation Fragen stellt und die Kinder zu antworten haben. Indem der Physikpate in seinem Anschluss nun ebenfalls validierend elaboriert, dass es sich um eine Brauseflasche handelt und damit formal und inhaltlich erneut an die Fragen der Kinder anschließt, validiert er zugleich auch performativ die durch sie im Diskurs zur Geltung gebrachten Relevanzen. In der sich anschließenden differenzierenden Wiederholung seiner Proposition im Modus einer Frage („Aber wichtig ist jetzt erst mal, ist die warm oder kalt? Fasst doch mal die Glasflasche an."), dokumentiert sich dann, dass die *Relevanzen seines Rahmens* erneut in Geltung gebracht werden, dass wir es also zeitgleich *nicht* mit einer *Reziprozität auf der Ebene der Rahmen* zu tun haben. Seine Frage fungiert hier als Rahmenmodulation, über die auf Wissensvermittlung re-fokussiert wird. Damit wird zugleich auch „Rahmungshoheit" in Bezug auf die pädagogische Ordnung dieser Situation beansprucht bzw. als interaktives Steuerungsmoment deutlich (vgl. Gerstenberg 2014, S. 298).[59] Indem der Physikpate in seiner Re-Adressierung an die Kinder jedoch propositional auch auf deren Praktiken Bezug nimmt, wird die Legitimität des peerkulturellen Rahmens nicht infrage gestellt oder dieser gar degradiert – gleichwohl die Rahmung des Pädagogen über eine weitere Rahmenmodulation in Form von Metakommunikation als wesentlich hervorgehoben wird („Aber wichtig ist jetzt erst mal [...]").

Auch für dieses Kapitel soll noch einmal kondensierter herausgearbeitet werden, was am gezeigten empirischen Material mit der Heuristik der Rahmenanalyse besonders in den analytischen Blick gerät: Markant ist hier, dass die Interaktionsstruktur in diesem Modus dialogisch darüber bearbeitbar wird, dass durch Rahmenmodulationen ‚Informationen' aneinander weitergegeben und thematische Differenzierungen vorgenommen werden, *ohne* dass an dieser Stelle Orientierungsgehalte zwischen der pädagogischen Fachkraft und den Kindern geteilt werden (vgl. Gerstenberg 2014, S. 296). Rahmenmodulationen ermöglichen hier folglich Informationsweitergabe trotz divergierender Rahmungen (Kap. 3.4.1) und die kommunikative Reparatur in Form einer verbalen Konklusion der Kinder: Sie rufen, dass die Flasche „kalt" sei, wodurch eine ergebnissichernde Feststellung im Hinblick auf den vom Erwachsenen eingebrachten Experimentierversuch und damit auch die Anerkennung der Relevanzsetzungen innerhalb seines primären Rahmens situativ und performativ aufgeführt wird. Die interaktive Herstellung von Reziprozität wird letztlich über Rahmenmodulationen möglich, indem die Kinder die durch den Erwachsenen an sie adressierte Rahmung in einen gemeinsamen Praxisvollzug übersetzen können, der *eben nicht* auf gemeinsam geteilten

59 „Hier wird die zu beobachtende ‚Durchsetzung von Rahmungshoheit' von ‚Rahmungsmacht' unterschieden. Im ersten Fall wird die Rahmeninkongruenz explizit verhandelt. Im letzteren Fall handelt es sich um eine Fremdrahmung, die latent durchgesetzt wird und damit verdeckt bleibt" (dazu zuerst Bohnsack 2003, S. 212 ff. in Gerstenberg 2014, S. 29).

Orientierungen, sondern auf geteiltem Skriptwissen und einer Reziprozität der Akte beruht.

4.2.4 Praktiken der Positionierung von Eltern und Fachkräften in Teamgesprächen

Für die Veranschaulichung der Heuristik in der Dimension von Positionierungen beziehe ich mich nun im Folgenden erneut auf Datenmaterial des Teams der Kita Landhaus. Ich bringe in diesem Kapitel hierfür Analyseauszüge aus einem weiteren Beitrag ein (vgl. Cloos/Gerstenberg/Krähnert 2018). In diesem Aufsatz wurden die Teamgespräche unter der Perspektive verbaler Praktiken der Positionierung von Eltern durch pädagogische Fachkräfte in den Blick genommen. Über die folgende Re-Analyse einer Gesprächssequenz möchte ich illustrieren, wie Eltern im sprachlichen Vollzug der Teamgespräche in einem *virtuellen Verhältnis* zu den Fachkräften positioniert werden. Es soll mit dieser Fokussierung die dritte Dimension der Heuristik deutlich gemacht werden (Kap. 3.4.2). Es geht mir in dieser Analysedimension darum zu zeigen, wie *sprachliche* Konstruktionen von Eltern-Fachkräfte-Konstellationen – als virtuelle Beziehungsentwürfe – in diesem Fachkräfteteam kollektiv hervorgebracht werden und welche Positionen den Eltern und Fachkräften in der Diskursorganisation hierbei zugewiesen werden.

Das heißt es interessiert nun im Einzelnen auch, welche *Selbst- und Fremdpositionierungen* das Team im Miteinandersprechen bearbeitet. In der für diese Illustration von mir ausgewählten Sequenz der Teamsitzung der Kita Landhaus (vgl. ebd., S. 59 ff.), entwirft sich die Leiterin Frau B. unter der Fokussierung auf ihre Selbstpositionierung in der Diskursorganisation nun als diejenige, die dem Vater Wissen über seinen Sohn Sven, der bereits im Kap. 4.2.1 und 4.2.2 Thema war, mitteilen kann:

Frau B: *Also ich habe den Eltern schon mal Rückmeldung gegeben, oder dem Vater schon mal Rückmeldung gegeben, dass das ja, ähm, ein echtes Energiebündel ist und sehr viele Ideen hat, die unangepasst sind. Und dann sagt: „HH! Ist das SCHLIMM? Ist das SCHLIMM?"*

Frau G: *//(lacht)//*

Frau B: *//Hmm.//*

Frau B: *Ich sage: „NEIN, um Gottes willen! Aber er hat einfach mal so Ideen, der macht auch richtig STREICHE, also das haben wir nicht //ja// so oft. Und ich wollte es Ihnen nur mal sagen, //mhm// also da kommt bestimmt auch mal Rückmeldung, und immer in Verbindung/ oder ganz oft dann in Verbindung mit Joachim". Also das habe ich jetzt dem, dem Vater mal so //gemeldet.//*

Frau G:	*//Genau.//*
Frau B:	*(.) Und das finde ich nach wie vor. Also bei denen muss man IMMER gucken, was sie jetzt wieder auf //mhm// Lager haben. (lacht)*
Frau B:	*Auf jeden Fall.*

Die Begriffsverwendung „Rückmeldung" lässt das in dieser Weise von Frau B. gerahmte Wissen in Form einer ‚Leistungsmeldung' erscheinen, die mit evaluativem Charakter versehen und hier nicht an das Kind, sondern an seine Eltern, konkret den Vater, gerichtet wird. Diese Form der ‚Rückmeldung', die per definitionem nicht einem dialogischen Gesprächsangebot, sondern vielmehr einer Bewertung entspricht, positionieren den Vater darüber als Adressat dieser Einschätzungen, die ihm spezifische ‚Leistungen' seines Sohnes rückspiegeln sollen. Markant an dieser Positionierung ist somit, dass der Vater eine Rückmeldung über seinen Sohn erhält und darüber in die Verantwortung für dessen Verhalten genommen wird. Nicht das Kind wird in der virtuellen Interaktion als Akteur aufgerufen, sondern der Vater als Empfänger von Informationen über seinen Sohn adressiert und an ihn die Intervention durch die Fachkraft angeschlossen.

Frau B. berichtet dem Team weiter, dass sie dem Vater bereits „Rückmeldung gegeben" habe, dass sein Sohn Sven ein „Energiebündel" sei. Sogleich wird das Wissen über das Kind in einem Problemhorizont aufgerufen: Er habe „Ideen", die „unangepasst" seien. Sich selbst in die Position der Expertin über das Kind versetzend, kann Frau B. dem Vater somit Wissen über seinen Sohn mitteilen. Dieses Wissen fließt in dieser Positionierungsfiguration[60] folglich nur in eine Richtung: von der Leiterin, als evaluierender Instanz ausgehend zum Vater. Dabei haben die gewählten Zuschreibungen des Kindes essentialisierenden Charakter: Ohne, dass ein möglicher Kontext erläutert wäre, wird Sven wesenhaft als „Energiebündel" entworfen. Diese Zuschreibung erscheint im Rahmen der folgenden Problematisierung als Differenzmarkierung eines negativen Horizonts: Zum einen sind es die „unangepassten" Ideen, die hier der Rückmeldung wert sind, zum anderen wird das Kind als ein ‚Bündel' aus Energien, gewissermaßen aus unsortierten Kräften bestehend, dargestellt. Der Vater wiederum wird als verunsichert und beratungsbedürftig („HH! Ist das SCHLIMM?") und darüber nicht als ebenbürtiges Gegenüber positioniert. In Bezug auf das Urteil der Pädagogin wird ihm kein Anspruch auf Plausibilisierung zugeschrieben. Stattdessen wird er als Empfänger von gesetztem Wissen über sein Kind konstruiert.

Während die Bezugserzieherin zunächst das Verhalten des Kindes problematisiert, bringt sie sich selbst in die Position, den Vater zu beruhigen. Sie versichert ihm, es sei „um Gottes willen" nicht „schlimm", „aber" diese „Ideen" und „Streiche" würden Sven von den anderen Kindern unterscheiden. Sie markiert

60 Zum Einsatz des Begriffs der Positionierungsfiguration (vgl. ausführlich Cloos/Gerstenberg/Krähnert 2019, S. 272 ff.).

das Kind darüber implizit als abweichend, auch wenn sie dies explizit wieder entdramatisiert. So steht das unangepasste Verhalten im negativen Horizont; war es doch überhaupt wert, in problematisierender Art und Weise rückgemeldet zu werden. Die sich hieran anschließende Formulierung „ich wollte es Ihnen nur mal sagen“ fungiert sodann nur als kurzfristige Entdramatisierung, da eine weitere Dramatisierung folgt: „also da kommt bestimmt auch mal Rückmeldung“. Über eine vorauseilende Problematisierung versetzt sich Frau B. wiederholt in die Position derjenigen, die die Definitionsmacht über (nicht) angemessenes bzw. ein nicht der Norm entsprechendes Verhalten hat. Für ihre Deutung ist die negative Rahmung von ‚Differenz‘ konturgebend: Die Formulierungen „das haben wir nicht so oft“ oder das explizit problematisierte „unangepasst“, rücken (die als solche konstruierte) Differenz – die ‚Andersartigkeit‘ – deutlich in den negativen Horizont. Im positiven Horizont steht es angepasst zu sein und nicht aufzufallen. An eine weitere Problematisierung, dass sich Sven „ganz oft dann in Verbindung mit Joachim“ unangepasst verhielte, schließt die Pädagogin eine explizite Legitimation verstärkter, notwendiger pädagogischer Beobachtung – im Sinne einer Kontrolle – an: „Also bei denen muss man IMMER gucken, was sie jetzt wieder auf Lager haben“. So ruft sie – kollektiv vom Team geteilt – ein Bild auf, in dem die beiden Kinder auf *besondernde* Weise fokussiert werden sollen und pädagogische Intervention, in Form von verstärkter Beobachtung, plausibilisiert wird. Als bedrohlich wird in diesem Zusammenhang nicht der Normverstoß, sondern die Nicht-Kontrollierbarkeit und Nicht-Vorhersehbarkeit des Verhaltens der Kinder entworfen. Markant erscheint hier auch die doppelte Performance der Fachkraft: zum einen virtuell (in der aufgerufenen Interaktionsszene mit dem Vater) – zum anderen ‚real‘ innerhalb der Teamsitzung von den Kolleg_innen. Auf beiden Bühnen entwirft sie sich als unhinterfragbare Expertin.

Mit der Heuristik der Rahmenanalyse wird hierüber folglich auch eine spezifische Konstellation der Positionierung deutlich: Das Kind selbst erscheint nicht als ‚sprechender Akteur der virtuellen Interaktion‘, sondern als *Träger der Differenz* und als *Objekt notwendig zu verstärkender Beobachtung* – als (potentielles) Problem. Auch wird über die analytische Beobachtung von Positionierungspraktiken der Blick darauf scharf gestellt, dass das Wissen über das Kind hier nicht in einem gemeinsamen virtuellen Dialog zwischen Fachkraft und Vater entworfen wird. Expertise wird ausschließlich bei der erzählenden Pädagogin verortet. Somit lässt sich über diese heuristische Dimension der Rahmenanalyse (Kap. 3.4.2) ein asymmetrisches Verhältnis rekonstruieren, das in einer inszenierten Untergebenheit des Vaters und einer hierarchischen Positionierung der Pädagogin als Expertin aufgeht. Entlang folgender Differenzlinien werden in dieser Perspektivierung folgende Positionierungen ausdeutbar: Eltern als Abhängige einerseits vom Urteil und andererseits vom Freispruch der Pädagogin; die Pädagogin als Expertin und das Kind als potentiell disziplinierungsbedürftiger Problemträger. Als Adressaten der Intervention werden Kind und Vater letztlich gleichermaßen positioniert:

Sven soll verstärkt beobachtet, der Vater im Gespräch bearbeitet werden. Über die heuristische Inblicknahme einer solchen Positionierungsfiguration kann für dieses Teamgespräch ein asymmetrisches, fachkraftorientiertes Beziehungsgefüge zwischen Eltern und Pädagogin zusammengefasst werden.

4.3 Heuristische Einsatzstrategien: Kondensierungen und wissenschaftsdidaktische Kreativitätstechniken

Zuvor habe ich eine von mir entwickelte Heuristik zur dokumentarischen Rahmenanalyse in methodologischen Kerngedanken zusammengefasst, anhand von Re-Analysen eigener Beiträge illustriert und darüber versucht die Spezifik einer Anwendungsmöglichkeit der Dokumentarischen Methode zu vermitteln. In diesem Kapitel möchte ich nun zwei weiterführende Einsatzstrategien dieser Heuristik für die Lesenden aufzeigen: Einerseits werde ich zwei Varianten von inhaltlicher Kondensierung vorstellen (Kap. 4.3.1 und 4.3.2) und andererseits zwei mögliche wissenschaftsdidaktische Kreativitätstechniken daraus ableiten und exemplarisch durchspielen (Kap. 4.3.3 und 4.3.4).

Mit Kondensierung meine ich, welche Narrative, Überlegungen und Begebenheiten aus den gewählten analytischen Beispielen und der Anwendung der Heuristik in Bezug auf den inhaltlichen Bezugsrahmen meiner Arbeit abgeleitet werden können. Dieser Bezugsrahmen spannt sich zum einen über die Frage auf, wie sich die frühpädagogische Organisation in ihrer propositionalen Dimension selbst organisiert (Kap. 4.3.1). Mich interessierte auf der anderen Seite aber auch, wie über diese weiterführenden inhaltlichen Überlegungen die Organisation in ihrer performativen Dimension, d. h. über die Kategorien der Diskursorganisation charakterisiert und in ihren Facetten der Selbstorganisation metaphorisch bebildert werden könnte. Ich stelle hier einen Vergleich zum Klima in einem Gewächshaus für die Leser_innen an und frage mich, ob die Kategorien der Diskursorganisation als analytische Zeiger verstanden werden können, die den organisationalen Kräftehaushalt modulieren und darüber das empirische Verhältnis aus herrschender Ordnung und Unordnung in der Organisation beschreiben können (Kap. 4.3.2).

Die Kreativitätstechniken führe ich darauffolgend als unterschiedliche Methodenwerkzeuge ein, die Ihnen als Lesende_n erlauben, das eigene kreative Denken systematisch voranzutreiben. Diese Techniken sollen auch eine Möglichkeit darstellen, Gedanken zum Gegenstand meiner Arbeit weiterzuentwickeln, die auf den ersten Blick verborgen scheinen. Über diese Techniken soll Kreativität angeregt werden, um gänzlich neue Anwendungsmöglichkeiten oder noch nicht realisierte Lösungen aus einer solchen Heuristik denkbar zu machen. Durch den Einsatz einer solchen Technik kann Kreativität nicht nur strukturiert angewendet, sondern auch gefördert werden. So verschieden diese Kreativmethoden sein können – nach Veronika Alz haben sie „alle gemeinsam, dass es nicht wie bei mathematischen Verfahren das ‚einzig richtige' Ergebnis gibt. Vielmehr handelt es sich bei Kreativitätstechniken um Heuristiken, aus deren Anwendung unterschiedliche Lösungsansätze von unterschiedlicher Qualität resultieren" (Alz 2015, S. 228). Sie haben zum Ziel, den Ideenfluss zu beschleunigen, „indem sie die Teilnehmer dazu motivieren, geäußerte Ideen weiterzuentwickeln und sich dabei an feste Regeln zu halten" (ebd.). Dies erlaubt Ihnen – den Anwender_innen der Heuristik – dann auch gerade aus abwegig erscheinenden Anfangsideen die Suchrichtung zu erweitern und den Fokus nicht auf ausschließlich rationale Lösungen zu legen (vgl. ebd.). Das scheint, so mein Eindruck, von besonderem Interesse zu sein, je mehr Erfahrung man in diesem Themengebiet gesammelt hat, denn dann ist es oftmals schwieriger, das bereits bekannte Thema unter einem neuen Blickwinkel zu betrachten und hieraus neue Ideen zu gewinnen. Kreativitätstechniken sind somit auch geeignet, um eine sogenannte „Betriebsblindheit" (ebd.) zu behandeln (vgl. auch Higgins/Wiese 1996; Schlicksupp 2004; Scherer/Brügger 2007).

Bei den zwei wissenschaftlichen Kreativitätstechniken, die ich im Folgenden vorstellen werde, geht es jeweils um unterschiedliche Verfahren der Umdeutung meiner empirischen Materialbeispiele oder der sich daran anschließenden Ergebnisse. Hier setze ich infolgedessen beide als „Lernmedien" ein, um unterschiedliche Zugänge zu Beispielen aufzuzeigen und „den Weg bzw. den Gang dieser Zugänge jeweils als Erfahrungsgang bzw. Lernweg [aus meiner entwickelten Heuristik heraus; F. G.] zu thematisieren" (Brinkmann 2018, S. 9). Mit der Fokussierung auf Techniken geht es mir demgemäß gerade *nicht* darum, diese empirischen Beispiele und daran anschließenden Ergebnisse aus einer „hochschul- oder fachdidaktischen bzw. lern- oder bildungstheoretischen" (ebd.) Perspektive im Anschluss an den Einsatz dieser Methodenheuristik normativ zu bewerten.

Malte Brinkmann betont, dass dieses normative „Besser-Verstehen", „die Vieldeutigkeit und Mehrschichtigkeit des Beispiels [geradezu; F. G.] stilllegen und es wiederum als Fall einer Regel unterwerfen" (ebd.) würde, wie es bereits notwendig war, um die Diskursprinzipien der Dokumentarischen Methode und die Idee der Heuristik in Kap. 4.1 nachvollziehbar darzustellen und als Instrument der analogen Anwendung illustrieren zu können (Kap. 4.2). In den Kapiteln 4.3.3 und 4.3.4 möchte ich nun zwei wissenschaftsdidaktische Kreativitätstechniken vorstellen, die „Beispiel-Verstehen als Verständigungsgeschehen mit offenem Ausgang unter Bedingungen von Pluralität und Multiperspektivität" (ebd.) betrachten lassen. Ich möchte betonen, dass dieser Wunsch für beide Kapitel didaktische und fachdidaktische Konsequenzen hat: Ich rücke damit primär, wie Malte Brinkmann auch in Auslegung von Michael Schratz, Johanna F. Schwarz und Tanja Westfall-Greiter (2012) argumentiert, „das Anders-Verstehen als soziales Verständigungs-Geschehen in ‚Lerner-Didaktiken' in den Mittelpunkt" (Brinkmann 2018, S. 9) der Betrachtung.

Es geht mir demzufolge darum, Sie als Lesende auf eine Form des Lehrens und Lernens über Collage aufmerksam zu machen, die als Alternative zu einer normativen Didaktik aufgefasst werden kann und als eine methodische „Didaktik des Verstehens" (ebd.) vermittelt werden soll. In diesen beiden Kapiteln geht es mir somit auch nicht darum, die Eigenlogik der Empirie und die darin tätigen Organisationsakteur_innen über ein „normatives Besser-Verstehen des Auslegenden bzw. des didaktisch Aufgeklärten" und die leitenden Kategorien von mir als Interpretin – hier von Organisation – auszuschließen bzw. „normativ die Kontingenz, Vieldeutigkeit und Mehrschichtigkeit" (ebd.) der empirischen Beispiele künstlich in ein ‚Koma zu verlegen', indem sie ausschließlich *als Fälle von methodischen Regeln* – den für meine Arbeit relevanten Regeln der Kategorien der Diskursorganisation – unterworfen bleiben. In Abgrenzung von „Gruschkas normativem Besser-Verstehen als Fallarbeit im Modus einer exemplarischen Didaktik" (ebd.) – soll nun die didaktische Funktion des Beispiels vielmehr weiterführend in der *Vermittlung der Progressionsmöglichkeiten der Methodik* bestehen. Das heißt es geht mir nun darum, über die empirischen Beispiele auch verschiedene Lesarten, Deutungsmöglichkeiten des/der Interpret_in und Positionen der im Datenmaterial auftretenden Akteur_innen „im Modus eines Anders-Verstehens [wie Brinkmann es mit Gadamer formuliert; F. G.] aufzuzeigen" (ebd.).

In Kap. 4.3.3. wird zu diesem Zweck die Technik des Reframing vorgestellt (vgl. Hinnen/Hinnen 2017). Über diese Technik strategischen Perspektivwechsels illustriere ich, wie ich meine empirischen Ergebnisse noch einmal in ein anderes gedankliches Bezugssystem setze und so die dokumentarische Heuristik auch als Instrument für die Lesartenbildung alternativer Semantiken von pädagogischer Organisation eingesetzt werden kann. Damit möchte ich die Lesenden für Kontingenz sensibilisieren, d. h. zeigen, wie bei der Auseinandersetzung mit Forschungsergebnissen auf die Darstellung von „strikte[n; F. G.] Kausalannahmen" (Nassehi/Saake 2002, S. 83) verzichtet werden kann und dass es darüber möglich ist, sich Perspektivenerweiterungen anzulegen und sich über diese Praxis des forschenden Denkens schöpferisch anregen zu lassen. In Kap. 4.3.4 möchte ich fortfahrend darüber nachdenken, wie über die Arbeit mit empirischen Beispielen auch für eine Praxis der konkreten Umdeutung von wissenschaftlichem Wissen sensibilisiert werden kann: Eine Praxis, die das Verhältnis von sozialwissenschaftlichem Denken und Normativitätsverständnis des/der Sozialwissenschaftler_in anders bestimmt und somit auch zur Produktion von erziehungswissenschaftlichem Forschungswissen bewegt.

4.3.1 Kondensierung I: Wie organisiert sich die frühpädagogische Organisation?

In diesem Kapitel soll noch einmal kondensiert reflektiert werden, was mit der in dieser Studie ausgearbeiteten Heuristik in Bezug auf eine organisationale Diskurspraxis deutlicher in den Blick geraten kann. In dem Zusammenhang wird inhaltlich herausgestellt, welche Beobachtungskonsequenzen aus einer solchen Analyseeinstellung für die Entschlüsselung von Teamgesprächen und Interaktionen folgen, wenn diese als *Produkte organisationaler Vollzugsprozesse* interpretiert werden. Die in Kap. 4.2 aufgeführten exemplarischen Fallanalysen sollen hierfür noch einmal im Vergleich, und unter den in Kap. 3.2 bis Kap. 3.4 angelegten methodologischen Kerngedanken, betrachtet werden. Mit diesen Gedanken lässt sich danach fragen, inwiefern die aus der Kita Landhaus und der Lernwerkstatt Zauberhafte Physik stammenden Gesprächs- und Interaktionssequenzen Prozesse der organisationalen Selbstorganisation aufzeigen. Es sei daran erinnert, dass die Organisation hierfür konzeptionell nicht, wie diese Kerngedanken eingangs betont haben, an das ‚lokale Gebäude' der Kita Landhaus oder der Lernwerkstatt rückgebunden wird, sondern als diskursives Gebilde zu verstehen ist, das sich über verschiedene Praxen des Sprechens und Interagierens innerhalb derselben Einrichtung ausdrücken kann. Diese Gedanken werden im Folgenden anhand der empirischen Beispiele noch einmal komparativ aufgenommen und auf die inhaltlichen Ergebnislinien hin verdichtet, die die Organisation über diese Akzentuierung *in ihrer Form von Selbstorganisation* charakterisiert.

Die Organisation als sich selbstprofessionalisierende und sich entwickelnde Organisation

Über ihre Teamgesprächspraxis und die Fokussierung auf die darin zu etablierende primäre Rahmung (Kap. 4.2.1–4.2.2) wird die Kita Landhaus zunächst als eine sich selbstprofessionalisierende Organisation ausdeutbar. Der Kommunikationsraum ‚Teamgespräch' wird, konzentriert man sich auf die heuristische Dimension der Rahmung, darin von den Fachkräften in der Logik einer selbstorganisierten Fortbildung zur Beobachtung der Kinder ausgerufen. Denn in der Weise wie das Team sein Sprechen innerhalb dieser Teamsitzung über Rahmenmodulation organisiert, kann die Gesprächsorganisation auch als eine *Praxis der Selbstpädagogisierung* ausgelegt werden, bei welcher der pädagogische Blick zwar thematisch auf das Kind, aber letztendlich auf das Team aus pädagogischen Fachkräften gewendet wird. In der Vollzugspraxis des Teamgesprächs schreibt sich das Team der Kita Landhaus ein Entwicklungserfordernis zu und entwirft sich auf Ebene der Organisationskultur vor dem Leitbild einer *lernenden Organisation*, welche sich im ‚Sprechen über Kinder' und in Reaktion auf dieses Erfordernis – im Sprechen üben – als zugleich *entwicklungsfähig* und *entwicklungsbefähigt* hervorzubringen hat. Mit dieser Arbeit am Gesprächsrahmen wird im Team geübt, die Antizipation kollidierender Normen organisationsintern ‚auszuhalten', zum Beispiel dass die kollektive Ausrichtung an einer Ressourcen- und Stärkenorientierung am jeweiligen Kind immer zugleich auch provoziert, den Blick auf mögliche Abweichungen des Kindes zu richten und dies auch erfordert, einer potentiellen Kategorisierung und einem standardisierten Blicken auf Kinder systematisch entgegenzuarbeiten.

Das Üben ermöglicht im Kontext dieser konstruierten Erfordernis weitere Normbearbeitungen für das Team prozessierbar zu machen, ohne diese Normadaptionen zurückweisen zu müssen. Das heißt die Praxis der Organisation findet hier Arrangements der Implementation und reibungslosen Prozessierbarkeit auch diametral zuwiderlaufender Normvorstellungen über Kinder. Für die Teampraxis primär rahmengebend ist hierbei folglich, einem Bild vom Kind im gemeinsamen Sprechen explizit zuzuarbeiten, das sich aus der Orientierung an der Norm eines sich individuell entwickelnden Kindes speist. Dabei wird zeitgleich eine Entproblematisierung des Kindes adressiert, sobald der Eindruck besteht, das Kind entwickle sich derart eigen, dass es sich seiner altersgemäßen Vergleichbarkeit zu entziehen droht (//Also ich finde das auch schon zu besonders.//). Das Potential eines nicht normgerecht entwickelten Kindes wird durchaus mit bearbeitet und über spezifische Praktiken – über Praktiken der Besonderung – eingefangen. Im Spannungsverhältnis der primären und sekundären Rahmung werden Kinder wie Hauke und Sven hierbei entweder als kategoriale Eigenschaftsträger oder als Entwicklungswesen diskursiv erzeugt (vgl. detailliert Cloos/Gerstenberg/Krähnert 2019, S. 146). Diese Form des Sprechens führt zur Einübung der Aufführung eines ressourcenorientierten Blickes auf das Kind, der entlang der Norm der Altersgemäßheit imaginär geführt wird und bei möglichen Abweichungen von dieser Norm, Kinder als besondere Kinder mit spezifischen Ausprägungen und Eigenschaften hervorbringt.

Zur Erinnerung an Kap. 4.2.2: So wird Hauke für einen Dreijährigen als sehr „pfiffig" und „besonnen" entworfen. Die Form der Besonderung wird dabei deutlich gemacht darüber, dass diese Eigenschaften für sein Alter unerwartet besonnen und pfiffig seien, sodass es fast „zu besonders" wäre. Svens Besonderung wird wiederum derart zugespitzt, dass die Positionierung von Fachkraft und Kind imaginär verkehrt werden: So ist es Sven, von dem die Pädagogin hier als „kleinem Dreijährigen" lernt, „wie man Trecker unterscheidet" und nicht umgekehrt, wie es in der Gestaltung einer pädagogischen Beziehung doch traditionell zu erwarten wäre. Hier wird Sven unter der Adressierung „Knirps" – und damit einem bestimmten Status altersentsprechender Entwicklung – zugleich die Eigenschaft zugeschrieben, „Fachmann für Trecker" zu sein. Dies würde unerwarteter Weise gar dazu führen, dass die Pädagogin über seine Trecker-Expertise zur „Fachfrau für Trecker" wird.

Markant ist, dass pädagogische Interventionsmöglichkeiten darüber „aus dem Diskurs geschoben"[61] werden, „sodass letztlich die Wirkungen des Kindes auf die Pädagoginnen und nicht der Einfluss erzieherischen Handelns auf die Kinder besprochen werden" (ebd., S. 147).

Der primären Rahmenlogik gemäß entlässt diese ‚mystifizierende' Konstruktion des verbesonderten Kindes, innerhalb derer stets auch ausgehandelt wird, ob „den Pädagoginnen" das Kind nun „ein Rätsel ist oder nicht" (ebd., S. 136), die Fachkräfte selbst aus ihrer praktischen Handlungsverantwortung. Diese virtuelle ‚Entlassung' korrespondiert hier mit der Erzeugung eines übergeordneten organisationslogischen Sinns: Die Fachkräfte konzentrieren sich auf ihre *Selbstklientifizierung*, über die sie sich in den Dienst einer für Normen empfänglichen und professionalisierungsbereiten Organisation stellen. Die daraus abgeleitete Selbstverpflichtung, sich auf einen ressourcenorientierten Blick auf das Kind einstellen zu müssen, wird aber nicht darüber einzulösen gesucht, dass einem tiefergehenden Verstehen der Kinder dieser Einrichtung zugearbeitet wird. Vielmehr wird über die Praktiken der Kindsbesprechung dieser Fachkräfte geübt, die Empfänglichkeit ihrer Praxis für Normen und Entwicklungsimperative kontinuierlich und gemeinsam in Fassung zu bringen. Das heißt Optimierungs- und Entwicklungsimperative, wie z. B. eines zu verändernden professionellen Blickes auf das Kind, werden über *Sprechübung* in für das Team bewältigbare Entwicklungsanforderungen übersetzt (vgl. hierzu auch Gerstenberg 2017, S. 143).

Die Organisation als Ort der Versicherung und Beruhigung der Eltern

Über die Rekonstruktion der Figuration von Positionierungen, als ein Ins-Verhältnis-Setzen von Positionen der Fachkräfte und Eltern in diesem aufgerufenen Rahmen (Kap. 4.2.4), konnte darüber hinaus erkundet werden, dass die Fachkräfte der Kita Landhaus sich in ihrer Teamgesprächspraxis als Expert_innen gegenüber den Eltern inszenieren. Die Kita wird den Eltern gegenüber darin auch als Ort hervorgebracht, der sich ‚im Griff' hat. Die Organisation lässt sich über die heuristische Dimension der Positionierung hier folglich in der Weise als organisiert verstehen, dass Eltern in die Position der Informationsempfangenden und Empfänger_innen von Wissen versetzt werden und die Fachkräfte in die Position der Informationsvermittelnden. So profitieren erstere von diesen Informationen, insofern sie über sie beschwichtigt werden können. Eltern werden jedoch nicht als in den Prozess der Wissensgenerierung oder in den Austausch über diese Informationen integriert entworfen. Vielmehr wird die Kita über jene Positionierungspraxis als Einrichtung konstruiert, die das Wissen über die

61 Vgl. zur Idee der Rahmenverschiebung, die als Diskursbewegung für organisationsgebundene Kommunikation konstitutiv ist und in dieser Verständigungsform betont, dass auf Ebene der Organisationskultur insbesondere zu *modifizierende* oder bereits *modifizierte Probleme* im Vordergrund stehen (Kap. 3.4.1).

Kinder gegenüber den Eltern in seiner Gültigkeit hierarchisiert und gerade darüber die Eltern ‚besänftigen' kann. Die von Seiten der Einrichtung vermittelten Informationen über die Kinder werden in dieser Positionierungspraxis als höherwertiges Wissen der Fachkräfte gegenüber den Eltern aufgeführt, da diese Praxis der Logik des selbstzugeschriebenen Auftrags der Pädagog_innen folgt, die Eltern darüber beruhigen zu können.[62] Der Wissensvorgriff der Fachkräfte wird somit als Möglichkeit gegenüber den Eltern konstruiert, deren Aufklärung und Orientierung von Einrichtungsseite zu gewährleisten. Die Kita wird dabei als Setting der Versicherung und Beruhigung der Eltern hervorgebracht und Eltern in dieser Konstruktion den Zielen bzw. dieser Form der organisationalen Selbstorganisation untergeordnet.

Die sich sichernde und ihre Corporate Identity erhaltende Organisation

Im Fall der analysierten Interaktionssequenz (Kap. 4.2.3) wird die Lernwerkstatt als Ort der Sicherung der Selbstbearbeitung des Physikpaten beobachtbar, der wiederum darüber die Interaktion als Setting der Wissensvermittlung, in Auseinandersetzung mit den Kindern markiert. Die Lernwerkstatt Zauberhafte Physik wird hierbei als ein Setting vermittelt, in dem sich mit von ihm als relevant markierten physikalischen Themen, Wissensbeständen und Normen auseinandergesetzt werden soll. Deutlich wird über die vollzogenen Interaktionspraktiken, dass die Organisation sich organisiert, indem sich hier maßgeblich auf das Lernwerkstattkonzept, auf vorbereitete Arbeitsblätter und didaktische Materialien; folglich vorrangig auf ihre Corporate Identity bezogen wird. Hierunter kann die Gesamtheit der konzeptionellen Merkmale verstanden werden, welche die Lernwerkstatt als Einrichtung kennzeichnen und programmatisch von anderen außerschulischen Lernorten unterscheidet.

Widersprüchliche Orientierungen und Werte werden vor diesem Hintergrund zwar von den dort tätigen Akteur_innen wahrgenommen, aber mit den Kindern nicht offen ausgehandelt. Von Seiten der Fachkraft werden diese Wertediskrepanzen vielmehr in eine Form der (nahezu) reibungslosen Bearbeitung überführt und integriert. So entsteht der Eindruck, das Kind würde über die in dieser Interaktion prozessierte Rahmenmodulation sukzessive in das Lernwerkstattprogramm ‚eingeordnet'. Die Differenzen zwischen den Orientierungen der Kinder und der pädagogischen Fachkraft ‚verschwinden' dabei zu Gunsten der Werte bzw. der Herstellung und Sicherung einer organisationalen Einheit. Pointiert könnte man auch sagen: Es wird sich zur Sicherung der Organisationskultur hier ganz in den

62 Im Vergleich interessant ist, dass im Sinne polykontexturaler Logik beide Formen des Sprechens in der Kita Landhaus möglich sind: zum einen, dass die Fachkräfte Kinder nicht ausschließlich positiv besprechen, sondern auch vor einer möglichen Nicht-Vorhersehbarkeit des kindlichen Verhaltens ‚warnen' und zum anderen, dass sie sich als diejenigen inszenieren, die von den Kindern lernen und sich zugleich als Besserwissende gegenüber den Eltern positionieren.

Dienst des Einrichtungsablaufs gestellt und einander widersprechende Implikationen werden in einer Weise von der pädagogischen Fachkraft bearbeitet, sodass das Lernwerkstattprogramm von *allen*, die an der Interaktionssequenz beteiligt sind, durch geteiltes Skriptwissen auf der Ebene einer Reziprozität sprachlicher Akte bestmöglich ‚bedient' werden kann.

Die empirischen Schlaglichter, die ich damit auf das diskursive Gebilde Organisation und die darin prozessierten verschiedenen Praxen des Sprechens und Interagierens von Fachkräften und Kindern geworfen habe, möchte ich noch einmal vergleichend mit folgender Frage zusammenfassen: An welche Adresse richtet sich die Selbstorganisation der Organisation?

Abbildung 7: An welche Adresse richtet sich die Selbstorganisation der Organisation?[63]

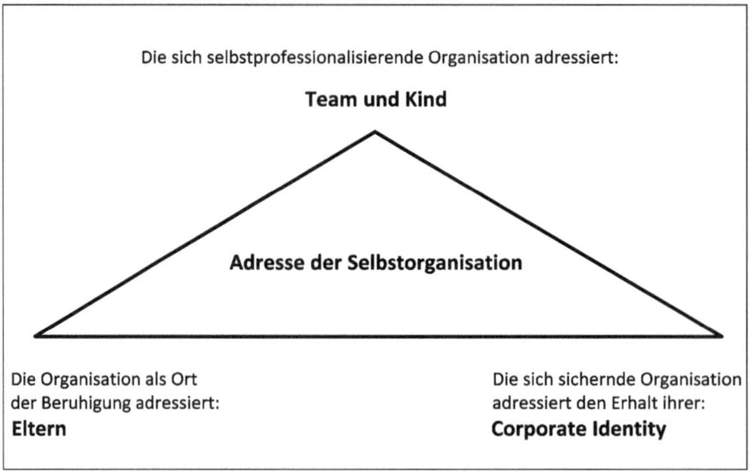

Deutlich wurde, dass die Organisation in dieser Perspektivierung, d.h. je nach Fokussierung der dieser Arbeit zugrunde gelegten heuristischen Dimension, entsprechend des daran anschließenden organisationalen Auftrags und der jeweiligen Zuständigkeitsakzentuierung nach, *unterschiedliche* Adressen haben kann: So adressiert *die sich selbstprofessionalisierende Organisation* Team und Kind, die *Organisation als Ort der Beruhigung* die Eltern ‚der Einrichtungskinder' und die *sich sichernde Organisation* bspw. den Erhalt ihrer Corporate Identity.

63 Hinweis Abbildung 7: eigene grafische Darstellung.

4.3.2 Kondensierung II: Die sich selbstorganisierende Organisation als Gewächshaus negativer Entropie?

Mit der Ausdifferenzierung und Erprobung der Kategorien der Diskursorganisation für organisationsgebundene Gesprächs- und Interaktionsdiskurse anhand einer methodischen Heuristik hatte ich in der vorliegenden Arbeit – um es mit Stefan Kühl zu formulieren –, nicht die primäre Absicht, „eine neue Begriffssau durchs Management-Dorf" (Kühl 2017, o. S.) zu jagen. Kühl betont, was ich als Auffassung teile und mir als Haltung sehr sympathisch ist, dass durch „die Erfindung immer neuer Begriffe für das immer Gleiche [...] das Wissen darüber verloren [ginge; F. G.], welche Effekte sich [hierüber; F. G.] einstellen [ließen; F. G.], wenn bestimmte Managementprinzipien wie zum Beispiel Selbstorganisation [im Kontext von Organisationsforschung; F. G.] eingeführt werden" (ebd.). Er plädiert stattdessen dafür „bei dieser permanenten Neuigkeitsdramatisierung nicht mitzumachen" (ebd.). Ich schließe für meine Studie daraus, noch einmal viel eher darauf zu schauen und zu pointieren, was ich über diese Art des Blickens auf Organisation – also über ihre performative Beschaffenheit der Selbstorganisation – auszusagen vermag und wofür man diese Einsichten weiter nutzen könnte.

Kondensieren möchte ich zu diesem Zweck noch einmal folgende zentrale Gedanken meiner Arbeit: Konstitutive Bedeutung für die Untersuchung von Teamgesprächen und Interaktionen hatte für mich zunächst die Auffassung, dass es sich um von der Organisation selbst initiierte und in der Organisation prozessierte Kommunikationen handelt, die ich mit Hilfe der gesprächsanalytischen Diskursprinzipien – den Kategorien der Diskursorganisation – in den Blick genommen habe (Kap. 3.4.1). Vor diesem Hintergrund vermochte ich mit meinen empirischen Ergebnisschlaglichtern überhaupt erst aufzuzeigen, dass bzw. inwiefern sich jedwede Organisation in irgendeiner Weise selbst organisiert, gleichwohl sich dabei die performative Form der Adressierung und die Adresse der Selbstorganisation ändern kann: Es macht demnach also einen entscheidenden Unterschied, ob die Organisation bspw. unter internen Stress gerät, weil sie sich die vollkommene Erfüllung ihres eigenen Programms auf die Fahne schreibt, oder ob sie dieses Programm in ihrer Logik von Selbstorganisation nicht einmal ‚auf dem Zettel hat', weil sie sich auf die Beruhigung von Eltern konzentriert (Kap. 4.3.1).

Unabhängig von diesen unterschiedlichen Organisationsempfänger_innen, die ich herausarbeiten konnte, scheint eine zentrale Homologie dabei auf, die für den *performativen Charakter der diskursiven Selbstorganisation* selbst steht. Dies hängt meinen Überlegungen nach wohl auch mit dem basistypischen „Fall der Organisation" zusammen, den wir – Peter Cloos, meine Kollegin Isabell Krähnert und ich – in unserer Monografie „Kind – Organisation – Feld" über einen umfassenden Handlungsfeldvergleich anhand von 40 Teamgesprächen herausarbeiten konnten (vgl. Cloos/Gerstenberg/Krähnert 2019, S. 278). Dieser besagt, dass eine „kontinuierlich bestehende gemeinsame Ausrichtung der Aufmerksamkeit" (Meier 2002, S. 90) als Praxis für Organisationen aus dieser wissenschaftlichen Perspektive heraus grundlegend ist und von allen Gesprächsteilnehmenden kontinuierlich (re-)produziert werden müsse, um entgegen einer „potenziellen Fallüberwältigung"[64] (Cloos/Gerstenberg/Krähnert 2019, S. 253), Arbeitsfähigkeit sicherzustellen. Der Fall der Organisation muss über die performative Praxis der Selbstorganisation in Teamgesprächen folglich stets zum „sicheren Fall" (ebd., S. 279) (gemacht) werden.

Mit dieser Blickrichtung auf Organisation als einer sich selbstorganisierenden Gesprächspraxis wird somit auch auf die diskursiven Bedingungen und Kommunikationsanforderungen verwiesen, die für Arbeitsbesprechungen konstitutiv sind: Die Teammitglieder bearbeiten stets primär das strukturelle Bezugsproblem der Organisation so, dass diese weiterarbeiten kann. Vor dem Hintergrund dieses organisationalen Bezugsproblems erscheint Kommunikation in Teamgesprächen bzw. deren organisationale Rahmung über Kategorien der Diskursorganisation als genuin „reparaturbedürftig" (Meier 2002, S. 102 f.) auf. Es wird Kommunikation darin folglich über Rahmenmodulationen immer so repariert, dass die Organisationsakteur_innen auf der Ebene der Organisationskultur miteinander handlungsfähig sind.

Diese Überlegung lässt sich auf pädagogische Interaktionen übertragen, wenn auch ein anderes Bezugsproblem darüber markiert ist: In Bezug auf organisational gerahmte Interaktionen zwischen Fachkräften und Kindern erscheint diese Reparaturbedürftigkeit durch vor allem *die generationale Hierarchie* gegeben (vgl. Nentwig-Gesemann/Gerstenberg 2018, S. 137). Die Kooperations- und Handlungsfähigkeit zwischen Erwachsenen und Kindern ist gerade, unter dem Diktum dieses asymmetrischen Beziehungsgefälles, in pädagogischen Interaktionen fortwährend durch die Fachkräfte strukturell sicher zu stellen (vgl. Gerstenberg 2014, S. 301 f.). Iris Nentwig-Gesemann und ich haben aus diesem Grund bereits in einem gemeinsamen Beitrag dafür sensibilisiert, dass es sich um Kommunikation handelt, bei der die sogenannte „Rahmungshoheit als interaktives Steuerungsmoment der Organisation ‚eingeschrieben' ist" (Nentwig-Gesemann/Gerstenberg 2018, S. 139), es damit formal betrachtet, um ungleiche Interaktionspartner_innen zwischen Erwachsenen und Kindern geht und diese heterogen organisierte Interaktionsstruktur in der Interaktionsanalyse methodisch berücksichtigt werden müsse.

Zusammenfassend kann folglich auch hier über die Konzentration auf die Analyse der Kategorien der Diskursorganisation *die Rahmung* (Kap. 3.3) als

64 „Die potenzielle Überwältigung ist an den jeweils variierenden *Fall* des Teams gebunden. Was jeweils der Fall ist, kann folglich potenziell überwältigen – ob nun die Arbeit mit einer konkreten KlientIn […], das Ausfüllen eines Bogens oder die Sicherstellung eines Theaterstücks" (Cloos/Gerstenberg/Krähnert 2019, S. 254; Hervorh. im Orig.).

konstitutive Interaktionsherausforderung für alle Beteiligten konzipiert werden. Der Blick wird somit, im Kontext der Frage nach der Beschaffenheit von organisationaler Selbstorganisation in Bezug auf Interaktionen, auf die Beteiligungspraktiken und -möglichkeiten der einzelnen Interaktionspartner_innen gerichtet. In den Fokus der Aufmerksamkeit gerät über Rahmenmodulationen dann, wer denn überhaupt – unter den diskursiven Bedingungen von Rahmungshoheit – „den eigenen Rahmungen Gültigkeit verschaffen" kann (Nentwig-Gesemann/ Gerstenberg 2018, S. 137). Der Begriff „Rahmungshoheit" verweist im Kontext der Kategorien der Diskursorganisation dann zum einen darauf, „dass es in der empirischen Analyse von Interaktionsqualität um das *Wie* der Herstellung und Ausgestaltung von Beziehungen gehen muss, die primär und basistypisch von einer Asymmetrie zwischen Erwachsenen und Kindern geprägt sind, also von ‚ungleichen' Möglichkeiten, den eigenen Rahmungen Gültigkeit zu verschaffen" (ebd.) und zum anderen darauf, dass den Pädagog_innen dadurch zeitgleich eine „anerkennungstheoretisch fundierte [...] interaktions- bzw. diskursethische Verantwortung" (ebd. S. 136 f.) übertragen wird, innerhalb derer sie unterschiedliche diskursive Voraussetzungen – in eine Reziprozität von *Rahmen, Akten oder Perspektiven* – für die organisationale Kooperationssicherung mit den Kindern zu übersetzen haben (vgl. ebd., S. 137 ff.).

Damit ist zugleich gesagt, dass inkludierende Diskurs- bzw. Interaktionsmodi nicht nur auf einer Kongruenz von Orientierungsrahmen beruhen, wie wir dies ursprünglich in der Gesprächsanalyse der Dokumentarischen Methode konzipiert haben, sondern auch funktional, d. h. von (organisationalem) Skriptwissen, gesteuert werden, wie es beispielsweise in meinem empirischen Beispiel (Kap. 4.2.3) der Fall ist (vgl. Nentwig-Gesemann/Gerstenberg 2018, S. 137 f.). „Grundgelegt ist der Interaktionsstruktur dann eine Reziprozität von Akten und ein Vertrauen darin, dass eine derartige Reziprozität im Interaktionssystem der Beteiligten prinzipiell möglich ist" (ebd., S. 138). Mit Bohnsack (2018, S. 7 f.) gehen Iris Nentwig-Gesemann und ich davon aus, dass das sogenannte kollektive Gedächtnis die Kontinuität dieser interaktiven Handlungspraxis, das heißt deren performative Logik, vor allem über die Repetitivität, Regelmäßigkeit und Reproduzierbarkeit von Akten der Interaktionsbeteiligten sichert und dann als primäre Rahmung (der interaktiven Bezugnahme) etabliert (vgl. Nentwig-Gesemann/Gerstenberg 2018, S. 138).

Dies sei nach Bohnsack (2017b) wiederum von einer Reziprozität der Perspektiven im Sinne von Alfred Schütz (1962/1971) zu unterscheiden (vgl. Bohnsack 2017b, S. 271). Hier geht es um Formen der „Reziprozität einander unterstellter Perspektiven (auf der Ebene kommunikativen Wissens)" (Nentwig-Gesemann/ Gerstenberg 2018, S. 138). Doch auch eine solche Reziprozität, deren Voraussetzungen für diskursive Beteiligung auf der idealistischen, wechselseitigen Unterstellung von Annahmen aufruht, kann absichern, dass trotz bestehender Rahmeninkongruenzen eine Situation gemeinsam gestaltet werden kann (vgl. ebd.,

S. 138 f.). Wie ich in meinem empirischen Beispiel (Kap. 4.2.3) gezeigt habe, kann etwa über Rahmenmodulationen zunächst eine Reziprozität von sprachlichen Akten hergestellt und sich über gemeinsame Wiederholung dieser Praktiken – in Rahmungsprozessen – ein kollektives performatives Gedächtnis ausbilden, welches sich über zunehmendes Vertrauen in das Interaktionssystem ausdrückt (vgl. auch Nentwig-Gesemann/Gerstenberg 2018, S. 132).[65]

Diese diskursiven Voraussetzungen für die Beteiligung an Gesprächen oder Interaktionen in Organisationen wären auch mit Horst Bosetzky gewinnbringend zu betrachten: So könnte man sagen, dass die Kategorien der Diskursorganisation performativ darauf verweisen, dass sowohl für Teamgespräche als auch Interaktionen aufgrund ihrer so gearteten organisationalen Beschaffenheit gilt, dass sie sich stets „einen Stabilitätsurplus" zu bewahren haben, wenn über sie „vermittelst Organisation die spezifisch organisatorische Leistung vollbracht werden" soll (Bosetzky 2019, S. 144). Das heißt, es wird darüber zugleich – wenn ihre Praxis über Rahmenmodulationen regelhaft auf eine Fall- und Kooperationssicherung zuläuft – deutlich, dass Organisationen „als Ordnungsstrukturen eine interne negative Entropie aufrecht" (ebd., S. 143) erhalten, die einem bestimmten Verhältnis aus anvisierter Ordnung und herrschender Unordnung entspricht und stetig von den Akteur_innen der Organisation ausbalanciert werden muss. Bosetzky deutet hier mit Türk (Türk 1978, S. 85 f.) auf den Zusammenhang, dass „in instrumenteller Hinsicht […] eine Organisation in externer Richtung adaptiven Erfordernissen Genüge tun [müsse; F. G.], [und; F. G.] in interner Richtung eine gewisse Strukturerhaltung und Spannungsbewältigung [zu; F. G.] sichern" (Bosetzky 2019, S. 144) hat.

Bosetzky selbst würde diesen begrifflichen ‚Heißluftballon' vielleicht auch aus der „dünnen Luft der Abstraktion" (ebd., S. 133) mit einer konkreten Frage wieder auf die Erde holen und in diesem Denkzusammenhang trocken fragen: „Ordnung ist das halbe Leben – und die andere Hälfte …?" (Bosetzky 1991, S. 271 ff.). Dieses hierüber indirekt angefragte Komplementaritätsverhältnis aus organisationaler Ordnung und Unordnung imaginiere ich mir wiederum im Anschluss an Bosetzky als die klimatische Kultur in einem Gewächshaus, das in meinen Augen eine geeignete Metapher für das Gesprächs- oder Interaktionssystem und das darüber charakterisierte *Organisationsklima* einer Organisationskultur darstellt, von dem in meiner Arbeit die Rede ist: „Je weiter ich [hierin imaginär; F. G.] eine Grenze ausdehne, desto mehr ‚Externalität' wird ‚internisiert' und umgekehrt"

65 Bohnsack betont, dass eine Reziprozität der Perspektiven im Sinne der Sozialphänomenologie auf einem Erkennen und der Anerkennung der Logik der Perspektiven (Motive, Intentionen) der relevanten Anderen und deren Verschränkung mit der eigenen Perspektive beruht (vgl. Bohnsack 2017b, S. 40). Im Unterschied dazu ist eine Reziprozität der Akte „im Sinne eines interaktiven Bezuges auf die Akte der Anderen auf der Grundlage einer Habitualisierung der Verschränkung mit den eigenen Akten im Kontext eines selbstreferentiellen (Interaktions-) Systems als Grundlage eines konjunktiven Erfahrungsraums" (ebd.) zu verstehen.

(Bosetzky 2019, S. 133). In diesem metaphorischen Bild des Gewächshauses muss die Organisation sich somit über Prozesse der Selbstorganisation in ein fortwährendes, atmosphärisches Gleichgewicht für ihre ‚Bewohner' bringen, damit diese darin nicht nur strukturell überleben, sondern auch ‚frei' atmen können. Und ich würde Bosetzky, an seine Idee anschließend, fragen: Welches Ordnungsverhältnis trägt denn nun zu einer organisationsinternen Anomie und welches eher zu einem organisationsinternen Zustand des Fatalismus bei, in dem soziale Regeln nahezu widerspruchslos akzeptiert oder ‚organisationsgültige' Verhaltensweisen durch strikte Normbeachtung und -befolgung gekennzeichnet sind?

Die Kategorien der Diskursorganisation sind damit dann vielleicht jene analytischen Zeiger, die das jeweilige, sich empirisch auffaltende Maß an Unordnung in einem solchen organisationalen Gesprächs- oder Interaktionssystem und die damit zugleich verbundene Anordnungsmöglichkeit der Teilchen, d.h. hier methodisch übersetzt in Rahmenmodulationen (Kap. 3.4.1) und Praktiken der Positionierung (Kap. 3.4.2), in diesem ‚Gewächshaus' zu bestimmen vermögen. Sie zeigen analytisch an, wer unter welchen klimatischen Verhältnissen in der Organisation welchen Platz einnehmen kann, wer sich dort bereits häuslich eingerichtet hat und wer darin etwa besonders gut ‚wachsen und gedeihen darf'.

Abbildung 8: Eigene Zeichnung angeregt durch mademoiselleyo auf Etsy[66]

Weiterführende Überlegungen die sich für mich hier anschließen würden, möchte ich in offenen Fragen formulieren: Ist der entropische Charakter der Organisation damit auch als Gewächshaus für ein ansteigendes Maß an Unkenntnis der Zustände aller einzelnen organisationalen Teilchen zu verstehen? Und inwiefern kann,

66 Die Arbeiten von mademoiselleyo sind abrufbar unter: www.etsy.com/de/listing/563539163/botanische-karten-gewachshaus-4-karten?ref=landingpage_similar_listing_top-2.

wenn Unkenntnis damit markiert wäre, dann das empirische Entschlüsseln einer Praxis der organisationalen Selbstorganisation letzten Endes überhaupt darüber Aufschluss geben, welche Informationen von den Organisationsmitgliedern – und beteiligten von Nöten wären, um den Ordnungszustand des Gesprächs- oder Interaktionssystems – synonym des Gewächshauses – in einen höherwertigen Systemzustand[67] zu bringen, sodass bspw. ein ‚Programmatikabarbeitungsstress' tatsächlich hinreichend minimiert wäre und eine ‚Pflanzengemeinschaft' darin gut wohnen könnte?

Stefan Kühl würde vielleicht antworten, dass die Logik dieses Ordnungssystems ohnehin auf Trägheit zuläuft; die ‚Pflanzen' irgendwann teilnahmslos darin wachsen und sich den klimatischen Regeln im Gewächshaus – respektive an die organisationale „Konsistenzerwartung" (Kühl 2019, o. S.) – anpassen würden.[68] Möglicherweise würde er auch, oder gerade deshalb, dazu ermutigen, diese Fragen gleich direkt, aber „in homöopathischen Dosen in die Organisation zurück zu spielen" (Kühl 2019, o. S.). Damit wäre dann der „Einübung der Regelabweichung" (ebd.) zugearbeitet, die seiner Ansicht nach nicht nur legitim, sondern auch produktiv für die Entwicklung einer Organisation ist. Denn Kühl geht mit Luhmann davon aus, dass „die Existenz der formalen Ordnung" zwar verhindert, „dass sich eine Organisation ‚balkanisiert' (Luhmann 1964, S. 247) und alle tun, was sie wollen" (Kühl 2019, o. S.), zur selben Zeit meint er aber auch, dass die „Duldung der Abweichung von der Regel der Organisation eine Wichtigkeit" (ebd.) gibt. Die Organisation erhält sich so bei allem Sicherungsbestreben ihre Exzentrik und ihren frischen Atem: nicht allein über erwartbare Routine, sondern auch durch das Erleben von Komplexitätsdifferenz.

Da Sie als Leser_innen in den Kap. 4.1 und 4.2 bereits die Regeln einer wissenschaftlichen Methode ausführlich einüben konnten, mache ich nun in den folgenden zwei Kapiteln Vorschläge, wie Sie mit Hilfe methodischer Kreativtechniken Ihre eigene Praxis der Regelabweichung kultivieren und diese Form der Differenz für sich selbst aufleben lassen können.

---

67 Durchaus interessant wäre es, sich weiterführend mit der Frage auseinanderzusetzen, wie denn Kriterien für eine solche Höherwertigkeit aussehen könnten.

68 Hinsichtlich meiner Überlegungen zum sogenannten Organisationsklima kann mit Kühl das ‚Witterungsbarometer' noch um folgende Skalierung ergänzt werden: Er stellt einerseits fest, dass „die Formalstruktur einer Organisation hohe Konsistenzanforderungen erfüllen" müsse, da „sich ansonsten das Verhalten der Mitglieder nicht ausrichten ließe" (Kühl 2019, o. S.). Andererseits würden „diese schnell wechselnden und widersprüchlichen Anforderungen es kaum noch" zulassen, „dass eine Organisation von einem klar definierten Zweck aus formal durchprogrammiert werden kann" (ebd.).

4.3.3 Technik I: Reframing als Reflexionsinstrument alternativer Semantiken von pädagogischer Organisation

Die in dieser Arbeit aufgezeigte Heuristik macht nicht nur ein Angebot, wie mit einem Analyseinstrument methodisch interpretiert werden kann, sondern legt auch eine bestimmte Beobachtungsperspektive auf empirische Situationen nahe, die dabei helfen sollte, den diskursiven Selbstausdruck pädagogisch situierter Organisationen stärker in den Blick zu bekommen. In Kap. 4.3.1 und 4.3.2 wurde dahingehend bereits an den dieser Arbeit zugrunde gelegten exemplarischen Fällen und mit Hilfe der Reflexion der Kategorien der Diskursorganisation überlegt, wie sich die frühpädagogische Organisation über Praxen des Sprechens und Interagierens organisiert. Um diese Perspektive nun nicht nur als Gewinn für die empirische Entschlüsselung von Teamgesprächen und Interaktionen zu argumentieren, möchte ich in diesem Kapitel noch einmal in einer gegenläufigen Denkbewegung skizzieren, dass die Heuristik auch als Instrument für die Lesartenbildung alternativer Semantiken von pädagogischer Organisation eingesetzt werden kann.

Bei der folgenden Einsatzmöglichkeit der rahmenanalytischen Heuristik als wissenschaftsdidaktische Kreativitätstechnik geht es mir folglich nicht um „Silodenken" (Kühl 2017, o. S.). Denn das „Silodenken", so Kühl, bliebe im Kern seines Denkmechanismus – durch vor allem *automatisierte* Anwendung – in lokalen Rationalitäten verhaftet (ebd.). Diese ent-automatisierende Technik ist natürlich nicht neu: Bereits die Cut-up Methode des Künstlers William Burroughs und des Cutters Brion Gysin (vgl. u. a. Burroughs 1962) bspw. provozierte ein Nachspüren von Kontingenz über die Form ihrer montage- und collageartigen Neuabmischung von Texten, so wie ich es in gewisser Weise auch mit den wissenschaftlichen Texturen in der Gesamtanlage meiner Arbeit verfolge.[69] Schöner als der Künstler Richard Horvath es bereits formuliert hat, kann ich Ihnen die Methodik dieser Collage- bzw. Schnitttechnik von Burroughs und Gysin auch nicht näherbringen. Deshalb borge ich mir seine Internet-Stimme und übersetze Ihnen eben seine Gedanken hierzu aus dem Englischen ins Deutsche:

69 „For me, collage is the method that gets closest to depicting how I actually think on the page [...]. Writing, on the other hand, is conveying to others what I think on the page. There's a difference" (Kleon 2020, o. S.).

„Der Zweck des Zerlegungsprozesses dieser Collagetechnik besteht darin, die Vorstellungskraft zu befreien, indem Zufälligkeit in den kreativen Prozess eingeführt wird. Der Mitarbeiter von William Burroughs, Brion Gysin, verwendete Zeitung, um die Schneide des Messers zu absorbieren, mit dem er sein Collagenmaterial zugeschnitten hatte, und wie jeder Künstler, der diese Technik angewendet hat, weiß, führt dies zu Zeitungspapierstreifen, die sich von ihrer beabsichtigten Logik lösen. Burroughs erkannte das Potential dieser Technik, den narrativen Fluss seines Schreibens zu stören, indem er zufällige Wörter einfügte, wodurch die Erwartungen des Lesers in eine unvorhersehbare Richtung gelenkt wurden. Es hat auch den befriedigenden Nebeneffekt, das Ziel der Sprache bei der Bereitstellung von Kohärenz zu untergraben, stattdessen verwirrende Dissonanzen und die Möglichkeit neuer Bedeutungen anzubieten. Burroughs verwendete das, was bildende Künstler traditionell als glücklichen Unfall bezeichnet haben. Dies ist ein unbeabsichtigtes Ergebnis, das begrüßt wird, weil es nicht nur durch seine Unerwartetheit erfreulich ist, sondern auch, weil der Künstler eine Kontrolle aufgegeben hat, die zur Überwindung des Alltäglichen und Vorhersehbaren wünschenswert ist. Das Anathema der interessanten Kunst" (Horvath 2019, o. S., eig. Übers.).[70]

Übertrage ich diese Technik nun auf meine Überlegungen in Kap. 4.3.2, in dem ich die Selbstorganisation der Organisation mit der klimatischen Kultur in einem Gewächshaus verglichen habe, so denke ich ad hoc an Elizabeth Shaws „Gittis Tomatenpflanze" (Shaw 1983), die vermeintlich erst einmal nichts mit dem Sinngebilde Organisation zu tun hat, assoziativ jedoch mit dem verknüpft werden kann, was für gewöhnlich in einem Gewächshaus wächst: eine Tomatenpflanze. Würde dieses assoziative Zufallsprinzip vergleichend weitergedacht, so würde man dieser Überlegung nach vielleicht darauf kommen, dass es auch für Gitti einen Unterschied macht, ob ihre Tomatenpflanze, wie es in der Geschichte dieses DDR-Kinderbuchklassikers angelegt ist, bei ihr auf dem Balkon gegossen oder mit weiteren Tomatenpflanzen in einem Gewächshaus aufgezogen worden wäre. Auch Gittis Tomaten hätten sich bestimmt der herrschenden Ordnung im Gewächshaus anpassen und sich dort die ‚dünne Luft' mit anderen Tomaten teilen müssen.

70 Vgl. für einen Überblick zur Beat Generation, der Burroughs als kultureller und literarischer Bewegung angehörte Weidman (2015).

Abbildung 9: Und Gittis Tomatenpflanze würde vielleicht …

wenn sie nicht im Gewächshaus gewohnt hätte
und nicht von Gittis Balkon gefallen wäre,
auch dort noch weiterwachsen …[71]

Ich möchte diese Collage-Technik im Zusammenhang mit meiner wissenschaftlichen Schreibarbeit hier nun aber nicht ganz so radikal dadaistisch anwenden, bis die Verdrehung der konstruierten Welt von mir bis in die vollkommene Sinnleere geführt ist. Auch möchte ich darüber für keinen Methodenanarchismus im Sinne von Paul Feyerabend plädieren (vgl. Feyerabend 1986). Denn dann würde ich mit meinen Überlegungen vielleicht bei Bazon Brock[72] – dem selbsternannten Künstler ohne Werk – landen. Er „verglich diese Technik später mit der Methode, eine dreckige Bürste so lange an einer anderen dreckigen Bürste zu reiben, bis

71 Quelle der Abbildung 9: Shaw, Elizabeth (1983): Gittis Tomatenpflanze. 2. Auflage. Leipzig: Der Kinderbuchverlag Berlin. © 2012 Beltz I Der KinderbuchVerlag in der Verlagsgruppe Beltz, Weinheim und Basel.

72 Es lohnt dennoch, sich unabhängig von meiner Studie durch die Arbeiten von Bazon Brock anregen zu lassen. Ich durfte zum Beispiel herzhaft lachen über seine großartige Idee an das Objektensemble der „12 Grundformen des verlassenen Bettes“ des Konzept-Künstlers Simon Waßermann in den 70er Jahren eine Übung für Studierende der Hochschule der Bildenden Künste in Hamburg anzuschließen. Aus der konkreten Vorgabe eines verlassenen Bettes entwickelte Waßermann zunächst zwölf grundsätzliche Möglichkeiten, ein Bett nach dem Aufstehen zu hinterlassen. Dies sollte darauf deuten, dass „Alles, was man als konkrete Gegebenheit in einer Konstellation antrifft, […] um alle anderen denkbaren Positionen innerhalb der Konstellation erweitert werden“ (Brock 2020, o. S.) könne. So entwickelte er ein Musterbeispiel, das er systematisch für die Entfaltung von Imagination variierte. Eine der Übungen von Brock bestand im Anschluss an diese Idee darin, „von zerwühlten Betten, verschobenen Teppichen, verstreuten Kleidungsstücken auf die Handlungen zurück zu schließen, durch deren Verlauf die jeweils bestimmte Gestalt der Objektgruppen entstanden waren“ (ebd.).

beide sauber sind" (Behrisch 2016, o. S.).[73] Auch geht es mir nicht um „programmatische Distanz" oder „Gestaltungsabstinenz" (Bollinger 1998, S. 16). Vielmehr möchte ich über diesen maximalen Kontrast der heuristischen Einsatzmöglichkeit auf das Prinzip der Serendipität und auf das Reframing als Kreativitätstechnik hinaus, die beide durchaus systematischen Regeln folgen und sie in meiner Studie exemplarisch für Sie durchspielen. Das Serendipitätsprinzip macht sich eine zufällige Beobachtung, Assoziation oder Überlegung von etwas ursprünglich nicht Gesuchtem *methodisch* zunutze, indem mit dieser provozierten Offenheit über irritierende Kontraste davon ausgegangen wird, dass sich daraus später eine neue und überraschende – auch wissenschaftliche – Entdeckung ergeben kann (vgl. u. a. Roberts 1989). Serendipität kann wiederum Teil eines Reframing (Umdeutung) sein und ist bereits als Methode in der Systemischen Psychotherapie und des Neurolinguistischen Programmierens bekannt (vgl. Reich 2003, S. 1). Mit ihr wird davon ausgegangen, dass Zuschreibungen und Erwartungen gängiger Weise einen Rahmen (frame) bzw. eine Ordnung aufweisen, nach der Ereignisse interpretiert und darauffolgend wahrgenommen werden (vgl. ebd.).

Witze sind bspw. eine sehr bekannte Form des Reframing (vgl. ebd., S. 4). Über einen Witz wird ein alltägliches Ereignis in einen neuen, ungewöhnlichen Rahmen gestellt, wodurch eine unterhaltsame Wirkung erzielt wird. Diese Wirkung wird darüber erreicht, dass die Zuhörenden in ihrer Situationsdeutung zunächst von einem anderen – scheinbar gängigeren oder naheliegenderen – Rahmen ausgegangen sind (vgl. ebd., S. 1). Eine ebenso relevante Annahme des Reframing ist, dass die Dinge nur einen entsprechenden Sinn ergeben, wenn die Betrachtenden den Rahmen, also den Kontext kennen, von dem zunächst ausgegangen wird. Eine Umdeutung, d. h. ein Reframing hat sich also erst dann vollzogen, wenn man den Dingen in diesem Rahmen einen anderen Akzent verleiht. Ein einfaches Beispiel lässt sich hierzu an einem Wasserglas veranschaulichen: „Gelangt man aus der Sicht des halb leeren zur Sicht des halb vollen Glases, so hat ein Reframing, eine Umdeutung, stattgefunden" (ebd.). Daraus kann geschlussfolgert werden, dass jedes Verhalten einen sozialen Sinn im entsprechenden Kontext ergibt und es von der Perspektive der Betrachtenden abhängig ist, welche Bedeutung Situationen, Verhalten oder Ereignissen in welchem Rahmen zugeschrieben werden (vgl. ebd., S. 5). Beim Reframing geht es also um „die kreative Bearbeitung des Quellmaterials" (Manager Magazin 2017, S. 1). „Ähnlich einem Enzym macht Reframing auch den rohsten, fettigsten und klobigsten Inhalt verdaubar" (ebd.).

Diese Form der konstruktivistischen Didaktik (vgl. Reich 2003, S. 4) möchte ich nun für meine Studie einsetzen, um zu zeigen, wie darüber auch mögliche ‚festgefahrene' Beobachtungen auf Organisation erweitert bzw. verändert

73 …wobei auch Horst Bosetzky (Kap. 4.3.2) die Organisationswirklichkeit bereits anhand von Romanen und damit im Kontext einer künstlerisch-bildsprachlichen Rahmung betrachtet hat (vgl. Bosetzky 1980/2019, S. 133).

werden können. Vor allem möchte ich damit aber viel grundsätzlicher noch andeuten, „was sich ändert“, wenn „Kontingenz in der qualitativen Sozialforschung methodisch und methodologisch zum Fokus der Auswertung“ (Nassehi/Saake 2002, S. 69) gemacht wird. Für mich bedeutet es, wenn „Kontingenz zum Forschungsthema“ wird, dann vor allem die „Strukturen ihrer Bearbeitung zu suchen“ (ebd., S. 83). Als Ergebnis dieser Argumentation ergibt sich für meine eigene qualitative Forschung der Schluss, dass ich nicht ausschließlich mit Hilfe der entwickelten methodischen Heuristik eine bereits vorausgesetzte Ordnung am empirischen Material entdecken kann. Somit besteht das Anliegen meiner forschenden Beobachtungspraxis in diesem Kapitel noch einmal darin, durch sie auf die *Selektivität* meiner empirischen Ergebnisse aufmerksam zu machen. Diese Perspektivität werde ich mit Hilfe gegenstandstheoretischer Folien illustrieren, die ich noch einmal exemplarisch als *umdeutende Rahmen* (Reframing) über die von mir bereits analysierten Fallbeispiele lege.

Gehen wir für dieses Gedankenexperiment in die Fälle dieser Arbeit zurück, so ließe sich bspw. mit dem *Reframe Sprache* fragen, weshalb ein Team einer Kindertageseinrichtung, wie das der Kita Landhaus, überhaupt erst üben muss, gemeinsam über Kinder zu sprechen, wenn angenommen werden kann, dass die Arbeit und das Sprechen *mit* Kindern zu ihrem beruflichen Tagesgeschäft gehört (Kap. 4.2.1–4.2.2). Über die Umdeutung auf die Relevanz von Sprachbildung würde vor diesem Hintergrund dann nämlich akzentuiert, dass Pisa- und OECD-Studien im frühpädagogischen Diskurs längst darauf aufmerksam gemacht haben, dass Bildungschancen im hohen Maße von den sprachlichen Fähigkeiten der Kinder abhängen. Auch würde darüber stärker in unseren Blick rücken, dass Sprachförderung und alltagsintegrierte Sprachbildung aktuell zum relevanten Kompetenzkanon gezählt werden, über welche die pädagogischen Fachkräfte ‚ihre‘ Einrichtungskinder ‚sprachlich fit(ter)‘ machen könnten (vgl. Zimmer 2016, S. 9). Folgen wir als Beobachter_innen diesem Reframe weiter, so würde es uns beim nochmaligen Lesen des empirischen Ausschnitts dieses Teamgesprächs sicherlich auffallen oder gar merkwürdig vorkommen, dass die Pädagog_innen darin selbst erst relativ ‚technokratisch‘ üben müssen, über Sven und Hannes im Team zu sprechen, indem sie ihre Namen in positive Eigenschaften zerlegen. Während Sprache bereits zu einem der elementaren Bildungsbereiche von Kindern in den Bildungsvereinbarungen der Bundesländer gezählt wird und alltagsintegrierte Sprachbildung längst als gewichtiger Faktor und Ausgangspunkt für frühkindliche Bildungsprozesse erachtet wird (vgl. ebd., S. 26ff.), scheint jene Form der Sprachbildungspraxis unter dieser Rahmenperspektivierung dann eben gerade erst bei diesem frühpädagogischen Team anzukommen.

Führen wir das Sprechen Üben jedoch noch einmal auf das Bezugsproblem der bisher in dieser Arbeit gedeuteten Rahmung zurück, welches sich die Fachkräfte diskursiv zurechnen und auf welches durch die Analyseeinstellung auf Organisation aufmerksam gemacht wurde, so erzeugt dieses Verhalten durchaus organisationslogischen Sinn für das Team: Es adressiert sich als rezeptiv für die programmatische Norm des frühpädagogischen Diskurses, Kinder zu individualisieren und schreibt sich auf Ebene ihrer Berufspraxis den organisationalen Auftrag zu, sich selbst zu professionalisieren, indem es über eine anzupassende Sprechweise nicht in erster Linie lernt, anders zu sprechen, sondern ‚ressourcenorientiert(er)' auf das Kind zu blicken.

Auch im empirischen Fall, der in Kap. 4.2.3 vorgestellt wurde, könnte Sie als Leser_innen aus einer pädagogischen Lesart heraus, die sich bspw. über eine Umdeutung auf den Rahmen des Lernwerkstattansatzes ergeben könnte, zunächst irritieren, dass der Physikpate M in der Interaktionssituation, die sich in einer außerschulischen Lernwerkstatt mit drei Grundschulkindern ereignete, sein interaktives Skript als primäre Rahmung gegenüber den Kindern durchsetzt. Denn der Lernwerkstattansatz ist programmatisch am entdeckenden, selbstbestimmten Lernen des Kindes orientiert (vgl. Ernst/Wedekind 1993) und würde in der Betrachtung dieser empirischen Interaktionssituation vor allem die Frage gewichten, wann es denn nun von Seiten der dort tätigen pädagogischen Fachkräfte für die Bildungs- und Lernprozessbegleitung der Kinder überhaupt hilfreich ist, didaktische Impulse zu setzen oder wann nicht (vgl. Kekeritz 2019b). Auch würden wir Betrachter_innen anhand dieses empirischen Beispiels wahrscheinlich viel eher noch interaktions- bzw. diskursethische Überlegungen daran anschließen können. Wir würden eine Verhältnisbestimmung von interaktivem Handeln zwischen Individuum und Gemeinschaft vornehmen (vgl. Jung/Kaiser/Waldschmidt 2019) und darüber nachdenken wollen, inwiefern Lernwerkstatträume hierbei als Einschränkungs- oder Ermöglichungsräume verstanden werden können (vgl. Baar/Feindt/Trostmann 2019).

Nimmt man sich als Referenzpunkt der Betrachtung jedoch die Lernwerkstatt als Organisation, der sich aus dem Bezugsrahmen ergibt, der in dieser Studie bisher an das thematisierte empirische Beispiel angelegt wurde, so erzeugt das darin beobachtete interaktive Verhalten durchaus bereits eigenlogischen Sinn: Die Lerneinheiten der Lernwerkstatt sind konzeptionell vorstrukturiert, sowohl zeitlich, inhaltlich-thematisch durch Arbeitsblätter, als auch durch Experimentier-Material, das die Physikpat_innen in der Interaktion mit den Kindern verwenden können. Darüber wird aus Perspektive der organisationalen Rahmung deutlich, dass der Physikpate M sein eigenes Handeln hier nicht derart ‚frei' auslegt, wie es bspw. die Lernwerkstattprogrammatik für das Kind und dessen Rolle als entdeckende_r Lerner_in vorsieht (vgl. auch als Anregung Budde 2011).[74]

74 Jürgen Budde hat sich in seinem Beitrag anhand der Beobachtung einer Interaktionssequenz ebenfalls mit dem Erkenntnispotential einer Methode – hier der Ethnografie – auseinandergesetzt. Im Kontext der Frage danach, wie aus seinen ethnografischen Beobachtungen Erkenntnisse generiert werden können, die generalisierbare Aussagen über Ordnungsstrukturen von Unterricht zulassen könnten, kommt er zu der Feststellung, dass sich das Melden, Fragen und

Vielmehr zeigt sich, dass die Interaktion, wenn sie sich wie in diesem Fall in einer pädagogischen Organisation vollzieht, gleichsam in einem normativ strukturierten und die wechselseitigen Bezugnahmen damit vorstrukturierenden Rahmen stattfindet. Dieser ist zwar immer auch durch die habituellen Orientierungen der Kinder und Erwachsenen geprägt, aber eben auch durch die sich in den Konzepten der Einrichtung dokumentierenden Aufträgen, durch strukturelle, aber auch zeitliche Vorgaben, zu denen sie sich zu positionieren haben (vgl. Nentwig-Gesemann/Gerstenberg 2018, S. 136) und was der Physikpate M über eine deutliche Ausrichtung an einrichtungsinternen Ablaufschemata zu realisieren sucht. Mit dem ‚Code' dieser organisationalen Rahmung geht in Bezug auf das spezifisch Pädagogische folglich nicht nur die Setzung und Herausforderung einher, dass die Fachkräfte die Normen ‚ihrer' Organisation in Handlungspraxis zu ‚übersetzen' haben und ihr Fachwissen diesbezüglich adaptieren und einsetzen müssen, sondern zeitgleich „auch mit ihrer Klientel eine gemeinsame, eine interaktive Handlungspraxis mit einer abgesicherten Kontinuität im Sinne eines konjunktiven Erfahrungsraums in habitueller Weise" herzustellen und somit ein „pädagogisches Milieu" (Bohnsack 2018, S. 6 zit. n. Nentwig-Gesemann/Gerstenberg 2018, S. 136) – im Verständnis dieses Settings und seiner didaktischen Spezifik – zu konstituieren haben.

Gehen wir zu guter Letzt mit Hilfe des „Konzepts der Erziehungspartnerschaft" (Cloos/Karner 2010) als Reframing auf das empirische Beispiel aus Kap. 4.2.4 ein, indem es um Praktiken der Positionierung von Eltern und pädagogischen Fachkräften in Teamgesprächen der Kita Landhaus ging, so wären wir als Leser_innen womöglich in unserer Wahrnehmung noch stärker auf unterschiedliche Implementierungspraxen der Zusammenarbeit mit Eltern oder Spannungen in der Kooperation zwischen Fachkräften und Eltern sensibilisiert worden, statt auf die rein diskursiven Positionierungsfigurationen. Uns würde bewusst sein, dass das Konstrukt der Erziehungs- und Bildungspartnerschaft den Kindertageseinrichtungen programmatisch eine Ko-Expert_innenschaft von Fachkräften und Eltern sowie eine symmetrische Beziehungsgestaltung nahelegt (vgl. hierzu kritisch Betz 2015). Über diese neu justierte Rahmung würde nicht nur suggeriert, dass ein solches Verhältnis ‚auf Augenhöhe' professionalisierungstheoretisch relevant und ‚einfach' herzustellen sei, sondern auch auffallen, dass in dem empirischen Ausschnitt eine Dialogorientierung ebenso wenig beobachtbar ist, wie der Anspruch, Eltern in Bewertungs- und Erziehungsprozesse einzubeziehen (vgl. hierzu genauer Cloos/Gerstenberg/Krähnert 2018, S. 68). Es würde über diesen umdeutenden Rahmen der Erziehungspartnerschaft ebenso deutlich akzentuiert werden, dass Eltern nicht als ebenbürtige Gegenüber, sondern in einer hierarchischen Ordnung als ausschließlich Empfangende positioniert werden,

---

Aufrufen in der empirischen Situation in einer erheblichen Variationsbreite von Praktiken des Unterrichts realisiert (vgl. Budde 2011).

denen weder eine eigene Perspektive, noch Expertise über ihr Kind zugeschrieben wird (vgl. ebd.). Hieran anschließend würde dann wohl schnell gefragt werden, wie Fachkräfte zum einen ebenbürtig mit Eltern kooperieren und zugleich einen professionellen Expert_innenstatus *auch* und *gerade* vor den Eltern herzustellen vermögen und wie Eltern dabei zeitgleich als Expert_innen und Laien positioniert werden können (vgl. Cloos/Gerstenberg/Krähnert 2018, S. 54). Wie gehen demnach – so würden wir irritiert fragen – Ansprüche an eine symmetrische und zugleich asymmetrische Beziehungsgestaltung überhaupt zusammen (vgl. ebd.)?

Auch das in dieser Sequenz beobachtete Gesprächsverhalten erzeugt eigenlogischen Sinn für das Team, nehmen wir uns als Referenzrahmen für die Beobachtung nochmals die Kindertageseinrichtung als Organisation: Im Fokus der Fachkräfte stehen aus dieser Perspektive störungsfreie organisationale Abläufe (vgl. ebd., S. 68). Mehrperspektivität und Widersprüche werden aus der Sichtweise auf Organisation, die meiner Arbeit ursprünglich zugrunde liegt, aufgelöst, indem die Perspektive der Eltern, der Anspruch ihren Blick einzuholen, sie wertzuschätzen etc. ausgeblendet werden (vgl. ebd.). Das Team der Kita Landhaus bearbeitet hier also eine mögliche Spannung zwischen Kindertageseinrichtung und Elternbelangen hierarchisch und löst diese Spannung zu Gunsten einer Störungsfreiheit von organisationalen Abläufen einseitig auf, indem es Eltern nur mehr informiert und in der Selbstpositionierung als ‚Expert_innen' über diese Informationen besänftigt (vgl. ebd., S. 67 f.).

Die in der Arbeit illustrierte Heuristik, hier eingesetzt als Reflexionsinstrument der kreativen Umdeutung, hat gezeigt, dass die Beobachtungen der Interpret_innen, wenn sie auch noch so bedeutungsoffen angelegt sind, letztlich immer selektiv geschehen und dieser Umstand bei der Betrachtung von Organisation mitzudenken ist, wenn sie in ihren Prozessen der Selbstorganisation verstanden werden soll. Dabei möchte ich dieses reflexive Spiel des Reframing nicht als „entlarvende Strategie" auffassen, „denn Selektivitäten lassen sich nicht vermeiden – auch nicht bei der Forschung selbst" (Nassehi/Saake 2002, S. 82). Vielmehr suche ich über dieses Vorgehen im Rahmen meiner qualitativen Forschung „nach denjenigen kommunikativen Strategien, die es [auch ebenso; F. G.] erlauben, die Dinge so darzustellen, wie sie dargestellt werden" (ebd.). In diesem Vorgehen ist folglich eine ausschlaggebende „Sparsamkeitsregel" (ebd.) enthalten: Sie steht nicht hauptsächlich dafür ein, an eine „wirkliche Bedeutung" (ebd.) der von mir gezeigten empirischen Texturen heranzukommen, die sich dann nur mehr als Resultate von Kontingenz*reduktionen* und dadurch *eindeutige* Ergebnisproduktionen lesen lassen. Im Kontext meiner Forschungsperspektive möchte ich mich viel lieber damit befassen, wie anhand empirischer Ergebnisdarstellungen, „die Selbstkonstitution von Inhalten, von Bedeutung, von Sinn" (ebd.) generell nachvollzogen werden kann. In dieser Beobachtungseinstellung habe ich demnach immer auch voller Respekt versucht „nach den sozialen Erwartungs- und Darstellungsformen [...] zu fragen, unter denen sich [die für meine Arbeit; F. G.]

forschungsrelevante[n; F. G.] Topoi darstellen lassen" (ebd.). Hierüber wird dann nicht nur „der Heterogenität der Materialperspektiven Rechnung getragen" (Marotzki 1998, S. 52), sondern könnte auch der Logik der Form meiner gewählten qualitativen Sozialforschung *als Collage* nachgespürt werden, wie es mit dem folgenden Kap. 4.3.4 und meinen darin aufgeführten methodologischen und didaktischen Überlegungen zum Beispielverstehen nach Malte Brinkmann (2018) beabsichtigt ist.

4.3.4 Technik II: Methodologische und didaktische Überlegungen zum Beispielverstehen

Als qualitativ orientierte Forscherin habe ich in meinen bereits publizierten Einzelbeiträgen (Kap. 3.5) Materialbeispiele verwendet, um primär empirische Ergebnisse darzustellen und auch dort in einem exemplarischen Sinne, da sowohl das entsprechende Sample des jeweiligen Forschungsprojektes als auch die mehrschichtigen Arbeitsschritte der Dokumentarischen Methode dort nicht im gesamten Umfang abzubilden waren. In der vorliegenden Studie wurde mit den Materialbeispielen aus diesen Einzelbeiträgen nun auch exemplarisch gearbeitet, jedoch um einem anderen Zweck als der reinen Ergebnisdarstellung zuzuarbeiten: Mir ging es ebenso darum, methodologische und didaktische Überlegungen zum Beispielverstehen anzustellen und diese als Kreativitätstechnik aus der collageartigen Anlage meiner Arbeit für die Lesenden abzuleiten.

Zunächst muss für diesen Schritt festgehalten werden, dass die verwendeten empirischen Beispiele und daran angeschlossenen Re-Analysen in meiner Studie nur in einem allgemeineren Sinnzusammenhang verstehbar waren: Ich verfolgte eingangs das Anliegen, diese Beispiele dafür einzusetzen, die Lesenden auf eine ganz praktische Spur des methodischen Verfahrens der Dokumentarischen Methode zu bringen und zugleich Momente der Vergegenwärtigung in der Anwendung dieses Verfahrens bei den Leser_innen auszulösen. Im Rahmen dieses Vermittlungsprozesses war es mir wichtig, die empirischen Beispiele *in ihrer didaktischen Funktion* vorerst auf die Lesenden wirken zu lassen. Ich wollte zeigen, dass empirische Beispiele forschungsmethodendidaktisch eingesetzt, so auch eine wichtige Vermittlungsrolle zwischen abstrakten methodologischen Gedanken und einer Forschungspraxis einnehmen können (vgl. Brinkmann 2018, S. 4). In dieser Dimension der Arbeit wurden die Beispiele von mir noch in einem *illustrativen Modus* eingesetzt, um über sie bestimmte methodische Standards der Dokumentarischen Methode – die Kategorien der Diskursorganisation – veranschaulichen zu können. Mit den vorherigen Ausführungen hatte ich die primäre Absicht, über die gewählten empirischen Beispiele zunächst ein methodisches Verfahren zu ‚belegen' und nachvollziehbar zu machen, weshalb die daran angelegten Interpretationen auch eine gewisse inhaltliche ‚Abgeschlossenheit'[75] in der Darstellung zu verfolgen hatten (vgl. hingegen Explorationen zur erziehungstheoretischen Bedeutung von (Fall-)Beispielen Balzer 2017).

Dieses Kapitel werde ich nun weiterführend dafür nutzen, darüber nachzudenken, wie über die Arbeit mit solchen Beispielen auch für eine *Praxis der Umdeutung von wissenschaftlichem Wissen* sensibilisiert werden kann (vgl. Brinkmann 2018, S. 3). Ich frage zu diesem Zweck nun eher noch einmal unabgeschlossen und offen danach, welche Funktion den zuvor gewählten (Fall-)Beispielen zukommt, wenn man sie nicht nur als Empirie geladene Träger *von* und Belege *für* bereits im/in der Autor_in geronnenes Wissen für die Lesenden einsetzt und versteht (vgl. Balzer 2017, S. 224), sondern sie auf ihre (weiter-) bildende Funktion hin befragt. Diese Überlegungen werde ich mit Hilfe von Malte Brinkmanns Vorschlägen zur bildenden Funktion des Beispiels als „Blickwende im Zurücktreten vor Vormeinungen und Vorurteile" (Brinkmann 2018, S. 10) konkretisieren. Diese Konkretisierung nehme ich dabei ebenfalls anhand der Frage vor, wie über diese Technik des Beispielverstehens das Verhältnis von sozialwissenschaftlichem Denken und ein damit stets einhergehendes spezifisches Normativitätsverständnis der Sozialwissenschaftler_innen (neu) bestimmt und somit „erziehungswissenschaftliches Forschungswissen" (ebd., S. 3) produziert werden könnte.

Ist der Delphin ein Fisch? Oder zum Unterschied zwischen Fall und Beispiel

Zunächst möchte ich auf den Unterschied zwischen Fall und Beispiel hinweisen, der mir für diesen Gedankengang relevant erscheint (vgl. zum Fall in der erziehungswissenschaftlichen Kasuistik Hummrich 2016). So wie ich den Einsatz der empirischen Beispiele in meiner Arbeit in diesem Kapitel geschildert habe, wurden sie in ihrer Funktion zunächst illustrativ-veranschaulichend und für die Darstellung eines größeren Erklärungszusammenhangs, für den spezifischen Umgang mit einer sozialwissenschaftlichen Methode nämlich, „als Fälle nach dem Schema von Gesetz und Fall eingeordnet" (Brinkmann 2018, S. 3). In diesem deduktiven Modus werden Beispiele aber auch als Fälle in der sogenannten

75 In diesem Zusammenhang ist möglicherweise hilfreich, von vornherein ein naheliegendes Missverständnis zu vermeiden: Der Einsatz der empirischen Beispiele ist hier lediglich auf Ebene der Veranschaulichung der sozialwissenschaftlichen Methode als illustrativ zu verstehen. Das darin ‚geronnene' empirische Wissen ist im Sinne der Dokumentarischen Methode als Analyseverfahren hingegen „weder [als; F. G.] praktisch noch theoretisch, sondern [als; F. G.] rekonstruktiv ermittelt" (Brinkmann 2018, S. 5 f.) zu verstehen. Worauf ich nun mit der Praxis des Beispielverstehens im Anschluss an Brinkmann hinaus möchte ist, dieses empirische Wissen als „schon vorliegende, auf spezifische Art und Weise gesammelte und dokumentierte Daten als gleichsam geronnene Erfahrung" (ebd.) zu betrachten. Wenn über Beispielverstehen nun in dieser erfahrungstheoretischen Perspektive nachgedacht wird, ist hierbei wiederum ein dreifaches Differenzverhältnis, d. h. zwischen Theorie, Empirie *und* (Erfahrungs-)Praxis zu berücksichtigen (vgl. ebd.).

Fallarbeit in der Lehre, Lehrerbildung und Bildungsforschung verwendet (vgl. z. B. Lindow/Münch 2014). Auch dort wird das Beispiel als „Fall eines Begriffes, einer Regel oder einer ‚Paraphrase' [...] ein- und untergeordnet" (Brinkmann 2018, S. 3).

Malte Brinkmann erläutert mit einem bildhaften Vergleich von Hollstein (Hollstein 2014, S. 121), wie die Logik des Falls verstehbar wird: Obwohl der Delphin aussähe wie ein Fisch, gehöre er aufgrund seiner Fortpflanzungsweise zur Gattung der Säugetiere. Der Delphin wäre also ein Fall, mit dem man den Begriff des Säugetiers – auch gegen alle sinnliche Evidenz – veranschaulichen könne (vgl. Brinkmann 2019b, S. 6). Das Besondere, was den Delphin hier also als Fall ausmacht, wird so von seinem vorerst wahrnehmbaren Kontext (er sieht aus wie ein Fisch) getrennt, und dann hierarchisch einer Regel einer größeren Gesetzmäßigkeit untergeordnet (er sieht zwar aus wie ein Fisch, weist aber andere Gattungsmerkmale auf, die ihn nicht zum Fisch, sondern zum Säugetier machen).

Abbildung 10: Eigene Zeichnung

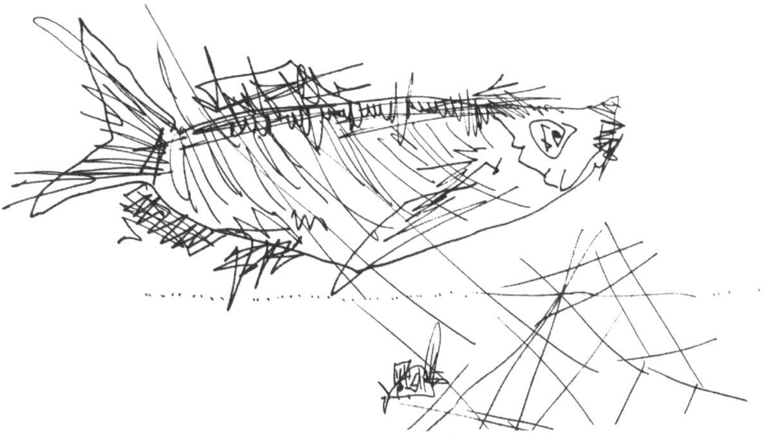

Ich möchte nun in Abgrenzung zu dieser Art subsumtionslogischen Gebrauch des Falles, auf die „didaktischen, bildenden und produktiven Funktionen des Beispiels" hinaus, auf die Malte Brinkmann im Anschluss an Buck (1989), Schenk/ Pauls (2014) und Schenk (2017) verweist (Brinkmann 2019b, S. 6). In diesem Verwendungszusammenhang können Beispiele noch mehr, als Gesetze und methodische Regeln zu plausibilisieren. Sie können z. B. etwas „zeigen", indem sie, wie Brinkmann mit Heidegger (Heidegger 2001, S. 32) formuliert „etwas sehen lassen", sie können zu einer „Nachfolge animieren" oder in seinem Verständnis von Buck (Buck 1989, S. 159) auch „eine Spur weisen" (Brinkmann 2018, S. 2). Da sie aus theoretischer Sicht zu besonders und aus Perspektive der Praktiker_innen häufig zu abstrakt sind, beziehen sie sich Brinkmanns Auffassung nach nur *mit-*

telbar auf eine Praxis (vgl. Brinkmann 2019b, S. 7). Sie demonstrieren vielmehr situativ, indem sie eine Situation, ein Gefühl oder einen Prozess vergegenwärtigen und dadurch didaktisch zu einer „Pluralisierung von Sinndeutungen und Relativierung" von beispielsweise „(pseudo-)wissenschaftlichen, gesellschaftlichen, habituellen und biografischen (Vor-)Urteilen" (Brinkmann 2018, S. 9) anregen. Brinkmann betont mit Wittgenstein (Wittgenstein 1984, § 71, S. 270), dass Beispiele insofern „ein indirektes Mittel der Erklärung" sind und eher einen „Weg von Erfahrung zu Erfahrung" (Brinkmann 2018, S. 2) pflastern können. Für diesen Weg sei – so betont er mit Wittgenstein weiter –, nicht die Regel oder Gesetzmäßigkeit, sondern gerade „das Unscharfe" das, „was wir brauchen" und uns ermöglicht, „‚das Gemeinsame' (Wittgenstein, ebd.) zu sehen" (Brinkmann 2019b, S. 7).[76]

Das Beispiel ist der ‚nackte' Fall oder einer ohne Hose

In der Arbeit mit Beispielen in dieser didaktisch-bildenden Funktion, geht es nun also in Abgrenzung zu einem normativen Besser-Verstehen – und auch in Abgrenzung zur Fallarbeit im Modus einer exemplarischen Didaktik – (vgl. Brinkmann 2018, S. 9) darum, sich noch einmal auf die eigenen Vormeinungen und Vorurteile *zurückzubeugen*, ohne diese direkt wieder in etwas Neues zu gießen oder über explizite Denkvorgänge festzuschreiben. Zunächst soll *Selbstverortung* darüber *erfahrbar* werden. Wie aber kann es zu einer solchen Form der Gymnastik – als innerer Rückbeuge – kommen?

76 Um diese Auslegung zu verstehen, ist eine Prozessperspektive auf Lernen und dessen inneren Bezug zum Beispielverstehen von Nöten. In dieser hermeneutisch-phänomenologischen Perspektive ist Lernen als Prozess zu betrachten, der von einem *schon* Bekannten, einem *bereits* Erfahrenen und somit über ein Vorverständnis zu etwas Unbekanntem und Neuem fortschreitet (vgl. Brinkmann 2016). Demnach ist für diese Perspektive zentral, das Verhältnis von Allgemeinem und Besonderem im Beispielverstehen umzukehren: „Nicht das Spezielle und Isolierte des Falls, das Regelhafte und Gesetzmäßige des deduktiven Zugriffs, sondern das Allgemeine und Situative steht, wenn auch vielfach implizit, vorrational und vorprädikativ, am Anfang des Lernens; nicht die Generalisierung im Sinne einer Regelanwendung folgt danach, sondern die Analogisierung von Erfahrungen anhand von Beispielen" (Brinkmann 2018, S. 4). Brinkmann erläutert dies wiederum recht plastisch mit einem Beispiel von Buck (1989, S. 39): „Kinder nennen zunächst alle Männer 'Vater' und alle Frauen 'Mutter'. Das Kind hat dabei nicht einen für es selbst anfänglich besonderen Gebrauch des Wortes verallgemeinert, sondern es versteht umgekehrt das Wort 'Vater' zunächst in undifferenzierter, allgemeiner Hinsicht, und erst vom Ende her, wenn es gelernt hat, was 'Mann' bedeutet, stellt sich heraus, dass es in Wirklichkeit von etwas Besonderem ausgegangen ist, das es fälschlicherweise verallgemeinert hat" (Brinkmann 2018, S. 4).

Abbildung 11: Eigene Zeichnung

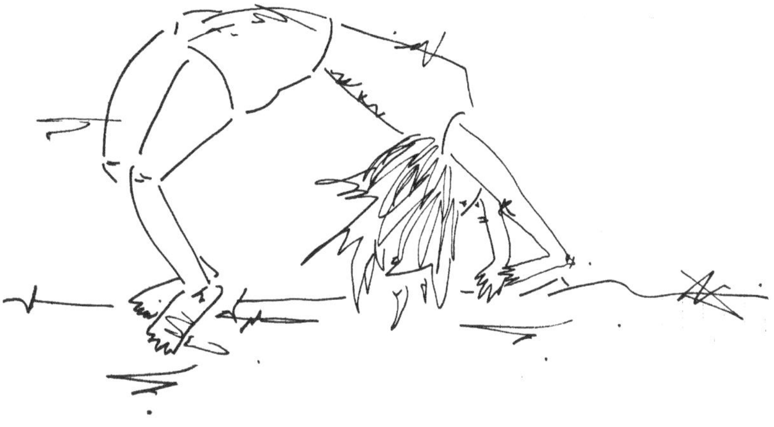

Zunächst müssen wir dem Fall – hier metaphorisch gesprochen – die ‚Hose ausziehen'. Der ‚nackte Fall' ist unser Beispiel. Er wird uns damit noch einmal als potentiell ‚fremd' bzw. neu oder auch anders erfahrbar in Aussicht gestellt. Daran anschließend, bedarf es einer „gezielten Operation, mit der die Distanzierung zu den subjektiven oder theoretischen Vorurteilen" (ebd.) eingeleitet werden kann. Brinkmann bezeichnet diesen Vorgang als „phänomenologische Epoché" (ebd.). Er bestimmt die Epoché „als Operation des Sehen-lassens [...], die sich vom impliziten Erfahrungskönnen der Praxis auf den Akt selbst richtet" (ebd., S. 10). Die Epoché ist hierbei eine „skeptische und kritische Operation, die aber nicht, wie bei den Skeptikern, auf alles und jedes, sondern gezielt und methodologisch fixiert auf Wahrnehmung angewendet wird" (ebd.). Aus erfahrungstheoretischer Perspektive ist dieser Vorgang – übersetzen wir ihn nun auf unsere erziehungswissenschaftliche Praxis – einer, der darüber nicht zum Wissenszuwachs durch Instruktion anregt oder dabei die Anwendung vorgegebener Regeln bewirbt (vgl. Brinkmann 2019b, S. 3). „Es ist vielmehr eine praktische und zugleich reflexive Erfahrung, die man selbst ‚machen' muss" (ebd.). Das heißt „Inhalte [werden hierbei; F. G.] vielmehr so" übermittelt, „dass sich dem Lernenden zugleich der spezifische Erfahrungshorizont öffnet und die zu ihm gehörende Art und Weise der Erfahrungs-Veranstaltung einsichtig wird" (ebd.). Es geht Brinkmann im Sinne von Buck (Buck 2019, S. 84) bei diesem Vorgang der Vergegenwärtigung also auch darum, dass der oder die Lernende eine Erfahrung über „die Erfahrungsart selbst" (Brinkmann 2019b, S. 3) machen kann, die ihm hiermit vermittelt werden soll. Er erläutert in diesem Zusammenhang drei verschiedene Wege des Beispielverstehens, die im Prozess der Vergegenwärtigung durch Epoché bspw. eine Situation orientieren können.

1. Das Einklammern als Rückführung auf Urteile

Bei der Epoché als Rückführung auf Urteile geht es um die Enthaltung einer Stellungnahme in Bezug auf ein Beispiel. Das, was wir also in den empirischen Beispielen von mir gesehen haben, gilt es als Urteil bzw. Vorurteil über den darin gezeigten, vermeintlichen empirischen Tatsachenbestand noch einmal einzuklammern (vgl. Brinkmann 2018, S. 10). Wenn wir als wissenschaftliche Didaktiker_innen der Praxis des Einklammerns nachgehen, dann meint Brinkmann hier aber interessanter Weise nicht „ein Nicht-Urteilen", sondern „Aufschub des Urteils" (ebd.). Es ist somit eine kognitive Operation; es ist der Akt als „reflexive Thematisierung einer Blickwende hin zum Wie dieses Prozesses" (ebd.) und in meinen Worten eine Kreativitätstechnik im Bild einer Praxis des bewussten Einatmens bei der Betrachtung und eine des darauffolgenden Atem Anhaltens. „Die Aufmerksamkeit des Bewusstseins richtet sich [hierbei folglich; F. G.] auf die Aktvollzüge des Bewusstseins" (ebd.) selbst: *Wie lange kann ich die Luft anhalten? Fällt es mir schwer nicht auszuatmen? Wie wirkt das Beispiel auf mich, wenn ich es erst einmal wirken lasse?* Brinkmann hebt hervor, dass Epoché damit keinesfalls mit einer psychologischen Operation zu verwechseln ist (vgl. ebd.). Ich würde sagen, sie ist der kognitive Prozess, der zunächst in den Interpret_innen verbleibt.

2. Epoché als Anhalten einer Erfahrungsbewegung und Rückführung auf Erfahrung

Epoché als Anhalten einer Erfahrungsbewegung ist nicht auf das Bewusstsein, sondern den Erfahrungsprozess *im Umgang mit* dem Beispiel gerichtet (vgl. ebd., S. 11). Hier geht es um die „Rückführung auf das Pathische, Unverfügbare und Ereignishafte" (ebd.) dessen, was sich über das Beispiel zeigen soll. Das Anhalten einer Erfahrungsbewegung wird hier verstehbar als Bewegung weg vom Subjekt des/der Wissenschaftler_in hin zum Phänomen, über ein sich Öffnen für das Nicht-Selbstverständliche. Es geht um eine Ent-Selbstverständlichung des Alltäglichen mit dem Ziel des Sein-Lassens im Sinne von Gelassenheit (vgl. ebd.). Brinkmann geht es dabei zentral darum, dass wir mit der Epoché in einem *antitechnischen Zuschnitt* auf das Beispiel zugehen: *Wie viele Teile kann ich daraus machen? Benutze ich mehrere Scheren oder reiße ich? Wie setzt sich das Bild, von dem, was ich gerade sehe, für mich und über was genau zusammen?* Es geht ihm um das Praktizieren einer Erfahrungsbewegung in der eigenen Forschung, die Brinkmann im Anschluss an Käte Meyer-Drawe (1996) als „engagierte Passivität" (Brinkmann 2018, S. 11) auslegt. Engagierte Passivität meint hier aber nicht, dass wir zusammen ‚Rumhängen', während wir meine empirischen Beispiele dieser Arbeit betrachten, sondern die „gemeinsame Besinnung, in der wir auf die passiven Aspekte im Gewahr-Werden aufmerksam werden und darauf antworten" (ebd.). Ich denke, die „Evidenz des [im Beispiel beobachteten; F. G.] Gegenstandes gründet [in dieser Perspektive; F. G.] zum einen auf der wissenschaftlichen Methode und zum anderen [aber auch; F. G.] auf uns selbst" (ebd).

3. Zurücktreten als Rückführung auf die Differenz zwischen Pathos und Response

In dieser dritten Form der Zuwendung zum Beispiel wird die Perspektive vom Bewusstsein und der Erfahrung hin *zum Fremden* verschoben. In Anlehnung an Waldenfels (2012, S. 411) spricht Brinkmann von einer „responsiven Epoché" (Brinkmann 2018, S. 11), die in doppelter Weise bestimmt ist: „als Reduktion vom Gesehenen auf das Sehen (Merleau-Ponty), ohne dass sich darin das Sehen noch das Gesehene vollständig fassen ließe, und zum anderen als Reduktion vom Gesagten auf das Sagen (Levinas), auch hier ohne dass sich das Gesagte und das Sagen vollständig erfassen ließe" (ebd.). Da sich diese Erfahrungsform bestehenden Normen und Normalitäten gegenüber widersetzt, durchbricht sie bestehende Ordnungen. Das Bekannte, Gewohnte und Normale wird so unterbrochen. Insofern Fremdheit über den Vorgang der responsiven Epoché nicht nur erfahrbar wird, sondern darüber auch Ordnungen durchkreuzt und gestört werden, ist sie „keine reine Erkenntnisoperation", sondern „eine Bewegung zwischen Wahrnehmen und Erkennen" (ebd.). Brinkmann konstatiert, dass es mit dieser Operation möglich wird, „die eigenen Erfahrungen im Horizont von Fremdheit reflexiv auf anderes Wissen auszurichten" (ebd.). Diese auf Fremdheit gerichtete Epoché wird besonders dann spürbar, wenn wir in für uns ferne Kulturkreise reisen und uns dort anderen, als den uns gewohnten Lebens- und Verständniszusammenhängen aussetzen. Übertragen auf eine in Praxi zur Anwendung kommenden Kreativitätstechnik würden wir uns mit dieser Epoché die Frage stellen: *Was ist das, was mir da gerade begegnet? Was irritiert, berührt, verwundert oder inspiriert mich daran so?* Eine Herausforderung dieser Form der Epoché besteht dann darin, „Stereotypen und Schemata nicht nur einzuklammern, sondern die wechselseitigen Zuschreibungen im Sagen und Zeigen als solche zu reduzieren" (ebd.), da sie häufig schon Teil unseres Habitus geworden sind.

Unsere Forschungspraxis hätte daher die Bewegung weg vom Selbstverständlichen und Allzu-Bekanntem hin zu einem Offenen, Unbekannten und Fremden zu machen. Denn die „didaktische Funktion des Beispiels besteht in dieser Epoché in der Zwischenstellung zwischen Selbstverstehen einerseits und dem Sich-Öffnen hin zu einem Fremdverstehen eines Anderen, Unbekannten und Fremden" (Brinkmann 2019b, S. 12) andererseits. Der didaktische Einsatz des Beispiels hätte in dieser Form also die „unterschiedlichen Positionen der Verstehenden zunächst zu respektieren, zu sammeln und im Modus eines Anders-Verstehens (Gadamer) zu diskutieren" (Brinkmann 2018, S. 9). Brinkmann meint, ein Urteilen könnte hier ansetzen: ein Urteilen, das nicht auf logische Urteile reduziert wird, sondern diese Praxis als leiblich strukturierte Erfahrung erweitern und für Anderes und

Fremdes öffnen kann (vgl. Brinkmann 2019b, S. 12). Er meint eine Praxis, die wiederum Spielräume öffnen, Erfahrungsräume überschreiten und Wissensformen durch Übung umlernen lässt (vgl. Brinkmann 2012).

Beispielverstehen als forschende Praxis zur Überwindung des Repräsentationsdenkens

So ist festzuhalten, dass die Pluralität von Perspektiven und ihr Widerstreit hier keinem Makel vermeintlich nicht-objektiver Methoden entspricht, sondern vielmehr als Bedingung und Ziel von Beispielarbeit verstanden werden kann. Beispielverstehen ereignet sich im Kontext Forschenden Lernens hierbei nicht als Ergebnis einer akuten Einsicht, „auch kann es nicht praktiziert werden, nur weil man es will oder es sich vornimmt" (Brinkmann 2019b, S. 12). In diesem Sinne kann es daher auch nicht instruktiv vermittelt oder durch reine Information nähergebracht werden. Vielmehr kann es *an* und *in* Situationen als Erfahrungsgang praktisch eingeübt werden. Durch Anleitung, Beispiel und Zeigen kann diese Praxis unterstützt werden (vgl. ebd.). Setzt man diese Überlegungen zum Beispielverstehen nun für Aussagen über Forschungswissen im Kontext von Erziehungswissenschaft ein, so könnte hierüber möglicherweise „die Schwäche des Repräsentationsdenkens überwunden" werden und eine andere „Diskussion epistemischer Normativität" (Forster 2019, S. 139) angeregt werden. Eine Normativität, die selbst elaborierte kritische Positionen und Reflexionen in ihrer Verortung im Erkenntnisprozess von Forschung einblenden würde; bspw. über eine narrative Intimität, die mittels einer öffentlichen Selbstthematisierung (vgl. Bosshard 2019) ‚innerbetrieblicher' Erfahrungen der Sozialforscher_innen auch erziehungswissenschaftliche Denk- und Schreibstile als Gestaltungswissenschaft stark macht und die meine Studie in einer der uns möglichen Ausdrucksformen – über Collage – erprobt hat.[77]

Hier ging es mir persönlich nicht darum, Privilegierung oder Privatisierung über Wissenschaft zu leben, sondern vor allem eine bewusste „Verunsicherung der bestimmten Negation" zu emanzipieren, die „deren Bestimmtheitseffekte selbst noch einmal zu befragen sucht" (Bünger 2019, S. 105). Dabei möchte ich diese Emanzipationsbewegung auch nicht als innerpädagogisches Begriffsbegreifen verstanden wissen, sondern als ein Erziehungsangebot zur Kritik im politisch-aufklärerischen Sinne, über das auch eine „potenzielle Unabhängigkeit oder Differenz des Pädagogischen inmitten gesellschaftlicher Vermittlungen" (ebd., S. 103) anvisiert ist. Denn das „Pädagogische kann […] induktiv aus dem Fall bzw. Beispiel ermittelt werden", (Brinkmann 2018, S. 13) es kann aber auch,

77 Hier bin ich dann doch bei Paul Feyerabend der betont, dass Wissenschaftlichkeit nicht gleichgesetzt werden darf mit Rationalität (Feyerabend 1986). Und mein Freund Martin Kriemann würde es so ausdrücken: In dem Sinne ist meine Arbeit Jogginghose und Wissenschaftskittel, er ist eben nur nicht weiß.

wie mit der Epoché veranschaulicht – gleichsam auf Probe – am Beispiel „eingelegt“ (ebd.) und damit in der eigenen Wahrnehmung erst hervorgebracht oder ‚umerfahren‘ werden.

Dieser Zugang entspricht keiner „Bushaltestellen-Pädagogik“ (Brinkmann 2019b, S. 10), die über Beispiele jedermann abholt und darüber dessen Wissenszuwachs quantitativ trimmt. Mit Herman Nohl könnte man auch sagen, „die Pädagogik hat [ja aber ohnehin; F. G.] [...] das Ziel sich selbst überflüssig zu machen und [letztlich; F. G.] zur Selbsterziehung zu werden“ (Nohl 1933, S. 21). Insofern könnte diese Form der dialektischen Selbstbefragung in meinen Augen schließlich uns allen dazu verhelfen, nicht nur „purer Reflex“ unserer „Umgebung“ (Svendsen 2002, S. 111) zu sein. Für jeden sicher spannend zu fragen wäre doch, der Beispielverstehen als Praxis für sich erprobt hat: Von welchem Referenzpunkt aus kann das Bessere überhaupt gewusst werden? Und: „Wie ist der Übergang von der Negation zur Orientierung zu verstehen?“ (Bünger 2019, S. 104)

5 Fazit: Kontingente Perspektiven einer frühpädagogischen Organisationsforschung

Den Gegenstand meiner Arbeit – die sich organisierende Organisation – habe ich als netzwerkartige Verknüpfung verschiedener Elemente – der Etablierung, des Vollzugs, der Korrektur *von* und Positionierung *in* Rahmen – in einer „verzeitlichten emergenten Struktur" (Schäffter/Schicke 2012, S. 10) auf empirischer Ebene dargestellt (Kap. 4.2). Die Rekonstruktion dieser Komplexität habe ich in der vorliegenden Arbeit mit Hilfe von exemplarischen Fallstudien aus unterschiedlichen frühpädagogischen Settings geleistet. Ferner habe ich im Anschluss hieran die Überlegung angestellt, inwieweit die Kategorien der Diskursorganisation für organisationsgebundene Gesprächs- und Interaktionsdiskurse über Rahmenmodulationen methodisch operationalisiert bzw. als erweitert verstanden werden können (Kap. 3.4.1).

Mit dem in meiner Arbeit praktizierten, publikationsbasierten Modell der analytischen Verdichtung zielte ich hierbei nicht auf theoretische Sättigung, sondern auf die Unterbreitung eines heuristischen Vorschlags, wie eine qualitative Analyseeinstellung auf Organisation empirisch veranschaulicht werden kann. Zu diesem Zweck habe ich den Versuch unternommen, eine Synthese von spezifischen Forschungszugängen und die Re-Analyse von verschiedenen Forschungsgegenständen im Kontext einer dokumentarischen Gesprächs-, Interaktions- und Organisationsforschung zu zeigen (Kap. 3 und Kap. 4). Dabei bin ich in meiner Studie davon ausgegangen, dass die darin angelegte beitragsgestützte Zusammenschau von Rekonstruktionen qualitativer Gesprächs- und Interaktionsdaten zwar auf inhaltlicher Ebene „füreinander [Relevanz; F. G.] Kontexte darstellen, [die; F. G.] sich aneinander reiben [...] [aber; F. G.] nicht notwendig zur Übereinstimmung gebracht werden können" (Kelle 2001, S. 206). Forschungspraktisch nachvollzogen habe ich an den illustrierten Interpretationen jedoch, wie ein und dasselbe methodische Verfahren an differierendem Datenmaterial unterschiedlich eingesetzt werden kann. Diesen heuristischen Einsatz begreife ich mit Helga Kelle als „Produktion von verschiedenen Relevanzzusammenhängen" (ebd.), der dem komplexen Untersuchungsgegenstand Organisation analytisch Rechnung trägt: Über verschiedene Zugänge innerhalb derselben Methode habe ich somit *eine* Möglichkeit gesichert, „durch Collage [...] [dessen empirische; F. G.] Bilder zu evozieren" (ebd.).

Abbildung 12: Mixed Art: Collage Babette erstellt in Eigenregie

Zeitgleich habe ich hierüber eine Kontingenzperspektive frühpädagogischer Organisationsforschung stark gemacht, mit der ich allererst auf den verstehenden Nachvollzug der gezeigten organisationsgebundenen Gesprächs- und Interaktionsdiskurse zielte, ohne diese vorschnell zu bewerten. Die Heuristik einer Rahmenanalyse in dokumentarischer Perspektive an das empirische Material anzulegen, sollte dabei ermöglichen, die je eigenlogische Struktur der organisationalen Sinnaufschichtung in das Zentrum der Wahrnehmung der Interpret_innen zu rücken (Kap. 4.3.1).

Bei all meiner Liebe zum analytischen Regelwerk der Dokumentarischen Methode wollte ich dabei jedoch nicht in die Fußstapfen jener „Definitions- und Taxonomierungspolizisten" treten, die – wie Jörg Bergmann so schön plastisch kritisiert – „kaum dass sie Fuß auf ein fremdes Eiland gesetzt haben – sofort damit beginnen müssen, den Verkehr zu regeln" (Bergmann 1981, S. 39). Vielmehr war es mir ein Anliegen, über die Zusammenschau meiner Gesprächs- und Interaktionsanalysen zu plausibilisieren, wie die hierbei vorgeschlagene Heuristik andere Interpret_innen dazu anregen kann, alternative Semantiken von pädagogischer Organisation auf den entsprechenden Untersuchungsgegenstand zu entwerfen (Kap. 4.3.3). Mein Wunsch war es, darüber forschungsmethodologisch die im Alltagsbewusstsein dominierende Evidenz einer natürlichen Einstellung zu dekonstruieren (vgl. Schäffter 2012, S. 33) und alternative Betrachtungsweisen von empirischen Situationen zuzulassen. Mit dem Kontingenzbegriff von Schäffter gesprochen, der epistemologisch von einem „veränderten Blick, [der; F. G.] kategorial eine *Leerstelle* eröffnet" ausgeht (ebd.; Hervorh. im Orig.), sollte meine Studie damit auch methodische Blickrichtungen aufzeigen, die empirisch beobachtbar machen, dass „Etwas […] nun auch anders möglich [sein kann, und dabei; F. G.] weder notwendig, noch unmöglich" (ebd.) erscheinen muss.

Pointieren will ich mit dieser Kontingenzperspektive somit auch die Annahme, dass der Fokus bei der Analyse potentiell auf alle möglichen Bedeutungshorizonte von pädagogischer Organisation gerichtet werden könnte, da sie im Prinzip immer etwas über ihre eigenlogische Strukturierung aussagen. Denn kontingente Perspektiven im Rahmen qualitativer, frühpädagogischer Forschung einzunehmen bedeutet, mit sozialwissenschaftlichen Mitteln, über die organisationalen Bedingungen der Möglichkeit pädagogischer Interventionen in frühpädagogischen Settings aufzuklären. Mit Meseth, Proske und Radtke wäre die operative Logik der Organisation im Anschluss an Lindemann (Lindemann 2009, S. 139 f.) als ein Generator zu behandeln, der eine spezifische *pädagogische* Ordnung hervorbringt, die nicht auf das Handeln eines_r Einzelnen zurückgeführt werden kann und somit als unprognostizierbarer Effekt der Interaktion verstanden werden kann (vgl. Meseth/Proske/Radtke 2012, S. 224).

Diese Pointe ist vor dem Hintergrund der Beobachtung von Armin Nassehi und Irmhild Saake besonders entlastend. Sie konstatieren, dass gerade „Qualitative Forschung […], ähnlich wie die Pädagogik, auf ihr eigenes *Technologiedefizit* zu reagieren [scheint; F. G.], indem sie einerseits für rigorose Eindeutigkeit sorgen will, andererseits [deutlich um die Beantwortung der Frage bemüht ist, ob; F. G.] die Kontingenz des eigenen Forschens sich [denn nicht; F. G.] in der inneren Unendlichkeit des geschulten Sozialforschers aufheben lässt" (Nassehi/Saake 2002, S. 67; Hervorh. im Orig.). Die vorliegende Arbeit möchte mit ihrer Forschungsperspektive daher nicht zur Kontingenzreduktion einladen, sondern dazu, die Heuristik als Analyseinstrument weiter ‚spielerisch' einzusetzen, d. h. *eine nicht dogmatische*, sondern *relative Anwendung* ihrer dargebotenen Forschungstechniken möchte ich hierüber nahe legen. Denn gerade diese Relativität stellt ihren zentralen Erkenntnisgegenstand dar. So könnte die Heuristik konkret zur Anwendung kommen, indem sich bei der eigenen Interpretation von *nicht reaktiven, d. h. nicht explizit durch Forschung initiierten* und zugleich organisational gerahmten Gesprächs- und Interaktionsdaten der Kategorien der Diskursorganisation bedient wird. Beispielsweise könnten sie bei der Analyse von Elterngesprächen oder Personalberatungsgesprächen zum Einsatz kommen, die in dieser Studie nicht empirisch beleuchtet wurden (Kap. 4.3.1). Sie könnte aber auch als Reflexionsinstrument auf inhaltlicher Ebene dienlich sein. Dem eigenen empirischen Material könnte sich so gegenüber befremdet werden oder die Bildung von alternativen Lesarten bei der Interpretation angeregt werden (Kap. 4.3.3).

Denkbar wäre auch ihr Einsatz in (Studien) der Organisationsentwicklung. Über sie kann die weiterführende Frage gestellt werden, wie mit der Heuristik nach dem wünschenswerten *Wie* der frühpädagogischen Organisation gesucht und dieses Entwicklungsziel dabei auf dem eigenlogischen Verständnis ihrer Selbstorganisation aufbauen kann (vgl. Engel 2012). Wie sich dabei von der empirischen Umgebung der Organisation auf den Kontext ihrer Weiterentwicklung schließen ließe, scheint mir hierbei nicht das Ausschlaggebende für eine fruchtbare Auseinandersetzung zu sein (Kap. 4.3.2). Bei dieser Form der Beschäftigung mit der Heuristik würde dann allzu sehr nach einer „beobachterunabhängigen Realität" (Nassehi/Saake 2002, S. 68) gefahndet werden, die ausschließlich durch ihren Einsatz am Datenmaterial durchbrochen wäre. Viel interessanter wäre es mit diesem Instrument der theoretischen Frage nachzugehen, wie für diejenigen Organisationsakteur_innen, die Teil der Empirie sind und damit Empirie auch als qualitatives Datum (mit) erschaffen, das kontingente Ereignis zu ihrer wünschenswerten Norm und damit auch von Organisationsentwicklung erklärt werden könnte. So betrachtet, lautet für mich die Frage dann nicht mehr, inwieweit ein organisationales Ereignis überhaupt normativ werden kann. Die zu erörternde Frage wäre im Anschluss an Zeillinger (2006) vielmehr, ob nicht die Rede von der Norm, der Normativität und der Normalität in ihrer Bedeutung für organisationales Lernen gänzlich neu überdacht werden müsste. Hier ginge es dann um eine zu kultivierende Normvorstellung, die sich im organisationalen Kontext gerade jeder normativen Festlegung gegenüber von Anfang an sperrt; d. h. um die Frage nach einer *Norm ohne Gewissheit* (vgl. Zeillinger 2006, S. 12) oder um eine *negative Normativität*, von der Bünger spricht (vgl. Bünger 2019, S. 104). Der „emanzipatorische Moment" (ebd., S. 103) dieser sich auch über die Figur der Negation bestimmenden dialektischen Argumentationsform von Normen bestünde dann bspw. auch darin, „herrschende Normalitätsvorstellungen zurückzuweisen und sozialisatorische Gewohnheiten zu unterbrechen" (ebd.).

Der kontingente Prozess der Erzeugung von Realität, an dem Organisationsakteur_innen durch ihre reine Anwesenheit immer schon beteiligt sind, und dessen Gewahrwerdung, wäre dann das prominente Thema für lernende Organisationen. Eine an diese Überlegungen anzuschließende Praxis von Organisationsentwicklung dürfte dann nicht vordergründig darin bestehen, die Eindeutigkeit von Bedeutungen organisationaler Bezugsprobleme für die Mitglieder der Organisation offenzulegen, sondern vielmehr, sie für die *Selektivität der Bedeutung* ihrer Probleme zu sensibilisieren. Die Organisation als sinnstiftendes Gebilde wäre über solcherart praktizierter Sinnwidrigkeiten folglich nicht zu stabilisieren, sondern über wissenschaftsdidaktische Techniken wie die des Reframings oder des Zurückbeugens wieder ‚aufzulockern' und darüber in ihrem operativen Geschehen „kontingenzgewährtig" (Meseth/Proske/Radtke 2012, S. 224) zu erfassen.

Literatur

Ahnert, Lieselotte (2006): Anfänge der frühen Bildungskarriere: Familiäre und institutionelle Perspektiven. In: Frühe Kindheit 6, H. 6, S. 18–23.

Althans, Birgit/Engel, Juliane (Hrsg.) (2016): Responsive Organisationsforschung. Methodologien und institutionelle Rahmungen von Übergängen. Wiesbaden: Springer VS.

Alz, Veronika (2015): Unternehmensführung und Methodenkompetenz. Kreativitätstechniken. In: Kaiser, Markus (Hrsg.): Innovation in den Medien. Crossmedia. Storywelten. Change Management. 2. Auflage. München: Medien Netzwerk Bayern, S. 227–236 (auch online unter www.medienwiki.org/index.php?action=ajax&title=&rs=SecureFileStore::getFile&f=/1/14/Innovation_in_den_Medien_2.pdf, (Abfrage: 17.11.2020).

Amling, Steffen/Vogd, Werner (Hrsg.) (2017): Dokumentarische Organisationsforschung. Perspektiven der praxeologischen Wissenssoziologie. Opladen, Berlin und Toronto: Barbara Budrich.

Anders, Yvonne/Rossbach, Hans-Günther/Weinert, Sabine/Ebert, Susanne/Kuger, Susanne/Lehrl, Simone/von Maurice, Jutta (2012): Home and preschool learning environments and their relations to the development of early numeracy skills. In: Early Childhood Research Quarterly: the scholarly journal of the National Association for the Education of Young Children (NAEYC) Vol. 27, No. 2, pp. 231–244.

Asbrand, Barbara/Martens, Matthias (2018): Dokumentarische Unterrichtsforschung. Basiswissen zur Analyse von Unterrichtsprozessen. Wiesbaden: Springer VS.

Asbrand, Barbara/Martens, Matthias/Nohl, Arnd-Michael (2020): Pädagogische Interaktionen in der dokumentarischen Interpretation von Videografien. In: Amling, Steffen/Geimer, Alexander/Rundel, Stefan/Thomsen, Sarah (Hrsg.): Jahrbuch Dokumentarische Methode, H. 2–3. Berlin: centrum für qualitative evaluations- und sozialforschung e.V. (ces), S. 299–328.

Baar, Robert/Feindt, Andreas/Trostmann, Sven (Hrsg.) (2019): Struktur und Handlung in Lernwerkstätten. Hochschuldidaktische Räume zwischen Einschränkung und Ermöglichung. Bad Heilbrunn: Klinkhardt.

Badiou, Alain (2016): Das Sein und das Ereignis. Unter Mitarbeit von Gernot Kamecke. Zürich und Berlin: Diaphanes (TransPositionen).

Balzer, Nicole (2017): Imaginationen des Pädagogischen. Explorationen zur erziehungstheoretischen Bedeutung von (Fall-)Beispielen. In: Thompson, Christiane/Schenk, Sabrina (Hrsg.): Zwischenwelten der Pädagogik. Kornwestheim: Ferdinand Schöningh, S. 223–235.

Barad, Karen (2007): Meeting the universe halfway: Quantum physics and the entanglement of matter and meaning. Durham and London: Duke University Press.

Bargiela-Chiappini, Francesca/Harris, Sandra J. (1995): Towards the generic structure of meetings in British and Italian managements. In: Text Vol. 15, No. 4, pp. 531–560.

Bauer, Petra (2019): Sozialpädagogische Fallbesprechungen im Team: Spannungsfelder und Interaktionsdynamiken. In: Cloos, Peter/Fabel-Lamla, Melanie/Kunze, Katharina/Lochner, Barbara (Hrsg.): Pädagogische Teamgespräche. Methodische und theoretische Perspektiven eines neuen Forschungsfeldes. Weinheim und Basel: Beltz Juventa, S. 16–33.

Behnke, Cornelia (2010): „Sorry, das versteht kein Betrieb“. Veränderungsprozesse in Unternehmen am Beispiel zweier Betriebsfallstudien. In: Bohnsack, Ralf/Nentwig-Gesemann, Iris (Hrsg.): Dokumentarische Evaluationsforschung. Theoretische Grundlagen und Beispiele aus der Praxis. Opladen und Farmington Hills: Barbara Budrich, S. 267–282.

Behrisch, Sven (2016): „Dadaismus. So wunderbar gaga“. www.zeit.de/2016/06/dadaismus-kunst-avantgarde-hugo-ball-zuerich-ausstellung (Abfrage: 17.11.2020).

Bergmann, Jörg R. (1981): Ethnomethodologische Konversationsanalyse. In: Schröder, Peter/ Steger, Hugo (Hrsg.): Dialogforschung. Jahrbuch 1980 des Instituts für deutsche Sprache. Düsseldorf: Schwann, S. 9–51.

Betz, Tanja (2015): Das Ideal der Bildungs- und Erziehungspartnerschaft. Kritische Fragen an eine verstärkte Zusammenarbeit zwischen Kindertageseinrichtungen, Grundschulen und Familien. Gütersloh: Bertelsmann Stiftung.

Blaschke, Gerald (2012): Schule schnuppern. Eine videobasierte Studie zum Übergang in die Grundschule. Opladen, Berlin und Toronto: Barbara Budrich.

Blumer, Herbert (1954): What is Wrong with Social Theory? In: American Sociological Review Vol. 19, No. 1, pp. 3–10.

Boden, Deidre (1994): The business of talk: Organizations in action. Cambridge: Polity Press.

Boger, Mai-Anh (2019): „Die Methode der sozialwissenschaftlichen Kartographierung. Eine Einladung zum Mitfühlen – Mitdiskutieren – Mitdenken." pub.uni-bielefeld.de/download/2933776/2933777/EA_Boger_Methodenteil_Trilemma.pdf (Abfrage: 17.11.2020).

Bohnsack, Ralf (1983): Alltagsinterpretation und soziologische Rekonstruktion. Opladen: Westdeutscher Verlag.

Bohnsack, Ralf (1989): Generation, Milieu und Geschlecht. Ergebnisse aus Gruppendiskussionen mit Jugendlichen. Opladen: Leske + Budrich.

Bohnsack, Ralf (2003): Rekonstruktive Sozialforschung. Einführung in qualitative Methoden. 5. Auflage. Opladen: Leske + Budrich.

Bohnsack, Ralf (2007): Performativität, Performanz und dokumentarische Methode. In: Wulf, Christoph/Zirfas, Jörg (Hrsg.): Pädagogik des Performativen. Theorien, Methoden, Perspektiven. Weinheim und Basel: Beltz, S. 201–212.

Bohnsack, Ralf (2008): Rekonstruktive Sozialforschung. Einführung in qualitative Methoden. 7. Auflage. Opladen und Farmington Hills: Barbara Budrich.

Bohnsack, Ralf (2014a): Habitus, Norm und Identität. In: Helsper, Werner/Kramer, Rolf-Torsten/ Thiersch, Sven (Hrsg.): Schülerhabitus. Theoretische und empirische Analysen zum Bourdieuschen Theorem der kulturellen Passung. Wiesbaden: Springer VS, S. 33–55.

Bohnsack, Ralf (2014b): Die Milieuanalyse der Praxeologischen Wissenssoziologie. In: Isenböck, Peter/Nell, Linda/Renn, Joachim (Hrsg.): Zeitschrift für Theoretische Soziologie (ZTS), 1. Sonderband: Die Form des Milieus. Zum Verhältnis von gesellschaftlicher Differenzierung und Formen der Vergemeinschaftung. Weinheim und Basel: Beltz Juventa, S. 16–45.

Bohnsack, Ralf (2017a): Konjunktiver Erfahrungsraum, Regel und Organisation. In: Amling, Steffen/Vogd, Werner (Hrsg.): Dokumentarische Organisationsforschung. Perspektiven der praxeologischen Wissenssoziologie. Opladen, Berlin und Toronto: Barbara Budrich, S. 233–259.

Bohnsack, Ralf (2017b): Praxeologische Wissenssoziologie. Opladen und Toronto: Barbara Budrich.

Bohnsack, Ralf (2018): Habitus, Interaktion und Erfahrungsraum. Anmerkungen zum Diskurs um Professionalität aus praxeologischer Perspektive. Unveröffentlichtes Manuskript.

Bohnsack, Ralf (2020): Professionalisierung in praxeologischer Perspektive. Zur Eigenlogik der Praxis in Lehramt, Sozialer Arbeit und Frühpädagogik. Opladen und Toronto: Barbara Budrich.

Bohnsack, Ralf (2022): Metatheoretische Rahmung der praxeologisch-wissenssoziologischen Professionsforschung. In: Bohnsack, Ralf/Bonnet, Andreas/Hericks, Uwe (Hrsg.): Praxeologisch-wissenssoziologische Professionsforschung. Perspektiven aus Früh- und Schulpädagogik, Fachdidaktik und Sozialer Arbeit. Bad Heilbrunn: Klinkhardt, S. 31–55.

Bohnsack, Ralf/Fritzsche, Bettina/Wagner-Willi, Monika (2014): Dokumentarische Video- und Filminterpretation. Methodologie und Forschungspraxis. Opladen, Berlin und Toronto: Barbara Budrich.

Bohnsack, Ralf/Gebhardt, Winfried/Kraul, Margret/Wulf, Christoph (2001): Erziehung und Tradition. Tradierungsprozesse in Familien. Antrag für ein Forschungsprojekt bei der Deutschen Forschungsgemeinschaft. Berlin und Koblenz.

Bohnsack, Ralf/Marotzki, Winfried/Meuser, Michael (2011): Hauptbegriffe Qualitativer Sozialforschung. 3. Auflage. Opladen und Farmington Hills: Barbara Budrich.

Bohnsack, Ralf/Nentwig-Gesemann, Iris/Nohl, Arnd-Michael (2007): Die dokumentarische Methode und ihre Forschungspraxis. In: Bohnsack, Ralf/Nentwig-Gesemann, Iris/Nohl, Arnd-Michael (Hrsg.): Die dokumentarische Methode und ihre Forschungspraxis. Grundlagen qualitativer Sozialforschung. 2. Auflage. Wiesbaden: Springer VS, S. 9–27.
Bohnsack, Ralf/Przyborski, Aglaja (2006): Diskursorganisation, Gesprächsanalyse und die Methode der Gruppendiskussion. In: Bohnsack, Ralf/Przyborski, Aglaja/Schäffer, Burkhard (Hrsg.): Das Gruppendiskussionsverfahren in der Forschungspraxis. Opladen: Barbara Budrich, S. 233–248.
Bollig, Sabine (2008): „Praktiken der Instrumentierung". Methodologische und methodische Überlegungen zur ethnografischen Analyse materialer Dokumentationspraktiken in kinderärztlichen Vorsorgeuntersuchungen. In: Zeitschrift für Soziologie der Erziehung und Sozialisation 28, H. 3, S. 301–315.
Bollig, Sabine/Schulz, Marc (2012): Die Praktiken des Beobachtens und deren Aufführungen in Kindertageseinrichtungen. In: Hebenstreit-Müller, Sabine/Müller, Burkhard (Hrsg.): Beobachten in der Frühpädagogik. Praxis – Forschung – Kamera. Weimar und Berlin: Das Netz, S. 98–103.
Bollinger, Heinrich (1998): Jenseits von Größen- und Nichtigkeitswahn. Selbstbewußtsein und Bescheidenheit als Voraussetzungen einer soziologischen Organisationsberatung. In: Minssen, Heiner (Hrsg.): Organisationsberatung. Industriesoziologie als Gestaltungswissenschaft? Beiträge zur Frühjahrstagung 1998 der DGS-Sektion „Industrie- und Betriebssoziologie", S. 14–29.
Bosetzky, Horst (1980/2019): Organisationswirklichkeit anhand von Romanen. In: Mikropolitik. Netzwerke und Karrieren. Wiesbaden: Springer VS, S. 133–141.
Bosetzky, Horst (1991): „Ordnung ist das halbe Leben und die andere Hälfte? Über die Lust am Stören von Ordnung und die Boykottstrategien desinteressierter Organisationsmitglieder". In: Verwaltungsführung Organisation Personal 13, H. 5, S. 271–275.
Bosetzky, Horst (2019): Mikropolitik. Netzwerke und Karrieren. Wiesbaden: Springer VS.
Bossel, Hartmut (1992): Modellbildung und Simulation. Konzepte, Verfahren und Modelle zum Verhalten dynamischer Systeme. Wiesbaden: Springer Vieweg + Teubner.
Bosshard, Marianne (2019): „Das finde ich etwas (.) ja schon etwas sehr Spezielles, auch sehr persönlich." Narrative Intimität in öffentlicher Selbstthematisierung. Bern, Berlin, Brüssel, New York, Oxford, Warschau und Wien: Peter Lang.
Bourdieu, Pierre (2012): Ökonomisches Kapital, kulturelles Kapital, soziales Kapital. In: Bauer, Ullrich/Bittlingmayer, Uwe H./Scherr, Albert (Hrsg.): Handbuch Bildungs- und Erziehungssoziologie. Wiesbaden: Springer VS, S. 229–242.
Brake, Anna (2009): Schriftliche Befragung. In: Kühl, Stefan/Strodtholz, Petra/Taffertshofer, Andreas (Hrsg.): Handbuch Methoden der Organisationsforschung. Quantitative und Qualitative Methoden. Wiesbaden: Springer VS, S. 392–412.
Breuer, Anne (2015): Lehrer-Erzieher-Teams an ganztägigen Grundschulen. Kooperation als Differenzierung von Zuständigkeiten. Wiesbaden: Springer VS.
Breuer, Anne/Reh, Sabine (2010): Zwei ungleiche Professionen? Wie LehrerInnen und ErzieherInnen in Teams zusammenarbeiten. In: Soziale Passagen. Journal für Empirie und Theorie der Sozialen Arbeit 2, H. 1, S. 29–46.
Brinkmann, Malte (2012): Pädagogische Übung. Praxis und Theorie einer elementaren Lernform. Paderborn: Ferdinand Schöningh.
Brinkmann, Malte (2016): Repetition and Transformation in Learning. A Hermeneutic and Phenomenological View on Transformative Learning Experiences. In: Laros, Anna/Fuhr, Thomas/Taylor, Edward W. (Ed.): Transformative Learning meets Bildung. Rotterdam, Boston and Taipei: Sense Publishers, pp. 73–84.
Brinkmann, Malte (2018): Forschendes Lernen: Methodologische und didaktische Überlegungen zum Beispielverstehen. Vortrag auf dem Symposion „Praxistheoretische Perspektiven auf Forschendes Lernen". Berlin: Humboldt-Universität, 25.05.2018.
Brinkmann, Malte (2019a): It's More Fun To Compute? Karl Bartos zur Dialektik von Digitalisierung und Kreativität am Beispiel der Band „Kraftwerk". In: Bach, Clemens (Hrsg.):

Pädagogik im Verborgenen. Bildung und Erziehung in der ästhetischen Gegenwart. Wiesbaden: Springer VS, S. 103–117.
Brinkmann, Malte (2019b): Zum Verhältnis von Lernen und Forschung im Studium – Bildungstheoretische, didaktische und phänomenologische Ausblicke. Vortrag auf der Jahrestagung des Verbunds Schulbezogener Praxisforschung. „Studentische Forschung im Lehramtsstudium – Einblicke und Ausblicke". Münster: WWU, 22.02.2019.
Brock, Bazon (2020): „Bazon Brock. Dichter ohne Literatur". bazonbrock.de/bazonbrock/theoretischeobjekte/ (Abfrage: 17.11.2020).
Buchanan, David/Bryman, Alan (Ed.) (2009): The Sage Handbook of Organizational Research Methods. Los Angeles, London, New Delhi, Singapore and Washington DC: Sage.
Buck, Günther (1989): Lernen und Erfahrung – Epagogik. Zum Begriff der didaktischen Induktion. Darmstadt: Wissenschaftliche Buchgesellschaft.
Buck, Günther (2019): Lernen und Erfahrung. Epagoge, Beispiel und Analogie in der pädagogischen Erfahrung (Neuauflage). Buchreihe Phänomenologische Erziehungswissenschaft, Bd. 5. Malte Brinkmann (Hrsg.). Wiesbaden: Springer VS.
Budde, Jürgen (2011): Dabei sein ist alles? Erkenntnispotential ethnographischer Beobachtungen anhand von Interaktionspraktiken zur Verteilung des Rederechtes im Unterricht. In: Zeitschrift für Qualitative Forschung 12, H. 1, S. 125–148.
Bünger, Carsten (2019): Negative Normativität. Zur prekären Konstitution pädagogischer Kritik. In: Meseth, Wolfgang/Casale, Rita/Tervooren, Anja/Zirfas, Jörg (Hrsg.): Normativität in der Erziehungswissenschaft. Wiesbaden: Springer VS, S. 95–114.
Burroughs, William S. (1962): „The Cut-Up Method of Brion Gysin". tbook.constantvzw.org/wp-content/cutup_gysin_burrough.pdf (Abfrage: 17.11.2020).
Camus, Albert (1957/1977): Rede anläßlich der Entgegennahme des Nobelpreises am 10. Dezember 1957 in Stockholm. In: Camus, Albert: Fragen der Zeit. Übersetzt von Meister, Guido G. Reinbek bei Hamburg: Rowohlt.
Cloos, Peter (2008): Die Inszenierung von Gemeinsamkeit. Eine vergleichende Studie zu Biografie, Organisationskultur und beruflichem Habitus von Teams in der Kinder- und Jugendhilfe. Weinheim und München: Juventa.
Cloos, Peter (2009): Praktiken der alltäglichen Organisation von Wissen und Erfahrung. Teamarbeit, Reflexivität und Inferenz. In: Göhlich, Michael/Weber, Susanne Maria/Wolff, Stephan (Hrsg.): Organisation und Erfahrung. Beiträge der AG Organisationspädagogik. Band 7. Wiesbaden: Springer VS, S. 181–193.
Cloos, Peter (2011): Frühpädagogische Fallarbeit. Von der Beobachtung zum förderlichen Angebot. In: Cloos, Peter/Schulz, Marc (Hrsg.): Kindliches Tun beobachten und dokumentieren. Perspektiven auf die Bildungsbegleitung in Kindertageseinrichtungen. Weinheim und München: Juventa, S. 172–187.
Cloos, Peter (2014): Organisation, Profession und die Herstellung von Differenz. In: Tervooren, Anja/Engel, Nicolas/Göhlich, Michael/Miethe, Ingrid/Reh, Sabine (Hrsg.): Ethnografie und Differenz in pädagogischen Feldern. Internationale Entwicklungen erziehungswissenschaftlicher Forschung. Bielefeld: Transcript, S. 257–271.
Cloos, Peter (2016a): Kindertagesstätten als Orte organisationspädagogischer Forschung und Praxis. In: Göhlich, Michael/Schröer, Andreas/Weber, Susanne M. (Hrsg.): Handbuch Organisationspädagogik. Wiesbaden: Springer VS, S. 1–12 (auch online unter link.springer.com/content/pdf/10.1007%2F978-3-658-07746-4_68-1.pdf, (Abfrage: 17.11.2020).
Cloos, Peter (2016b): Kindheitspädagogik. In: Dick, Michael/Marotzki, Winfried/Mieg, Harald (Hrsg.): Handbuch Professionsentwicklung. Bad Heilbrunn: Klinkhardt, S. 577–585.
Cloos, Peter (2017): Frühpädagogische Forschung. Wege in eine reflexive Forschungskultur. In: Nentwig-Gesemann, Iris/Fröhlich-Gildhoff, Klaus (Hrsg.): Forschung in der Frühpädagogik X. Zehn Jahre frühpädagogische Forschung – Bilanzierungen und Reflexionen. Freiburg im Breisgau: FEL, S. 111–130.
Cloos, Peter (2020): Kindheitspädagogik als Projekt. Überlegungen zu einem sich neu konturierenden Forschungs-, Praxis- und Professionsfeld. In: Cloos, Peter/Lochner, Barbara/Schoneville, Holger (Hrsg.): Soziale Arbeit als Projekt: Konturierungen von Disziplin und Profession. Wiesbaden: Springer VS, S. 159–170.

Cloos, Peter/Gerstenberg, Frauke (2020): Doing Inclusion in Grenzarbeit. Modi multiprofessioneller Zusammenarbeit in frühpädagogischen Settings. In: Weltzien, Dörte/Wadepohl, Heike/Nentwig-Gesemann, Iris/Alemzadeh, Marjan (Hrsg.): Forschung in der Frühpädagogik XIII. Schwerpunkt: Frühpädagogischen Alltag gestalten und erleben. Freiburg im Breisgau: FEL, S. 145–179.
Cloos, Peter/Gerstenberg, Frauke/Krähnert, Isabell (2018): Symmetrien und Asymmetrien. Verbale Praktiken der Positionierung von Eltern und pädagogischen Fachkräften in Teamgesprächen. In: Thon, Christine/Menz, Margarete/Mai, Miriam/Abdessadok, Luisa (Hrsg.): Kindheiten zwischen Familie und Kindertagesstätte. Differenzdiskurse und Positionierungen von Eltern und pädagogischen Fachkräften. Wiesbaden: Springer VS, S. 49–74.
Cloos, Peter/Gerstenberg, Frauke/Krähnert, Isabell (2019): Kind – Organisation – Feld. Komparative Perspektiven auf kindheitspädagogische Teamgespräche. Weinheim und Basel: Beltz Juventa.
Cloos, Peter/Göbel, Anika/Lemke, Ilka (2015): Frühpädagogische Reflexivität und Fallarbeit. Reflexive Praktiken der Inferenzbearbeitung in Teamgesprächen. In: König, Anke/Leu, Hans Rudolf/Viernickel, Susanne (Hrsg.): Forschungsperspektiven auf Professionalisierung in der Frühpädagogik. Empirische Befunde der AWiFF-Förderlinie. Weinheim und Basel: Beltz Juventa, S. 144–162.
Cloos, Peter/Karner, Britta (2010): Elternarbeit oder Erziehungspartnerschaft? Zum Programm eines veränderten Elternbildes. In: Cloos, Peter/Karner, Britta (Hrsg.): Erziehung und Bildung von Kindern als gemeinsames Projekt. Zum Verhältnis familialer Erziehung und öffentlicher Kinderbetreuung. Baltmannsweiler: Schneider Verlag Hohengehren, S. 169–189.
Domke, Christine (2006): Besprechungen als organisationale Entscheidungskommunikation. Berlin und New York: De Gruyter.
Engel, Nicolas (2012): *Identitäts*Bildung von Organisationen? Zur Praxis der (Re)Präsentation von Organisationen im Kontext der Grenzüberschreitung. In: Miethe, Ingrid/Müller, Hans-Rüdiger (Hrsg.): Qualitative Bildungsforschung und Bildungstheorie. Opladen, Berlin und Toronto: Barbara Budrich, S. 263–279.
Engel, Uwe (1998): Einführung in die Mehrebenenanalyse. Grundlagen, Auswertungsverfahren und praktische Beispiele. Opladen und Wiesbaden: Westdeutscher Verlag.
Erne, Jakob (2017): Der Status der Akte als organisationaler Aktant. In: Amling, Steffen/Vogd, Werner (Hrsg.): Dokumentarische Organisationsforschung. Perspektiven der praxeologischen Wissenssoziologie. Opladen, Berlin und Toronto: Barbara Budrich, S. 43–58.
Ernst, Karin/Wedekind, Hartmut (1993): Lernwerkstätten – eine Übersicht. In: Ernst, Karin/Wedekind, Hartmut (Hrsg.): Lernwerkstätten in der Bundesrepublik Deutschland und Österreich. Eine Dokumentation. Beiträge zur Reform der Grundschule. Bd. 91. Frankfurt am Main: Grundschulverband, S. 9–32.
Feyerabend, Paul (1986): Wider den Methodenzwang. 3. Auflage. Frankfurt am Main: Suhrkamp.
Flick, Uwe (1995): Qualitative Forschung. Theorie, Methoden, Anwendung in Psychologie und Sozialwissenschaften. Reinbek bei Hamburg: Rowohlt.
Flick, Uwe/Kadorff, Ernst von/Steinke, Ines (Hrsg.) (2010): Qualitative Forschung. Ein Handbuch. Reinbek bei Hamburg: Rowohlt.
Forster, Edgar (2019): Die Frage epistemischer Normativität in der Erziehungswissenschaft. In: Meseth, Wolfgang/Casale, Rita/Tervooren, Anja/Zirfas, Jörg (Hrsg.): Normativität in der Erziehungswissenschaft. Wiesbaden: Springer VS, S. 139–154.
Foucault, Michel (1996): Der Mensch ist ein Erfahrungstier. Frankfurt am Main: Suhrkamp.
Fröhlich-Gildhoff, Klaus/Nentwig-Gesemann, Iris/König, Anke/Stenger, Ursula/Weltzien, Dörte (Hrsg.) (2013): Forschung in der Frühpädagogik VI. Schwerpunkt: Interaktion zwischen Fachkräften und Kindern. Freiburg im Breisgau: FEL.
Fuchs, Peter (2004): Theorie als Lehrgedicht. In: Fuchs, Marie-Christin (Hrsg.): Systemtheoretische Essays I. Bielefeld: Transcript.
Gerstenberg, Frauke (2014): Die Frage als Diskursbewegung in (pädagogischen) Praktiken. Zu den Möglichkeiten einer Gesprächsanalyse der Dokumentarischen Methode. In: Fröhlich-Gildhoff, Klaus/Nentwig-Gesemann, Iris/Neuß, Norbert (Hrsg.): Forschung in

der Frühpädagogik VII. Schwerpunkt: Profession und Professionalisierung. Freiburg im Breisgau: FEL, S. 277–306.
Gerstenberg, Frauke (2015a): „Ich muss den Kindern eigentlich noch mehr Raum geben". Orientierungen von PädagogInnen eines außerschulischen Bildungsangebots. In: Karpa, Dietrich/Lübbecke, Gwendolin/Adam, Bastian (Hrsg.): Außerschulische Lernorte. Theorie, Praxis und Erforschung außerschulischer Lerngelegenheiten. Immenhausen: Prolog Verlag, S. 353–370.
Gerstenberg, Frauke (2015b): Pädagogische Interaktion in der Kindertageseinrichtung. In: Zeitschrift Jugendhilfe: Qualität in der Kindertagesbetreuung 53, H. 6, S. 460–465.
Gerstenberg, Frauke (2017): Arbeiten am Blick. Zur kollektiven Konstruktion von Kindbildern in Teamgesprächen. In: Zeitschrift für Grundschulforschung. Bildung im Elementar- und Primarbereich. Thema Übergänge 10, H. 1, Bad Heilbrunn: Klinkhardt, S. 134–146.
Gerstenberg, Frauke/Cloos, Peter (2021): Grenzarbeit in multiprofessionellen Teams und interorganisationaler Kooperation. Teamgespräche in inklusiven Settings. In: Frühe Bildung 10, H. 1, S. 16–22.
Gerstenberg, Frauke/Cloos, Peter (2022a): Das rezeptive Feld. Relationale Professionsforschung und mehrdimensionale Kategorienbildung als Feldkonzeption. In: Bohnsack, Ralf/Bonnet, Andreas/Hericks, Uwe (Hrsg.): Praxeologisch-wissenssoziologische Professionsforschung. Perspektiven aus Früh- und Schulpädagogik, Fachdidaktik und Sozialer Arbeit. Bad Heilbrunn: Klinkhardt, S. 363–388.
Gerstenberg, Frauke/Cloos, Peter (2022b): Multiprofessionelle Zusammenarbeit in inklusiven Kindertageseinrichtungen. Grenzarbeit und Rankism. In: Weimann-Sandig, Nina (Hrsg.): Multiprofessionelle Teamarbeit in Sozialen Dienstleistungsberufen. Interdisziplinäre Debatten zum Konzept der Multiprofessionalität – Chancen, Risiken, Herausforderungen. Wiesbaden: Springer VS, S. 219–239.
Gerstenberg, Frauke/Krähnert, Isabell/Cloos, Peter (2019): Arbeit am Rahmen. Zur dokumentarischen Rekonstruktion von Praktiken der Re-Fokussierung in Teamgesprächen. In: Cloos, Peter/Fabel-Lamla, Melanie/Kunze, Katharina/Lochner, Barbara (Hrsg.): Pädagogische Teamgespräche. Methodische und theoretische Perspektiven eines neuen Forschungsfeldes. Weinheim und Basel: Beltz Juventa, S. 91–111.
Gerstenberg, Frauke/Riechers, Katharina/Bruhn, Ann-Christin/Folta-Schoofs, Kristian/Haude, Christin/Miller, Lisa/Bätge, Carolin/Cloos, Peter (2021): Within limits? Multidisziplinär forschen im Kontext der Frage nach einer Inklusiven Bildungsforschung der frühen Kindheit. In: Bätge, Carolin/Cloos, Peter/Gerstenberg, Frauke/Riechers, Katharina (Hrsg.): Inklusive Bildungsforschung der frühen Kindheit. Empirische Perspektiven und multidisziplinäre Zugänge. Weinheim und Basel: Beltz Juventa, S. 115–149.
Göbel, Anika/Cloos, Peter (2014): Kindheitspädagogische Fallarbeit als professionelle Kernaktivität. In: Förster, Charis/Hammes-Di Bernardo, Eva (Hrsg.): Qualifikation in der Frühpädagogik. Vor welchen Anforderungen stehen Aus-, Fort- und Weiterbildung? Freiburg im Breisgau: Herder, S. 64–72.
Göbel, Sabrina (2018): Alltagspraktiken in Kindertageseinrichtungen. Eine videographische Studie zum Miteinander von pädagogischen Fachkräften und Kindern. Wiesbaden: Springer VS.
Göhlich, Michael/Engel, Nicolas/Höhne, Thomas (2012): Szenen und Muster. Zur pädagogischen Ethnographie von Organisationen im Kontext der Grenzüberschreitung. In: Friebertshäuser, Barbara/Kelle, Helga/Boller, Heike/Bollig, Sabine/Huf, Christina/Langer, Antje/Ott, Marion/Richter, Sophia (Hrsg.): Feld und Theorie. Herausforderungen erziehungswissenschaftlicher Ethnographie. Opladen, Berlin und Toronto: Barbara Budrich, S. 153–167.
Göhlich, Michael/Weber, Susanne M./Schröer, Andreas/Schemmann Michael (Hrsg.) (2016): Organisation und Methode. Beiträge der Kommission Organisationspädagogik. Wiesbaden: Springer VS.
Goffman, Erving (1996): Rahmen-Analyse. Ein Versuch über die Organisation von Alltagserfahrungen. Frankfurt am Main: Suhrkamp.
Granosik, Mariusz (2000): Professionalität und Handlungsschemata der Sozialarbeit am Beispiel Polens. In: Zeitschrift für qualitative Bildungs-, Beratungs- und Sozialforschung 1, H. 1, S. 97–130.

Günther, Gotthard (1978): Idee und Grundriß einer nicht-Aristotelischen Logik: die Idee und ihre philosophischen Voraussetzungen. Hamburg: Meiner.
Gunter, Barrie (2000): Media Research Methods: Measuring Audiences, Reactions and Impact. London, Thousand Oaks and New Delhi: Sage.
Haag, Hanna (2020): Das Familiengespräch als vernachlässigte Kategorie? Intergenerationale Erfahrungsräume im Fokus dokumentarischer Rekonstruktion. In: Zeitschrift für Qualitative Forschung 21, H. 2, S. 259–274.
Hackbarth, Anja (2019): „Dokumentarische Videointerpretation: Peer-Interaktionen in der Schule. Aushandlungen zwischen Hierarchisierung, Egalität und Konkurrenz". In: Bischoff-Pabst, Stefanie/Nentwig-Gesemann, Iris/Wagner-Willi, Monika (Hrsg.): Fallarchiv Kindheitspädagogische Forschung. Online-Zeitschrift zu Qualitativen Methoden in Forschung und Lehre 2, H. 1, Schwerpunkt: Dokumentarische Methode. www.uni-hildesheim.de/ojs/index.php/FalKi/article/view/86/105 (Abfrage: 17.11.2020).
Hamre, Bridget K./Pianta, Robert C./Downer, Jason T./DeCoster, Jamie/Mashburn, Andrew J./Jones, Stephanie M./Brown, Joshua L./Capella, Elise/Atkins, Marc/Rivers, Susan E./Brackett, Marc A./Hamagami, Aki (2013): "Teaching through Interactions: Testing a Developmental Framework of Teacher Effectiveness in over 4,000 Classrooms". In: The Elementary School Journal Vol. 113, No. 4, pp. 461–487.
Harring, Marius (2011): Das Potenzial der Freizeit. Soziales, kulturelles und ökonomisches Kapital im Kontext heterogener Freitzeitwelten Jugendlicher. Wiesbaden: Springer VS.
Hartle, Johan F. (2004): „Die Treue zum Ereignis denken. Der französische Philosoph Alain Badiou begibt sich in die Leere der Situationen". literaturkritik.de/id/6967 (Abfrage: 17.11.2020).
Heidegger, Martin (2001): Sein und Zeit. Tübingen: Niemeyer.
Henn, Sarah (2019): Verständigungsprozesse in sozialpädagogischen Teamgesprächen. Fragen an die Konzeption von Kollektivität, Organisation und Bewältigung im Kontext der Dokumentarischen Methode. In: Cloos, Peter/Fabel-Lamla, Melanie/Kunze, Katharina/Lochner, Barbara (Hrsg.): Pädagogische Teamgespräche. Methodische und theoretische Perspektiven eines neuen Forschungsfeldes. Weinheim und Basel: Beltz Juventa, S. 72–90.
Henn, Sarah (2020): Professionalität und Teamarbeit in der stationären Kinder- und Jugendhilfe. Eine empirische Untersuchung reflexiver Gesprächspraktiken in Teamsitzungen. Weinheim und Basel: Beltz Juventa.
Higgins, James M./Wiese, Gerold G. (1996): Innovationsmanagement – Kreativitätstechniken für den unternehmerischen Erfolg. Heidelberg: Springer VS.
Hinnen, Andri/Hinnen, Gieri (2017): Reframe it! 42 Werkzeuge und ein Modell, mit denen Sie Komplexität meistern. Hamburg: Murmann.
Hinz, Thomas (2009): Mehrebenenanalyse. In: Kühl, Stefan/Strodtholz, Petra/Taffertshofer, Andreas (Hrsg.): Handbuch Methoden der Organisationsforschung. Quantitative und Qualitative Methoden. Wiesbaden: Springer VS, S. 648–667.
Hirschauer, Stefan (2001): Ethnografisches Schreiben und die Schweigsamkeit des Sozialen. Zu einer Methodologie der Beschreibung. In: Zeitschrift für Soziologie 30, H. 6, S. 429–451.
Hoffmann-Riem, Christa (1980): Die Sozialforschung einer interpretativen Soziologie. Der Datengewinn. In: Kölner Zeitschrift für Soziologie und Sozialpsychologie 32, H. 2, S. 339–372.
Hollstein, Oliver (2014): Die Vieldeutigkeit von Beispielen. Auf dem Weg zu einer theorieorientierten Bildungsforschung. In: Schenk, Sabrina/Pauls, Torben (Hrsg.): Aus Erfahrung lernen. Anschlüsse an Günther Buck. Paderborn: Ferdinand Schöningh, S. 119–140.
Holzer, Boris (2006): Netzwerke. Bielefeld: Transcript.
Holzer, Boris (2009): Netzwerkanalyse. In: Kühl, Stefan/Strodtholz, Petra/Taffertshofer, Andreas (Hrsg.): Handbuch Methoden der Organisationsforschung. Quantitative und Qualitative Methoden. Wiesbaden: Springer VS, S. 668–695.
Honig, Michael-Sebastian/Neumann, Sascha (2013): Ethnografie der Frühpädagogik. Einführung in den Themenschwerpunkt. In: Zeitschrift für Soziologie der Erziehung und Sozialisation 33, H. 1, S. 4–9.
Honig, Michael-Sebastian/Neumann, Sascha/Schnoor, Oliver/Seele, Claudia (2013): „Die Bildungsrelevanz der Betreuungswirklichkeit. Eine Studie zur institutionellen Praxis nicht-familialer Kleinkinderziehung. Problemstellung, Ansatz und ausgewählte Ergebnisse des

Forschungsprojekts ‚Betreuungswirklichkeit und Bildungswirklichkeit. Qualität und Qualifizierung in flexiblen Strukturen der Kinderbetreuung luxemburgischer Maisons Relais pour Enfants'" (EDUQUA-MRE). Walferdange: Universität Luxemburg. orbilu.uni.lu/bitstream/10993/12933/1/A4%C2%ADEDUQUA_korr_4_131104.pdf (Abfrage: 17.11.2020).
Hopf, Christel (1979): Soziologie und qualitative Sozialforschung. In: Hopf, Christel/Weingarten, Elmar (Hrsg.): Qualitative Sozialforschung. Stuttgart: Klett-Cotta, S. 11–37.
Horvath, Richard (2019): „What exactly is William Burroughs cut-up method?" www.quora.com/What-exactly-is-William-Burroughs-cut-up-method (Abfrage: 17.11.2020).
Hüther, Gerald (2004): Die Bedeutung sozialer Erfahrungen für die Strukturierung des menschlichen Gehirns. Welche sozialen Beziehungen brauchen Schüler und Lehrer? In: Zeitschrift für Pädagogik 50, H. 4, S. 487–495.
Hummrich, Merle (2016): Was ist der Fall? Zur Kasuistik in der Erziehungswissenschaft. In: Hummrich, Merle/Hebenstreit, Astrid/Hinrichsen, Merle/Meier, Michael (Hrsg.): Was ist der Fall? Kasuistik und das Verstehen pädagogischen Handelns. Wiesbaden: Springer VS, S. 13–37.
Jansen, Dorothea (2002): Netzwerkansätze in der Organisationsforschung. In: Allmendinger, Jutta/Hinz, Thomas (Hrsg.): Organisationssoziologie. Sonderheft 42 der Kölner Zeitschrift für Soziologie und Sozialpsychologie. Wiesbaden: Westdeutscher Verlag, S. 88–118.
Jansen, Dorothea (2003): Einführung in die Netzwerkanalyse. Grundlagen, Methoden, Forschungsbeispiele. Wiesbaden: Springer VS.
Jansen, Till (2013): Mitbestimmung in Aufsichtsräten. Wiesbaden: Springer VS.
Jansen, Till/Schlippe, Arist von/Vogd, Werner (2015): „Kontexturanalyse – ein Vorschlag für rekonstruktive Sozialforschung in organisationalen Zusammenhängen". Forum qualitative Sozialforschung 16, H. 1. www.qualitative-research.net/index.php/fqs/article/download/2198/3734?inline=1 (Abfrage: 17.11.2020).
Johnson, Phil/Duberley, Joanne (2000): Understanding Management Research. London: Sage.
Jooß-Weinbach, Margarete (2012): Erzieherinnen in der Krippe. Modi, Motive und Konstitutionen professionellen Handelns. Weinheim und Basel: Beltz Juventa.
Jung, Edita/Kaiser, Lena S./Waldschmidt, Ann-Christin (2019): Kinder in Hochschullernwerkstätten. Ethische Überlegungen an der Schnittstelle zwischen dem Individuum und den Konfigurationen eines hochschuldidaktischen Settings. In: Tänzer, Sandra/Godau, Marc/Berger, Marcus/Mannhaupt, Gerd (Hrsg.): Perspektiven auf Hochschullernwerkstätten. Wechselspiele zwischen Individuum, Gemeinschaft, Ding und Raum. Bad Heilbrunn: Klinkhardt, S. 43–56.
Jung, Petra (2009): Kindertageseinrichtungen zwischen pädagogischer Ordnung und Ordnungen der Kinder. Eine ethnographische Studie zur pädagogischen Reorganisation der Kindheit. Wiesbaden: Springer VS.
Kalthoff, Herbert (2008): Einleitung: Zur Dialektik von qualitativer Forschung und soziologischer Theoriebildung. In: Hirschauer, Stefan/Kalthoff, Herbert/Lindemann, Gesa (Hrsg.): Theoretische Empirie. Zur Relevanz qualitativer Forschung. Frankfurt am Main: Suhrkamp, S. 8–32.
Kammermeyer, Gisela/Roux, Susanna/Stuck, Andrea (2013): „Was wirkt wie?" – Evaluation von Sprachfördermaßnahmen in Rheinland-Pfalz: Abschlussbericht (März 2013). Landau: Universität Koblenz Landau. //kita.rlp.de/fileadmin/kita/01_Themen/03_Sprachbildung/Abschlussbericht.pdf (Abfrage: 17.11.2020).
Kekeritz, Mirja (2019a): Kooperationen zwischen KiTa und Grundschule in der Praxis: Eine Studie zur interaktionalen Ebene des Übergangs. In: Donie, Christian/Foerster, Frank/Obermayr, Marlene/Deckwerth, Anne/Kammermeyer, Gisela/Lenske, Gerline/Leuchter, Miriam/Wildemann, Anne (Hrsg.): Grundschulpädagogik zwischen Wissenschaft und Transfer. Wiesbaden: Springer VS, S. 326–331.
Kekeritz, Mirja (2019b). „Wann gebe ich jetzt Impulse oder wann nicht" – Herausforderungen der Bildungs- und Lernprozessbegleitung in Lernwerkstätten. In: Baar, Robert/Feindt, Andreas/Trostmann, Sven (Hrsg.): Struktur und Handlung in Lernwerkstätten. Hochschuldidaktische Räume zwischen Einschränkung und Ermöglichung. Bad Heilbrunn: Klinkhardt, S. 74–83.

Kelle, Helga (2001): Ethnographische Methodologie und Probleme der Triangulation. Am Beispiel der Peer Culture Forschung bei Kindern. In: Zeitschrift für Soziologie der Erziehung und Sozialisation 21, H. 2, S. 192–208.
Kelle, Helga (2011): Ethnographie in Institutionen und Organisationen. Einführung in den Themenschwerpunkt. In: Zeitschrift für Soziologie der Erziehung und Sozialisation 31, H. 3, S. 227–233.
Kesselhut, Kaja (2015): Machtvolle Monologe. „Elterngespräche" als Herstellungsorte von Differenz. In: Cloos, Peter/Koch, Katja/Mähler, Claudia (Hrsg.): Entwicklung und Förderung in der frühen Kindheit. Interdisziplinäre Perspektiven. Weinheim und Basel: Beltz Juventa, S. 207–222.
Kil, Monika (2003): Organisationsveränderungen in Weiterbildungseinrichtungen. Empirische Analysen und Ansatzpunkte für Entwicklung und Forschung. Bielefeld: Bertelsmann.
Kilduff, Martin/Tsai, Wenpin (2003): Social Networks and Organizations. London, Thousand Oaks, New Delhi and Singapore: Sage.
Klages, Benjamin/Gerstenberg, Frauke/Blaschke-Nacak, Gerald (2019): Pädagogische Teamgespräche in der Hochschule. Zur Rekonstruktion machtstrukturierter Kommunikation als kollektiviertes Lehrhandeln. In: Cloos, Peter/Fabel-Lamla, Melanie/Kunze, Katharina/Lochner, Barbara (Hrsg.): Pädagogische Teamgespräche. Methodische und theoretische Perspektiven eines neuen Forschungsfeldes. Weinheim und Basel: Beltz Juventa, S. 263–281.
Kleining, Gerhard (2010): Qualitative Heuristik. In: Mey, Günter/Mruck, Katja (Hrsg.): Handbuch Qualitative Forschung in der Psychologie. Wiesbaden: Springer VS, S. 65–78.
Kleon, Austin (2014a): Steal like an artist. New York: Workman Publishing.
Kleon, Austin (2014b): „vialogue. studying and learning along The Way. Steal Like An Artist. Notes & Review". vialogue.wordpress.com/2014/01/01/steal-like-an-artist-notes-review/ (Abfrage: 17.11.2020).
Kleon, Austin (2020): „Collage is thinking on the page". austinkleon.com/2020/01/31/collage-is-thinking-on-the-page/ (Abfrage: 17.11.2020).
Knoblauch, Hubert (2000): Frame Analysis. In: Kaesler, Dirk/Vogt, Ludgera (Hrsg.): Hauptwerke der Soziologie. Stuttgart: Kröner Verlag, S. 171–176.
Knoblauch, Hubert (2001): Fokussierte Ethnographie: Soziologie, Ethnologie und die neue Welle der Ethnographie. In: Sozialer Sinn 2, H. 1, S. 123–141.
König, Anke (2006): Dialogisch-entwickelnde Interaktionsprozesse zwischen ErzieherIn und Kind(-ern). Eine Videostudie aus dem Alltag des Kindergartens. Inauguraldissertation. Universität Dortmund.
König, Anke (2010): Interaktion als didaktisches Prinzip. Bildungsprozesse bewusst begleiten und gestalten. Troisdorf: Bildungsverlag EINS.
Krähnert, Isabell (2020): Inklusion im frühpädagogischen Handlungsfeld – Resonanzen der ‚Aktivgesellschaft'? In: Dietze, Torsten/Gloystein, Dietlind/Moser, Vera/Piezunka, Anne/Röbenack, Laura/Schäfer, Lea/Wachtel, Grit/Walm, Maik (Hrsg.): Inklusion – Partizipation – Menschenrechte: Transformationen in die Teilhabegesellschaft? Bad Heilbrunn: Klinkhardt, S. 186–194.
Kubandt, Melanie (2019): Ansprüche an ein geschlechtergerechtes, professionelles Handeln im Elementarbereich – Ethnographische Perspektiven auf Ungewissheiten, Komplexitäten und Grenzen im pädagogischen Alltag. In: Baar, Robert/Hartmann, Jutta/Kampshoff, Marita (Hrsg.): Jahrbuch Erziehungswissenschaftliche Geschlechterforschung. Geschlechterreflektierte Professionalisierung – Geschlecht und Professionalität in pädagogischen Berufen. Opladen, Berlin und Toronto: Barbara Budrich, S. 121–133.
Kubisch, Sonja (2008): Habituelle Konstruktion sozialer Differenz: Eine rekonstruktive Studie am Beispiel von Organisationen der freien Wohlfahrtspflege. Wiesbaden: Springer VS.
Kucharz, Diemut/Mackowiak, Katja/Ziroli, Sergio/Kauertz, Alexander/Rathgeb-Schnierer, Elisabeth/Dieck, Margarete (Hrsg.) (2014): Professionelles Handeln im Elementarbereich (PRIMEL): Eine deutsch-schweizerische Videostudie. Münster: Waxmann.
Kühl, Stefan (2015): Schlüsselwerke der Organisationsforschung. Wiesbaden: Springer VS.
Kühl, Stefan (2017): „Die agile Organisation ist kalter Kaffee". humanresourcesmanager.de/news/die-agile-organisation-ist-kalter-kaffee.html (Abfrage: 17.11.2020).

Kühl, Stefan (2019): „Funktionale Regelverstöße und brauchbare Illegalität – Weswegen sich Regelabweichungen in Organisationen nicht vermeiden lassen". sozialtheoristen.de/2019/08/12/funktionale-regelverstoesse-und-brauchbare-illegalitaet-weswegen-sich-regelabweichungen-in-organisationen-nicht-vermeiden-lassen/ (Abfrage: 17.11.2020).
Kühl, Stefan/Strodtholz, Petra/Taffertshofer, Andreas (Hrsg.) (2005): Quantitative Methoden der Organisationsforschung. Ein Handbuch. Wiesbaden: Springer VS.
Kühl, Stefan/Strodtholz, Petra/Taffertshofer, Andreas (Hrsg.) (2009): Handbuch Methoden der Organisationsforschung. Quantitative und Qualitative Methoden. Wiesbaden: Springer VS.
Kuhn, Melanie (2013): Professionalität im Kindergarten. Eine ethnografische Studie zur Elementarpädagogik in der Migrationsgesellschaft. Wiesbaden: Springer VS.
Kuper, Harm (2004): Das Thema 'Organisation' in den Arbeiten Luhmanns über das Erziehungssystem. In: Lenzen, Dieter (Hrsg.): Irritationen des Erziehungssystems. Pädagogische Resonanzen auf Niklas Luhmann. Frankfurt am Main: Suhrkamp, S. 122–151.
Lammers, Frank (1997): Organisationsentwicklung. Übersicht und Trends. In: Kittler, Udo/Metz-Göckel, Hellmuth (Hrsg.): Pädagogische Psychologie in Erziehung und Organisation. Essen: Verlag die blaue Eule, S. 130–145.
Lamnek, Siegfried (2001): Befragung. In: Hug, Theo (Hrsg.): Wie kommt Wissenschaft zu Wissen? Einführung in die Forschungsmethodik und Forschungspraxis. Band 2. Baltmannsweiler: Schneider Verlag Hohengehren, S. 282–302.
Langer, Wolfgang (2004): Mehrebenenanalyse: Eine Einführung für Forschung und Praxis, Wiesbaden: Springer VS.
Liebig, Brigitte (2007): ‚Tacit Knowlegde' und Management. Ein wissenssoziologischer Beitrag zur qualitativen Organisationskulturforschung. In: Bohnsack, Ralf/Nentwig-Gesemann, Iris/Nohl, Arnd-Michael (Hrsg.): Die dokumentarische Methode und ihre Forschungspraxis. Grundlagen qualitativer Sozialforschung. 2. Auflage. Wiesbaden: Springer VS, S. 147–165.
Liebig, Brigitte/Nentwig-Gesemann, Iris (2002): Gruppendiskussion. In: Kühl, Stefan/Strodtholz, Petra (Hrsg.): Methoden der Organisationsforschung. Ein Handbuch. Reinbek bei Hamburg: Rowohlt, S. 141–174.
Linberg, Anja/Mann, Daniel/Attig, Manja/Vogel, Franziska/Weinert, Sabine/Roßbach, Hans-Günther (Ed.) (2019): Quality of Parent-Child-Interactions. Assessment of Interactions with the Macro-Analytic Rating System of Parent-Child-Interactions in the National Educational Panel Study at the Child's Age of 7, 17, and 26 Months. NEPS Survey Paper, No. 51, Germany: Leibniz Institute for Educational Trajectories.
Linde, Charlotte (1991): What's next? The social and technological management of meetings. In: Pragmatics Vol. 1, No. 3, pp. 297–317.
Lindemann, Gesa (2009): Das Soziale von seinen Grenzen her denken. Weilerswist: Velbrück Wissenschaft.
Lindow, Ina/Münch, Tanja (2014): Kasuistisches Lehrerwissen: Schulunterricht und Hochschullehrer zwischen Theorie und Praxis. In: Pieper, Irene/Frei, Peter/Hauenschild, Katrin/Schmidt-Thieme, Barbara (Hrsg.): Was der Fall ist. Beiträge zur Fallarbeit in Bildungsforschung, Lehramtsstudium, Beruf und Ausbildung. Wiesbaden: Springer VS, S. 169–182.
Lochner, Barbara (2017): Teamarbeit in Kindertageseinrichtungen. Eine ethnografisch-gesprächsanalytische Studie. Wiesbaden: Springer VS.
Luhmann, Niklas (1964): Funktionen und Folgen formaler Organisation. Berlin: Duncker & Humblot.
Luhmann, Niklas (1984): Soziale Systeme. Grundriss einer allgemeinen Theorie. Frankfurt am Main: Suhrkamp.
Luhmann, Niklas (2002): Das Erziehungssystem der Gesellschaft. Frankfurt am Main: Suhrkamp.
Luhmann, Niklas (2014): Das Erziehungssystem der Gesellschaft. 5. Auflage. Frankfurt am Main: Suhrkamp.
Luhmann, Niklas/Schorr, Karl-Eberhard (1988): Reflexionsprobleme im Erziehungssystem. Frankfurt am Main: Suhrkamp.
Mademoiselleyo (o.J.): „Gewächshaus". www.etsy.com/de/listing/563539163/botanische-karten-gewachshaus-4-karten?ref=landingpage_similar_listing_top-2 (Abfrage: 20.11.2020).

Maier, Maja S. (2019): „Über Schüler reden“: Eine methodisch-theoretische Bestimmung von Klassenkonferenzen als Forschungsgegenstand. In: Cloos, Peter/Fabel-Lamla, Melanie/Kunze, Katharina/Lochner, Barbara (Hrsg.): Pädagogische Teamgespräche. Methodische und theoretische Perspektiven eines neuen Forschungsfeldes. Weinheim und Basel: Beltz Juventa, S. 112–132.

Manager Magazin (2017): „Reframing. So werden Sie kreativer im Beruf“. www.manager-magazin.de/fotostrecke/tipps-fuer-mehr-kreativitaet-so-geht-reframing-fotostrecke-155549.html (Abfrage: 17.11.2020).

Mannheim, Karl (1980): Strukturen des Denkens. Frankfurt am Main: Suhrkamp.

March, James G./Olsen, Johan, P. (1994): Ambiguity and Choice in Organizations. Oslo: Universitätsverlag.

Marotzki, Winfried (1998): Ethnographische Verfahren in der erziehungswissenschaftlichen Biographieforschung. In: Jüttemann, Gerd/Thomae, Hans (Hrsg.): Biographische Methoden in den Humanwissenschaften. Weinheim: Beltz, S. 44–59.

Martens, Matthias/Asbrand, Barbara (2017): Passungsverhältnisse: Methodologische und theoretische Reflexionen zur Interaktionsorganisation des Unterrichts. In: Zeitschrift für Pädagogik 63, H. 1, S. 72–90.

Martens, Matthias/Petersen, Dorthe/Asbrand, Barbara (2014): Die Materialität von Lernkultur. Methodische Überlegungen zur dokumentarischen Analyse von Unterrichtsvideografien. In: Bohnsack, Ralf/Fritzsche, Bettina/Wagner-Willi, Monika (Hrsg.): Dokumentarische Video- und Filminterpretation. Methodologie und Forschungspraxis. Opladen, Berlin und Toronto: Barbara Budrich, S. 179–206.

Meier, Christoph (2002): Arbeitsbesprechungen. Interaktionsstruktur, Interaktionsdynamik und Konsequenzen einer sozialen Form. Radolfzell: Verlag für Gesprächsforschung.

Mensching, Anja (2008): Gelebte Hierarchien. Mikropolitische Arrangements und organisationskulturelle Praktiken am Beispiel der Polizei. Wiesbaden: Springer VS.

Mensching, Anja (2017): Das Gruppendiskussionsverfahren in der Organisationsforschung: ein Zugang zur Rekonstruktion des Verhältnisses zwischen Regelerwartungen und Regelpraktiken. In: Amling, Steffen/Vogd, Werner (Hrsg.): Dokumentarische Organisationsforschung. Perspektiven der praxeologischen Wissenssoziologie. Opladen, Berlin und Toronto: Barbara Budrich, S. 59–79.

Mensching, Anja/Hronec, Philip (2011): Lernkulturen & Organisationspraxis. Projekt zur strategischen Weiterentwicklung der internen Fort- und Weiterbildung des Kreditinstitutes. Forschungsbericht für den Forschungsförderer. Hamburg.

Mensching, Anja/Vogd, Werner (2013): Mit der dokumentarischen Methode im Gepäck auf der Suche nach dem Konjunktiven der Organisation. In: Loos, Peter/Nohl, Arnd-Michael/Przyborski, Aglaja/Schäffer, Burkhard (Hrsg.): Dokumentarische Methode. Grundlagen – Entwicklungen – Anwendungen. Opladen, Berlin und Toronto: Barbara Budrich, S. 320–336.

Meseth, Wolfgang/Proske, Matthias/Radtke, Frank-Olaf (2012): Kontrolliertes Laissez-faire. Auf dem Weg zu einer kontingenzgewährtigen Unterrichtstheorie. In: Zeitschrift für Pädagogik 58, H. 2, S. 223–241.

Meuser, Michael/Nagel, Ulrike (1991): ExpertInneninterviews – vielfach erprobt, wenig bedacht: ein Beitrag zur qualitativen Methodendiskussion. In: Garz, Detlef/Kraimer, Klaus (Hrsg.): Qualitativ-empirische Sozialforschung: Konzepte, Methoden, Analysen. Opladen: Westdeutscher Verlag, S. 441–471.

Meyer-Drawe, Käte (1996): Vom anderen lernen. Phänomenologische Betrachtungen in der Pädagogik. Klaus Schaller zum siebzigsten Geburtstag. In: Borrelli, Michele/Ruhloff, Jörg (Hrsg.): Deutsche Gegenwartspädagogik. Baltmannsweiler: Schneider Verlag Hohengehren, S. 85–100.

Müller, Andreas P. (1997): „Reden ist Chefsache“. Linguistische Studien zu sprachlichen Formen sozialer „Kontrolle“ in innerbetrieblichen Arbeitsbesprechungen. Tübingen: Narr.

Müller, Falko (2019): Die Regeln der Regelanwendung. Inferenz in kollegialen Besprechungen und das Problem der (Un-)Zuständigkeit. In: Cloos, Peter/Fabel-Lamla, Melanie/Kunze, Katharina/Lochner, Barbara (Hrsg.): Pädagogische Teamgespräche. Methodische und theo-

retische Perspektiven eines neuen Forschungsfeldes. Weinheim und Basel: Beltz Juventa, S. 206–224.
Nassehi, Armin/Saake, Irmhild (2002): Kontingenz: Methodisch verhindert oder beobachtet? Ein Beitrag zur Methodologie der qualitativen Sozialforschung. In: Zeitschrift für Soziologie 31, H. 1, S. 66–86.
Nentwig-Gesemann, Iris (2018): Konjunktiver Erfahrungsraum. In: Bohnsack, Ralf/Geimer, Alexander/Meuser, Michael (Hrsg.): Hauptbegriffe Qualitativer Sozialforschung. 4. Auflage. Opladen und Toronto: Barbara Budrich, S. 131–133.
Nentwig-Gesemann, Iris/Gerstenberg, Frauke (2014): Gruppendiskussionen. In: Tillmann, Angela/Fleischer, Sandra/Hugger, Kai-Uwe (Hrsg.): Handbuch Kinder und Medien. Wiesbaden: Springer VS, S. 273–285.
Nentwig-Gesemann, Iris/Gerstenberg, Frauke (2018): Typen der Interaktionsorganisation in (früh-)pädagogischen Settings. In: Bohnsack, Ralf/Hoffmann, Nora Friederike/Nentwig-Gesemann, Iris (Hrsg.): Typenbildung und Dokumentarische Methode. Forschungspraxis und methodologische Grundlagen. Opladen, Berlin und Toronto: Barbara Budrich, S. 131–150.
Nentwig-Gesemann, Iris/Nicolai, Katharina (2014): Dokumentarische Videointerpretation typischer Modi der Interaktionsorganisation im Krippenalltag. In: Bohnsack, Ralf/Fritzsche, Bettina/Wagner-Willi, Monika (Hrsg.): Dokumentarische Video- und Filminterpretation. Methodologie und Forschungspraxis. Opladen, Berlin und Toronto: Barbara Budrich, S. 45–72.
Nentwig-Gesemann, Iris/Nicolai, Katharina (2017): Interaktive Abstimmung in Essenssituationen – Videobasierte Dokumentarische Interaktionsanalyse in der Krippe. In: Wadepohl, Heike/Mackowiak, Katja/Fröhlich-Gildhoff, Klaus/Weltzien, Dörte (Hrsg.): Interaktionsgestaltung in Familie und Kindertagesbetreuung. Wiesbaden: Springer VS, S. 53–81.
Nentwig-Gesemann, Iris/Wedekind, Hartmut/Gerstenberg, Frauke/Tengler, Martina (2012): Die vielen Facetten des ‚Forschens'. Eine ethnografische Studie zu Praktiken von Kindern und PädagogInnen im Rahmen eines außerschulischen Bildungsangebots. In: Fröhlich-Gildhoff, Klaus/Nentwig-Gesemann, Iris/Wedekind, Hartmut (Hrsg.): Forschung in der Frühpädagogik V. Freiburg im Breisgau: FEL, S. 33–64.
Neumann, Sascha (2015): „Ethnografie und dokumentarische Methode". Vortrag am 26.11.2015 auf der Jahrestagung „Was man sieht und nicht sieht – die dokumentarische Methode und ihre blinden Flecken" des ces e.V. – centrum für qualitative evaluations- und sozialforschung. Magdeburg, 26.11.2015 – 27.11.2015.
Nicolai, Katharina (2020): Schulvorbereitung im Kindergarten als pädagogische Interaktion im generationalen Spannungsfeld. Praktiken und Handlungsleitende Orientierungen von pädagogischen Fachkräfteteams und Kindern in dokumentarischer Rekonstruktion. Dissertation: FU Berlin.
Nohl, Arnd-Michael (2007): Komparative Analyse: Forschungspraxis und Methodologie dokumentarischer Interpretation. In: Bohnsack, Ralf/Nentwig-Gesemann, Iris/Nohl, Arnd-Michael (Hrsg.): Die dokumentarische Methode und ihre Forschungspraxis. 2. Auflage. Wiesbaden: Springer VS, S. 255–276.
Nohl, Arnd-Michael (2015): „Literaturliste zur dokumentarischen Methode". www.hsu-hh.de/systpaed/wp-content/uploads/sites/755/2018/03/LitdokMeth18-03-15.pdf (Abfrage: 17.11.2020).
Nohl, Arnd-Michael (2020): Erziehung zur Interaktion. Eine produktive Herausforderung für Analysen mittels der Dokumentarischen Methode. In: Nohl, Arnd-Michael (Hrsg.): Rekonstruktive Erziehungsforschung. Wiesbaden: Springer VS, S. 239–261.
Nohl, Arnd-Michael/Dehnavi, Morvarid/Amling, Steffen (2020): Videographies of Pedagogical Interaction in Kindergarten and their Interpretation with the Documentary Method. Unveröffentlichtes Manuskript.
Nohl, Herman (1933): Die Theorie der Bildung. In: Nohl, Herman/Pallat, Ludwig (Hrsg.): Handbuch der Pädagogik. Bd. 1. Langensalza: Beltz, S. 3–80.
Nohria, Nitin/Eccles, Robert G. (Hrsg.) (1992): Networks and Organizations: Structure, Form, and Action. Boston: Harvard Business School Press.

Ott, Marion/Schweda, Anna/Langer, Antje (2014): Ethnographische Erforschung von Erziehung, Bildung und Sozialisation. Enzyklopädie Erziehungswissenschaft Online. Weinheim und Basel: Beltz Juventa.

Positivistische Methode (o.J.). In: Literaturtheorien im Netz. Glossar. Freie Universität Berlin. www.geisteswissenschaften.fu-berlin.de/v/littheo/glossar/positivistischemethode.html (Abfrage: 17.11.2020).

Prietula, Michael J./Carley, Kathleen M./Gasser, Les (Hrsg.) (1998): Simulating Organizations. Computational Models of Institutions and Groups. Menlo Park: AAAI Press.

Przyborski, Aglaja (2004): Gesprächsanalyse und dokumentarische Methode. Qualitative Auswertung von Gesprächen, Gruppendiskussionen und anderen Diskursen. Wiesbaden: Springer VS.

Rätz, Regina/Völter, Bettina (Hrsg.) (2015): Wörterbuch Rekonstruktive Soziale Arbeit. Opladen, Berlin und Toronto: Barbara Budrich.

Reckwitz, Andreas (2003): Grundelemente einer Theorie sozialer Praktiken. Eine sozialtheoretische Perspektive. In: Zeitschrift für Soziologie 32, H. 4, S. 282–301.

Reh, Sabine/Ricken, Norbert (2012): Das Konzept der Adressierung. Zur Methodologie einer qualitativ-empirischen Erforschung von Subjektivation. In: Miethe, Ingrid/Müller, Hans-Rüdiger (Hrsg.): Qualitative Bildungsforschung und Bildungstheorie. Opladen, Berlin und Toronto: Barbara Budrich, S. 35–56.

Reich, Kersten (2003): „Methodenpool. Reframing". methodenpool.uni-koeln.de/download/reframing.pdf (Abfrage: 17.11.2020).

Remsperger, Regina (2011): Sensitive Responsivität. Zur Qualität pädagogischen Handelns im Kindergarten. Wiesbaden: Springer VS.

Richter, Sabine G./Nettke, Tobias/Wedekind, Hartmut/Gerstenberg, Frauke (2015): Der Lernwerkstatt-Ansatz als innovatives Modell für die Museumspädagogik: Entwicklung und Implementation von Lernwerkstätten in Museen – Bericht zum Praxisforschungsprojekt NaWiLT. In: Standbein Spielbein. Museumspädagogik aktuell, H. 102, S. 37–44.

Ricken, Norbert/Rose, Nadine/Kuhlmann, Nele/Otzen, Anne (2017): Die Sprachlichkeit der Anerkennung. Eine theoretische und methodologische Perspektive auf die Erforschung von „Anerkennung". In: Vierteljahrsschrift für wissenschaftliche Pädagogik 93, H. 2, S. 193–235.

Riemann, Gerhard (2011): Narratives Interview. In: Bohnsack, Ralf/Marotzki, Winfried/Meuser, Michael (Hrsg.): Hauptbegriffe Qualitativer Sozialforschung. 3. Auflage. Opladen und Farmington Hills: Barbara Budrich, S. 120–122.

Roberts, Royston M. (1989): Serendipity. Accidental Discoveries in Science. New York: Wiley.

Roux, Susanna (2006): Frühpädagogische Qualitätskonzepte. In: Fried, Lilian/Roux, Susanna (Hrsg.): Pädagogik der frühen Kindheit. Handbuch und Nachschlagewerk. Weinheim und Basel: Beltz, S. 129–139.

Sauerbrey, Ulf (2020): Konzepte als Theorien? Über Konzeptförmigkeiten und pragmatische Gestaltungszwecke in der gegenwärtigen Pädagogik der frühen Kindheit. In: Gaus, Detlef/Drieschner, Elmar (Hrsg.): Perspektiven pädagogischer Konzeptforschung. Beiträge zu Sinn, Zweck und Funktion von pädagogischen Konzepten im Bildungssystem. Weinheim und Basel: Beltz Juventa, S. 54–70.

Schäffter, Ortfried (2012): Systemische Veränderungsforschung aus relationaler Sicht. Erwachsenenbildung zwischen Inklusion und Exklusion. In: Gieseke, Wiltrud/Nuissl, Ekkehard/Schüßler, Ingeborg (Hrsg.): Reflexionen zur Selbstbildung. Festschrift für Rolf Arnold. Bielefeld: Bertelsmann, S. 32–58.

Schäffter, Ortfried/Schicke, Hildesgard (2012): „Organisationstheorie". www.erziehungswissenschaften.hu-berlin.de/de/ebwb/team-alt/schaeffter/downloads/iii91 (Abfrage: 17.11.2020).

Schenk, Sabrina (2017): Praktische Pädagogik als Paradigma. Eine systematische Werklektüre der Schriften Günther Bucks. Paderborn: Ferdinand Schöningh.

Schenk, Sabrina/Pauls, Torben (2014): Aus Erfahrung lernen. Anschlüsse an Günther Buck. Paderborn: Ferdinand Schöningh.

Scherer, Jiri/ Brügger, Chris (2007): Kreativitätstechniken. In 10 Schritten Ideen finden, bewerten, umsetzen. Offenbach: GABAL Verlag.

Scheuch, Erwin K. (1999): Die Entwicklung der Umfrageforschung in der Bundesrepublik Deutschland in den siebziger und achtziger Jahren. In: ZUMA Nachrichten 23, H. 45, S. 7–22.
Schlicksupp, Helmut (2004): Innovation, Kreativität und Ideenfindung. Reihe Management. München: Vogel.
Schmitz, Sigrid (2014): Karen Barad: Agentieller Realismus als Rahmenwerk für die Science & Technology Studies. In: Lengersdorf, Diana/Wieser, Matthias (Hrsg.): Schlüsselwerke der Science & Technology Studies. Wiesbaden: Springer VS, S. 279–291.
Schnoor, Oliver/Seele, Claudia (2013): Organisationales Lernen „vom Kinde aus"? Eine organisationsethnografische Fallstudie zum secondary adjustment einer frühpädagogischen Einrichtung. In: Zeitschrift für Soziologie der Erziehung und Sozialisation 33, H. 1, S. 42–61.
Schratz, Michael/Schwarz, Johanna F./Westfall-Greiter, Tanja (2012): Lernen als bildende Erfahrung. Vignetten in der Praxisforschung. Innsbruck: Studienverlag.
Schreyer, Inge/Krause, Martin/Brandl, Marion/Nicko, Oliver (2014): Arbeitsplatz und Qualität in Kitas. Ergebnisse einer bundesweiten Befragung (AQUA). München: Staatsinstitut für Frühpädagogik. www.aqua-studie.de/Dokumente/AQUA_Endbericht.pdf (Abfrage: 17.11.2020).
Schütz, Alfred (1962/1971): Gesammelte Aufsätze, Bd. 1: Das Problem der sozialen Wirklichkeit. Den Haag: Martinus Nijhoff.
Schulz, Marc (2014): Lernende Kindergartenkinder. Professionstheoretische Perspektiven auf die Praktiken der Fallherstellung in Kindertageseinrichtungen. In: Betz, Tanja/Cloos, Peter (Hrsg.): Kindheit und Profession. Konturen und Befunde eines Forschungsfeldes. Kindheitspädagogische Beiträge. Weinheim und Basel: Beltz Juventa, S. 261–275.
Schulz, Marc (2016): Der Kindergarten als Bildungsort. Praktiken des Beobachtens von kindlichen Bildungsprozessen als organisationale Transformationsstrategie. In: Maier, Maja S. (Hrsg.): Organisation und Bildung. Theoretische und empirische Zugänge. Wiesbaden: Springer VS, S. 119–137.
Schulz, Marc/Cloos, Peter (2015): Professionelle Begleitung von Lern- und Bildungsprozessen in Kindertageseinrichtungen. In: Cloos, Peter/Koch, Katja/Mähler, Claudia (Hrsg.): Entwicklung und Förderung in der frühen Kindheit. Interdisziplinäre Perspektiven. Weinheim und Basel: Beltz Juventa, S. 192–206.
Schumann, Siegfried (1999): Repräsentative Umfrage: Praxisorientierte Einführung in empirische Methoden und statistische Analyseverfahren. München und Wien: Oldenbourg Verlag.
Schwandt, Bernd (1994): „und das muß mer aufn Tisch bringen im gemeinsamen Gespräch": Zur Ethnografie des Sprechens von Meistergesprächen. In: Bartsch, Ernst (Hrsg.): Sprechen, Führen, Kooperieren in Betrieb und Verwaltung. Unternehmenskommunikation und Sprechwissenschaft. München: Ernst Reinhardt Verlag, S. 122–133.
Scott, John (1991): Social Network Analysis: A Handbook. London: Sage.
Shaw, Elizabeth (1983): Gittis Tomatenpflanze. 2. Auflage. Leipzig: Der Kinderbuchverlag Berlin.
Shaw, Elizabeth (2012): Gittis Tomatenpflanze. Weinheim und Basel: Beltz | Der KinderbuchVerlag in der Verlagsgruppe Beltz.
Silverman, David (2000): Doing Qualitative Research. London: Sage.
Siraj-Blatchford, Iram/Sylva, Kathy/Muttock, Stella/Gilden, Rose/Bell, Danny (2002): Researching effective pedagogy in the early years. Research report 356. London: DfES.
Smith, Dorothy E. (2005): Institutional Ethnography. A Sociology for People. Lanham: AltaMira Press.
Stangl, Werner (2020): „Epistemologie. Lexikon für Psychologie und Pädagogik." lexikon.stangl.eu/8310/epistemologie/ (Abfrage: 17.11.2020).
Steinke, Ines (1999): Kriterien qualitativer Forschung. Ansätze zur Bewertung qualitativ-empirischer Sozialforschung. Weinheim und München: Juventa.
Strübing, Jörg/Hirschauer, Stefan/Ayaß, Ruth/Krähnke, Uwe/Scheffer, Thomas (2018): Gütekriterien qualitativer Sozialforschung. Ein Diskussionsanstoß. In: Zeitschrift für Soziologie 47, H. 2, S. 83–100.
Sturm, Tanja (2014): Herstellung und Bearbeitung von Differenz im inklusiven Unterricht. Rekonstruktion mithilfe der dokumentarischen Videointerpretation. In: Bohnsack, Ralf/Fritzsche, Bettina/Wagner-Willi, Monika (Hrsg.): Dokumentarische Video- und Filmin-

terpretation. Methodologie und Forschungspraxis. Opladen, Berlin und Toronto: Barbara Budrich, S. 153–178.
Svendsen, Lars (2002): Kleine Philosophie der Langeweile. Frankfurt am Main und Leipzig: Insel Verlag.
Taylor, Frederick Winslow (1967): The Principles of Scientific Management. New York: Norton.
Thieme, Nina (2019): Zur Fallkonstitution in Teamgesprächen zwischen Professionellen der Sozialen Arbeit und Lehrer_innen im Ganztag. In: Cloos, Peter/Fabel-Lamla, Melanie/Kunze, Katharina/Lochner, Barbara (Hrsg.): Pädagogische Teamgespräche. Methodische und theoretische Perspektiven eines neuen Forschungsfeldes. Weinheim und Basel: Beltz Juventa, S. 247–262.
Thompson, Ross A. (2008): Early Attachment and Later Development. Familiar Questions, New Answers. In: Cassidy, Jude/Shaver, Phillip R. (Ed.): Handbook of Attachment. Theory, Research, and Clinical Applications. 2nd ed. New York: Guilford, pp. 348–365.
Tietze, Wolfgang/Becker-Stoll, Fabienne/Bensel, Joachim/Eckhardt, Andrea G./Haug-Schnabel, Gabriele/Kalicki, Bernhard/Keller, Heide/Leyendecker, Birgit (Hrsg.) (2013): Nationale Untersuchung zur Bildung, Betreuung und Erziehung in der frühen Kindheit (NUBBEK). Weimar: Verlag das Netz.
Tomasello, Michael (2014): Joint Attention as Social Cognition. In: Moore, Chris/Dunham, Philip J. (Ed.): Joint Attention. Its Origins and Role in Development. New York: Psychology Press, pp. 103–130.
Trinczek, Rainer (1995): Experteninterviews mit Managern: Methodische und methodologische Hintergründe. In: Brinkmann, Christian/Deeke, Axel/Völkel, Brigitte (Hrsg.): Experteninterviews in der Arbeitsmarktforschung. Diskussionsbeiträge zu methodischen Fragen und praktischen Erfahrungen. Nürnberg: Beiträge zur Arbeitsmarkt- und Berufsforschung 191, S. 59–67.
Troitzsch, Klaus G. (1990): Modellbildung und Simulation in den Sozialwissenschaften. Wiesbaden: Springer VS.
Türk, Klaus (1978): Soziologie der Organisation. Stuttgart: Enke.
Urban, Michael/Cloos, Peter/Meser, Kapriel/Objartel, Vanessa/Richter, Annette/Schulz, Marc/Thoms, Sören/Velten, Jenny/Werning, Rolf (2015): Prozessorientierte Verfahren der Bildungsdokumentation in inklusiven Settings. Opladen, Berlin und Toronto: Barbara Budrich.
Viernickel, Susanne/Voss, Anja/Mauz, Elvira/Gerstenberg, Frauke/Schumann, Maria (2013a): Strukturqualität und Erzieher_innengesundheit in Kindertageseinrichtungen. Wissenschaftlicher Abschlussbericht (STEGE). Manuskript. Berlin. www.gew.de/index.php?eID=dumpFile&t=f&f=20674&token=9d0413d1612a043e64cd74e9e71d51fccefd13ec&sdownload= (Abfrage: 17.11.2020).
Viernickel, Susanne/Nentwig-Gesemann, Iris/Nicolai, Katharina/Schwarz, Stefanie/Zenker, Luise (2013b): Schlüssel zu guter Bildung, Erziehung und Betreuung. Bildungsaufgaben, Zeitkontingente und strukturelle Rahmenbedingungen in Kindertageseinrichtungen. Berlin: Paritätischer Gesamtverband. file:///C:/Users/admin/AppData/Local/Temp/Expertise_Gute_Bildung_2013.pdf (Abfrage: 17.11.2020).
Vogd, Werner (2004): Ärztliche Entscheidungsprozesse des Krankenhauses im Spannungsfeld von System- und Zweckrationalität. Eine qualitativ rekonstruktive Studie unter dem besonderen Blickwinkel von Rahmen („frames") und Rahmungsprozessen. Berlin: VWF.
Vogd, Werner (2005a): Teilnehmende Beobachtung. In: Schmitz, Sven-Uwe/Schubert, Klaus (Hrsg.): Einführung in die Politische Theorie und Methodenlehre. Opladen: Barbara Budrich, S. 89–109.
Vogd, Werner (2005b): Systemtheorie und rekonstruktive Sozialforschung. Eine empirische Versöhnung unterschiedlicher theoretischer Perspektiven. Opladen: Barbara Budrich.
Vogd, Werner (2006): Die Organisation Krankenhaus im Wandel. Eine dokumentarische Evaluation aus Sicht der ärztlichen Akteure. Bern: Huber Verlag.
Vogd, Werner (2009): Rekonstruktive Organisationsforschung. Qualitative Methodologie und theoretische Integration – eine Einführung. Opladen und Farmington Hills: Barbara Budrich.

Vogd, Werner/Amling, Steffen (2017): Einleitung: Ausgangspunkte und Herausforderungen einer dokumentarischen Organisationsforschung. In: Amling, Steffen/Vogd, Werner (Hrsg.): Dokumentarische Organisationsforschung. Perspektiven der praxeologischen Wissenssoziologie. Opladen, Berlin und Toronto: Barbara Budrich, S. 9–35.
Vogd, Werner/Feißt, Martin/Molzberger, Kapsar/Ostermann, Anne/Slotta, Juliane (2018): Entscheidungsfindung im Krankenhausmanagement. Zwischen gesellschaftlichem Anspruch, ökonomischen Kalkülen und professionellen Rationalitäten. Wiesbaden: Springer VS.
Wadepohl, Heike (2017): Die Gestaltung wertschätzender Interaktionen als eine Facette der Beziehungsqualität in der Kita. In: Wadepohl, Heike/Mackowiak, Katja/Fröhlich-Gildhoff, Klaus/Weltzien, Dörte (Hrsg.): Interaktionsgestaltung in Familie und Kindertagesbetreuung. Wiesbaden: Springer VS, S. 171–198.
Wagner-Willi, Monika (2004): Videointerpretation als mehrdimensionale Mikroanalyse am Beispiel schulischer Alltagsszenen. In: Zeitschrift für qualitative Bildungs-, Beratungs- und Sozialforschung 5, H. 1, S. 49–66.
Waldenfels, Bernhard (2012): Hyperphänomene. Modi hyperbolischer Erfahrung. Berlin: Suhrkamp.
Wasserman, Stanley/Faust, Katherine (1994): Social Network Analysis: Methods and Applications. Cambridge: University Press.
Weick, Karl E. (1995a): Sensemaking in Organizations. Thousand Oaks: Sage.
Weick, Karl E. (1995b): Der Prozeß des Organisierens. Frankfurt am Main: Suhrkamp.
Weick, Karl E. (1998): Der Prozeß des Organisierens. Frankfurt am Main: Suhrkamp.
Weidman, Rich (2015): The Beat Generation FAQ: All That‘s Left to Know About the Angelheaded Hipsters. Milwaukee: Backbeat Books.
Weltzien, Dörte (2014): Pädagogik: Die Gestaltung von Interaktionen in der Kita. Merkmale – Beobachtung – Reflexion. Weinheim und Basel: Beltz Juventa.
Weltzien, Dörte/Wadepohl, Heike/Schmude, Corinna/Wedekind, Hartmut/Jegodtka, Aljoscha (Hrsg.) (2019): Forschung in der Frühpädagogik XII. Schwerpunkt: Interaktionen und Settings in der frühen MINT-Bildung. Freiburg im Breisgau: FEL.
Wertfein, Monika/Wirts, Claudia/Wildgruber, Andreas (2015): Bedingungsfaktoren für gelingende Interaktionen zwischen Erzieherinnen und Kindern: Ausgewählte Ergebnisse der BIK-Studie (IFP-Projektbericht 27/2015). München: Staatsinstitut für Frühpädagogik.
Wildgruber, Andreas/Wirts, Claudia/Wertfein, Monika (2014): Interaktionsqualität in Kindertageseinrichtungen in Deutschland – Forschung mit dem „Classroom Assessment Scoring System“. In: Prengel, Annedore/Winklhofer, Ursula (Hrsg.): Kinderrechte in pädagogischen Beziehungen. Band 2: Forschungszugänge. Opladen: Barbara Budrich, S. 183–193.
Wirts, Claudia/Wildgruber, Andreas/Wertfein, Monika (2017): Die Bedeutung von Fachwissen und Unterstützungsplanung im Bereich Sprache für gelingende Interaktionen in Kindertageseinrichtungen. In: Wadepohl, Heike/Mackowiak, Katja/Fröhlich-Gildhoff, Klaus/Weltzien, Dörte (Hrsg.): Interaktionsgestaltung in Familie und Kindertagesbetreuung. Wiesbaden: Springer VS, S. 147–170.
Wittgenstein, Ludwig (1984): Philosophische Untersuchungen. In: Werkausgabe, Bd. 1: Tractatus logicophilosophicus. Frankfurt am Main: Suhrkamp, S. 225–280.
Witzel, Andreas (1985): Das problemzentrierte Interview. In: Jüttemann, Gerd (Hrsg.): Qualitative Forschung in der Psychologie. Grundfragen, Verfahrensweisen, Anwendungsfelder. Weinheim: Beltz, S. 227–255.
Wood, David/Bruner, Jerome S./Ross, Gail (1976): The Role of Tutoring in Problem Solving. In: The Journal of Child Psychology and Psychiatry Vol. 17, No. 2, pp. 89–100.
Zeillinger, Peter (2006): Badiou und Paulus. Das Ereignis als Norm? In: IWK-Mitteilungen 61, H. 3–4, S. 6–12 (auch online unter www.peter-zeillinger.at/download/05_Zeillinger_Badiou+Paulus_Ereignis_als_Norm.pdf, (Abfrage: 17.11.2020).
Zimmer, Renate (2016): Handbuch Sprache und Bewegung. Alltagsintegrierte Sprachbildung in der Kita. Freiburg im Breisgau: Herder.